초뷰카 시대
지속가능성의 실험실

VUCA

超뷰카 시대

Volatility Uncertainty Complexity Ambiguity

지속가능성의 실험실

atom美
ATOMY

윤정구 지음

21세기북스

차 례

3부　100년 기업을 향한 애터미의 여정

프롤로그

기업의 존재감

세미나와 워크숍 요청으로 여러 기업들을 방문해 그 구성원들을 만나다 보면, 그 회사만의 존재감과 냄새가 느껴진다. 어떤 회사에 가면 건물의 외부도 내부도 그럴싸하지만 마치 진짜 향기가 없는 조화의 분위기가 감지되는 경우도 있고, 어떤 회사는 깊은 숲속에 들어온 듯 피톤치드의 상쾌함에 은은하게 휩싸이게 되는 경우도 있다. 어떤 회사는 죽음의 계곡이란 단어가 떠오를 정도로 기괴하고 음습한 냄새를 풍기기도 한다. 심지어 혹시 쓰레기장을 설치해놨나 싶을 만큼 악취가 진동하는 회사도 있다. 숲의 분위기를 가진 회사에는 당연히 고객과 인재와 투자자가 몰린다. 반면, 쓰레기장을 방불케 하는 회사에선, 고객들이 그 악취를 맡기 전에 인재들이 먼저 떠나간다. 회사에서 큰 비용을 들여 영입했을 그 인재들이 말이다.

생태계^{ecosystem}의 살아 있는 구성원들은 존재 자체로 다른 구성원에 영향을 끼친다. 같은 생태계 내에서 다른 구성원에 미치는 영향을 경제학에서는 외재성^{externality}이라 부른다.[1] 외재성은 긍정적일 수도 있고 부정적일 수도 있다. 한 구성원이 미치는 긍정적 외재성이 부정적 외재성보다 크다면 생태계 구성원들은 그 향기의 영향력에 환호한다. 부정적 외재성이 크다면 악취를 풍기는 존재로 규정되어 제약이 가해진다. 긍정적 외재성은 같이 사는 구성원들에게 따뜻하고 가벼운 담요를 덮어주는 느낌을 주지만, 부정적 외재성은 차갑고 무거운 이불을 덮어주는 느낌을 준다. 말하자면 존재감이 다르다.

기업은 외재성에 대한 평가를 기반으로 사회로부터 정당성이라는 사업 라이선스를[2] 부여받는다. 생태계의 구성원인 주주, 고객, 종업원, 협력업체, 공동체가 회사의 존재를 긍정적으로 평가해 정당성을 부여한 경우에만 이들로부터 재정적, 인적, 심정적 지지를 받아 사업을 지속할 수 있다. 조폭이나 마약밀매 조직과 같은 기업이라면 이들의 활동을 지지해줄 이유가 없다. 부정적 외재성이 높다면 지하에 토굴을 파고 숨어서 활동해야 한다. 부정적 외재성은 반기업 정서의 근본적 원인이다.

---

1   Pigou, A. C., *The Economics of Welfare*, London: Macmillan, 1920.

2   Paul J. Dimaggio and Walter W. Powell, "The Iron Cage Revisited: Institutional Isomorphism and Collective Rationality in Organizational Fields", *American Sociological Review, 48(2)*, 1983, pp. 147-160.

과거의 마이크로소프트 Micorosoft, MS 처럼 재무성과 측면에서는 우량기업이고 설립자 빌 게이츠가 천문학적 금액의 돈을 사회에 환원했음에도 불구하고 지나친 경쟁과 독과점으로 생태계의 토양을 산성화시키고 있다면 부정적 외재성이 눈엣가시처럼 자란다. 인공호흡기를 달고 14년간 간신히 버티던 MS는 인도 출신 CEO 나델라를 영입해 회사의 외재성을 전환하는 작업에 성공하자 다시 기사회생했다. 나델라는 "길을 잃었을 때는 길을 잃기 시작한 원점으로 돌아가서 다시 시작한다"라는 히트 리프레시 hit refresh 정책을[3] 내세워 추락하던 MS의 존재감을 살려내는 데 성공했다. 총수가 나서서 진정성 있는 목소리로 자신들이 지금까지 길을 잃었고, 눈엣가시였음을 인정하자 사람들이 MS로 돌아왔다. 지금 MS의 주가는 애플과 1, 2위를 겨룬다.

대한민국 기업 중 부정적 외재성의 대명사는 남양유업과 현대산업개발이다. 남양유업은 2013년 대리점 갑질과 최근에 불거진 불가리스 과장 광고 등으로 일련의 사건 사고에 휘말려 부정적 외재성이 눈덩이처럼 커졌다. 현대산업개발이 세운 아이파크가 최근 연속적으로 붕괴해 이 회사가 하는 모든 비즈니스 활동에 의문이 제기되었다. 남양유업의 주가는 실제 2013년 대리점 갑질 사태 이후 지금까지 온갖 논란에 시달리며 2021년 10월 16일 현재 시가총액 기준으로 4,600억 원으로 63% 감소했다.[4] 당연히 영업이익과 순이익도

---

3   Satya Nadella, *Hit Refresh: The Quest to Rediscover Microsoft's Soul and Imagine a Better Future for Everyone*, Harper Business, 2017.
4   https://www.google.com/finance/quote/003920:KRX

적자다. 현대산업개발의 주가도 고점이었던 3만 3,400원에서 1만 3,600원까지 60% 넘게 하락했다.[5] 회사의 부정적 외재성이 두 회사 주주들의 재산을 반 토막 넘게 감소시켰을 뿐 아니라 사그러져가던 국민들의 반기업 정서에 다시 불을 지폈다.

신자유주의는 반기업 정서의 화약고였다. 신자유주의가 풍미했던 21세기 초만 해도 우량기업의 기준은 투명한 의사결정 구조, 즉 좋은 거버넌스를 가지고 좋은 재무적 성과를 냈는가였다.

최근 ESG('Environmental, Social and Governance'의 머리글자)가 주목받는 이유는 기업이 비즈니스에 대한 라이선스를 발급받는 기준이 새롭게 바뀌었기 때문이다. 기업은 더는 고립된 섬이 아니다. 생태계의 관점에서 외재성을 총체적으로 평가받아 라이선스를 발급받는다. 생태계의 지속가능성과 공진화라는 질서를 창발emergence 하는 주체다. 생태계 속에서 기업은 제조를 위한 원료공급이 시작되는 자연환경environment, 제품과 서비스가 교환되고 소비되는 사회 공동체society 환경, 제품과 서비스의 가치가 생산되는 거버넌스governance라는 회사 내부 환경과 영향을 주고받으며 초유기체complex adaptive system, CAS로서 새로운 질서를 주도한다.[6] ESG는 지금까지 기업이 생태계를 산성화시키는 부정적 외재성의 주범이었음을 자복하고 이제 생태계의 지속가능성과 공진화를 선도하는 역할모형이 되어 존재감

---

5   https://www.google.com/finance/quote/294870:KRX

6   Martin Reeves, Simon Levin & Daichi Ueda, "The Biology of Survival Corporate Natural ecosystems hold surprising lessons for business", *Harvard Business Review 47, January–February*, 2016.

을 회복하겠다는 의지를 드러낸다.

 ESG는 비즈니스의 정당성을 부여하는 라이선스의 기준을 업그레이드했다. 아무리 기업이 재무적으로 건실하고 민주적인 거버넌스에 의해서 움직여도 공동 생태계(자연, 공동체, 종업원)에 아픔을 초래했다면 이 기업에 정당성의 라이선스를 부여할 수 없다는 관점이다. 라이선스를 부여하기 위해서는 이 기업이 투명하게 돈을 벌었는지에 대한 문제를 넘어 자연, 사회, 종업원에 미친 긍정적 외재성의 총량을 계산해야 한다는 주장이다. 기업이 생태계를 구성하는 자연과 공존하고, 공동체와 공생하고, 구성원과 공영한다는 공진화의 약속을 준수할 때 정당성의 라이선스를 획득할 수 있다.

 큰 재무적 성과를 내는 기업이라도 탄소배출이나 암을 유발하는 물질을 소재로 사용하거나, 아무도 모르게 오염원을 배출하고 있다면 환경과의 공존이라는 가치에 부정적 외재성을 가지고 있다. 또한 위험한 일은 하도급업체의 직원들에게 맡겨서 위험을 외주화하거나, 제품 불량으로 리콜을 일삼거나, 경쟁사를 음해하고 있다면 이 기업은 사회 공동체의 공생이라는 가치를 훼손한 것이다. 아울러 종업원을 존중 대신 갑질로 대함으로써 기계나 도구 취급하고 있다면 거버넌스를 침해한 것이다.[7] 생태계에 부정적 외재성을 가지고

---

7   어떤 기업이 오랫동안 이윤 중 일부를 몽골 사막에 나무 심는 일에 썼거나, 탄소배출을 선제적으로 줄이고 있었다면 환경 생태계에 대해 긍정적 외재성을 가진 것이다. 여성을 포함한 다양한 소수자의 배경을 가진 뛰어난 인재들을 적극적으로 영입하려고 노력하고 있다면 사회 영역에서 긍정적 외재성을 행사한 것이다. 참여하는 내부 구성원이 전문성을 가지고 주인공으로서 실력을 발휘할 수 있도록 전문가의 놀이터를 제공하고 있다면 거버넌스 차원에서 긍정적 외재성을 실현한 것이다. ESG는 기업이 산출하는 경제적 가치를 넘어서 환경적, 사회적, 기업 문화적 가치와 비용도 계산해

있다면 어떤 기업이라도 정당성의 라이선스를 박탈당하고 결국 지속가능성을 잃는다.

이 외재성에 대한 논의는 지금처럼 생태계가 지속가능성이라는 측면에서 심각한 위기에 직면해 있을 때 가장 민감한 쟁점이 된다. 지구 온난화로 인한 해수면의 상승이 인류에게 위기감을 퍼뜨린지 이미 오래되었다. 자연에 대한 무자비한 침해가 코로나 범유행을 불러 수많은 사망자들을 발생시킨 비극적 상황에서 경제적 이득만 추구하는 기업 활동이 인류의 지속가능성을 침해하는 주범으로 지목되었다. 인류의 환경이 지속되지 못한다면 어떤 비즈니스도 가능하지 않다. 기업들도 이에 대부분 동의하고 있다.

지속가능성에 대한 질문

원료 채집의 바탕이 되는 지구 생태계의 지속가능성에 빨간불이 들어왔을 뿐 아니라 기업에 가장 직접적인 영향을 미치는 경영환경의 측면에서도 빨간불이 켜졌다. 지구의 지속가능성 위기는 온난화가 불쏘시개로 작용했지만, 경영환경 측면에서 지속가능성에 대한 문제 제기는 구조화된 L자 불경기가 도화선이 되었다. L자 불경기는 경제적 성장 동력이 급격하게 떨어져 저성장, 저금리, 저물가

서 대차대조표를 만들자는 운동이다. 대차대조표를 기반으로 이 기업이, 정당하게 비즈니스를 할 라이선스를 받을 만한 존재감이 있는 기업인지를 결정하자는 것이다.

가 장기간 지속하는 경기를 의미한다. 실제 경기는 리먼 브라더스 사태로 촉발된 2008년 금융위기로 거품이 사라지며 추락해 10여 년이 지난 지금까지 2~3% 대의 박스권 저성장 경기침체에서 벗어나지 못하고 있다. 경제학자들은 향후 5년마다 평균 1%씩 떨어져 조만간 제로성장 및 역성장 시대로 진입할 것으로 예측하기도 한다.[8] 이런 구조적 저성장 기조는 코로나 범유행과 함께 당분간 유지될 조짐이다.

L자 불경기는 시장의 무한경쟁을 통해 남들을 이기고 성장하는 것을 기본전략으로 삼았던 신자유주의에 대한 사형선고다. 기업들이 양적경쟁을 통해 차지할 수 있는 성장공간 자체가 사라지고 있기 때문이다. 무주공산으로 존재하던 성장공간이 사라지자 양적 기업가치의 개념이 무너졌다. 신자유주의로 무장한 경영전략을 통해 높은 목표를 설정하고 일사불란하게 힘을 모으면 어떤 기업이든 성장이라는 열매를 거둘 수 있다는 믿음이 무너졌다. 기업이 공동으로 사용하던 생태계의 지속가능성이 당장 시급한 관심사가 되었다. 무한 경쟁이라는 이름으로 개별기업의 경제적 가치를 극대화하는 과정에서 산성화된 생태계를 어떻게 복원할 수 있을지가 핵심이슈로 등장했다.

비즈니스 정당성의 라이선스 발급을 생태계의 지속가능성에

---

8 · Patrick Blagrave and Davide Furceri, "IMF Survey: Lower Potential Growth: A New Reality", 2015, https://www.imf.org/en/News/Articles/2015/09/28/04/53/sonew040715a; 서울대 경제학과 교수 김세직은 선거가 치러지는 5년마다 1%씩 떨어질 것이라는 전망을 제시하기도 했다 (김세직, 『모방과 창조』, 브라이트, 2021).

대한 기여의 측면에서 결정짓는 경향은 신자유주의 사망을 공식적으로 선포한 2019년 8월 19일 미국의 비즈니스 라운드테이블^{business roundtable, BRT} 선언에서 정점에 도달했다.[9] 이 선언에서 BRT는 기업의 사명을 '기업 고유의 목적^{purpose}을 규정하고 목적을 실현한 결과로 이윤이 따라오게 한다'로 개정했다. 기업의 목적이란 특정 기업이 동시대에 존재함으로써 자연이 더 건강해지고, 세상이 더 따뜻해지고, 미래가 더 공정해지는 것이다.[10] 즉 자신의 제품과 서비스를 통해 지구 생태계의 지속가능성이 얼마나 개선되었는지 설명하는 것이 기업의 사명이다. 기업들은 '경쟁우위'라는 이름으로 생태계의 토양을 산성화시키지 않을 것을 넘어서 인류와 지구의 지속가능성을 위해 어떤 '존재우위'를 지녔는지 소명해야 라이선스를 발급받을 수 있다. 현재 아무리 큰 매출을 올리고 있어도 고유 목적을 통해 생태계의 지속가능성과 공진화를 촉진하지 못한다면 비즈니스 라이선스를 발급받지 못한 존재감 없는 회사로 전락한다.

목적은 어려운 상황 속에서도 살아야만 하는 이유를 설명해준다. 목적은 힘든 시절을 보내고 있는 사람들을 아침잠에서 벌떡 일어나게 한다. L자 불경기 속에서 모두가 기력을 잃어가는 와중에도 목적이 분명한 기업의 종업원들은 몇 계단을 한 번에 뛰어 올라가며 회사로 출근한다. 목적은 기업이 아무리 어려운 상황에 있어도 비즈

---

9   BRT는 미국 대기업 연합으로, 한국의 전경련과 비슷하게 로비와 다양한 법제화를 위한 활동을 한다(https://purpose.businessroundtable.org).

10 목적은 어떤 특정한 목표가 왜 특정 주체를 통해 실행되어야 하는지 이유를 말한다. 여러 가지 목표가 공존할 경우, 이 공존하는 목표들을 한 주체를 중심으로 달성해야 하는 이유, 즉 목적을 통해 더 높은 수준에서 목표달성을 최적화할 수 있다.

니스를 위해 일어서야 하는 이유이다. 지속가능성에 대한 의문이 제기되는 시절일수록 목적으로 종업원을 깨우고, 이들이 다시 경영환경을 일으켜 세울 수 있는 자기 조직력을 구축한 회사만 비즈니스의 정당성을 인정받는다.

신자유주의가 주창하던 시장 무한경쟁을 통해서 누구나 점령할 수 있던 무주공산이 사라지고 지속가능성이라는 새롭게 넘어야 할 큰 산이 탄생했다. 초연결, 초지능, 초융합이 표준이 된 21세기에 기업이 지속가능성이라는 산을 넘으려면 가성비를 넘어 자신의 제품과 서비스를 통해 철학과 목적을 팔아 고객과 공동체를 일으켜 세울 수 있는 존재감을 구축해야 한다. 다양하게 제시된 목표를 반드시 자신을 통해 달성해야 하는 이유를 설명하는 목적을 분명하게 하고 이 목적의 수준에서 목표들을 최적화시킬 수 있을 때 존재이유와 존재감을 인정받을 수 있다.

네트워크 마케팅 사업

역사적으로 네트워크 마케팅 산업은 정당성과 관련해서 문제 제기가 가장 많았던 영역이다. 지금 대부분의 네트워크 마케팅기업은 법적으로는 공정거래위원회에 의해 공인된 합법적 기업들임에도 이들에 대한 정당성 평가는 여전히 우호적이지 않다. 심지어 수십 년의 전통을 자랑하는 암웨이 Amway, 뉴스킨 Nu Skin, 허벌라이프 Herbalife, 나투라 Natura, 포베르크 Vorwerk, 프리메리카 Primerica, 메리케이 Mary Kay,

타파웨어^{Tupperware} 등 글로벌 네트워크 마케팅 기업들에 대한 긍정적 외재성도 확고하지는 않다.

네트워크와 마케팅이 함축하는 두 부정적 외재성이 서로 증폭 효과를 일으키는 측면이 있었다. 사람들은 네트워크를 혈연, 지연, 학연 등 연줄을 이용해서 자신의 개인적 이득을 취하는 행위로 이해하고 있고, 마케팅은 내용은 없는데 포장과 브랜드로 고객을 현혹해 폭리를 취하는 행동으로 이해한다. 네트워크 마케팅의 부정적 외재성이 잊혀질 때쯤 되면 금융 다단계가 네트워크 마케팅이라는 이름으로 나타나 폭탄을 터뜨렸다. 실제 역사를 보면 금융 다단계는 예외 없이 사기였다.

이 책은 네트워크 마케팅 산업이 합법적 산업영역임에도 왜 부정적 외재성을 극복하지 못하고 있는지를 심층적으로 탐구했다. 이 산업영역에서 부정적 외재성을 극복하고 긍정적 외재성을 확보하는 게 가능한가? 지금처럼 신자유주의가 무너지고 외재성 문제가 더 심각하게 주목받는 상황에서 네트워크 마케팅 산업은 지속가능성이 있을까? 긍정적 외재성은 모든 기업의 현안이지만 네트워크 마케팅 산업에서는 더 시급하게 해결해야 할 현안이다.

국내의 네트워크 마케팅 시장도 2015년을 정점으로 지금까지 5조 원대를 벗어나지 못하고 있다. 성장이 정체된 이유는 부정적 외재성에 근본적 변화가 없었기 때문이다. 부정적 외재성의 돌파구를 마련하지 못한다면 네트워크 마케팅 산업은 유통업계의 주요한 플레이어의 자리를 내놓고 존재감을 잃은 채 쇠퇴의 길로 접어들 것이다.

이 책이 다루는 애터미는 네트워크 마케팅에 기반한 직접판매 글로벌 유통기업이다. 애터미에 관심을 가지는 이유는 유통업계의 경기, 코로나 상황, 네트워크 산업계에 대한 모든 우려를 딛고 지난 10년간 신생기업으로서 지속가능성에 대한 화두를 던지고 있기 때문이다.

애터미는 2009년 창립한 이래 2021년 12월 현재까지 전 세계 23개 국가에 진출해 있다. 2021년 애터미의 매출액은 2조 2,000억 원(약 18.4억 달러; 국내 1조, 글로벌 1조 2천억)이며, 등록 회원 수는 1,600만 명이 넘는다(국내 350만 명). 공정거래위원회 자료에 따르면 애터미는 창립 6년이 된 해인 2015년부터 올해까지 토종 네트워크 마케팅 기업으로는 부동의 1위(글로벌 12위)다.[11]

지금 쟁점으로 떠오르는 긍정적 외재성과 지속가능성에 답이라도 하듯이 애터미는 '정도正道에 따라 네트워크 마케팅 사업을 해도 충분히 돈을 벌 수 있다는 것을 증명하겠다'는 창업이념을 가지고 회사를 설립했다. 탄생 자체가 부정적 외재성에 대한 강력한 도전이다. 애터미의 지난 13년간의 매출과 회원 수의 증감을 보면 이 실험은 여전히 유효하다. 네트워크 마케팅에 대한 부정적 편견 속에도 애터미 비즈니스의 정당성을 인정하는 구성원의 지지는 계속 증가했다. 애터미는 네트워크 마케팅에 대해 여전히 부정적 시각을 가진 사람들과 애터미를 열렬히 지지하는 사람들이 충돌하는 이중몰입competing commitment의 한복판에 서 있다.[12]

---

11   https://www.directsellingnews.com/global-100-lists/
12   이중몰입은 네트워크 마케팅 사업에 대해 긍정적인 태도와 부정적인 태도가 서로 공존하는 상태를 의미한다(Robert Kegan and Lisa Lahey, "The real reason people won't change", *Harvard*

애터미는 네트워크 마케팅 산업을 대표해서 부정적 외재성을 긍정적 외재성으로 바꿔 비즈니스의 정당성을 확보할 수 있을까? 정도를 지키면서 돈을 벌 방법을 증명해 보이겠다는 약속을 앞으로도 지킬 수 있을까? 애터미가 부정적 외재성을 극복하고 존재감을 과시할 수 있다면 그것을 가능하게 하는 비밀은 무엇일까? 부정적 외재성을 극복할 수 없다면 무엇이 문제일까?[13] 지금과 같은 시기에 애터미의 노력이 일반기업과 유통업에 전하는 메시지는 무엇일까?

지난 2년간 네트워크 마케팅의 외재성에 관심을 가지고 연구하는 과정에서 한국과 글로벌에서 활동 중인 수많은 네트워크 마케팅 회사와 사업자들의 세미나, 저서, 논문을 심도 있게 분석해보았다. 그리고 10위권에 해당하는 토종기업 및 글로벌 기업과 이 기업들의 유명 사업자를 비교했다.

회사마다 브레이크 어웨이break away, 유니 레벨uni-level, 매트릭스matrix, 바이너리binary, 블렌디드 바이너리blended binary 등 서로 다른 네트워크 마케팅 구조를 사용하고 있으나 실제 마케팅 기법에서는 큰

Business Review 79, November, 2001).

13 애터미 창립자 박한길 회장도 이런 이중몰입을 극복하려는 방안을 경영학 석사 논문과 박사 논문에서 연구하고 있다. 석사 논문 「네트워크 마케팅 회사의 리스크 관리에 관한 연구: 애터미 사례를 중심으로」에서는 리스크를 평판 리스크와 전략 리스크로 분류하고 이 각각을 극복하는 방안을 제시하고 있다. 전략 리스크 극복을 위해서는 다른 유통채널에 앞서는 차별적 역량을 내세우고, 평판 리스크를 극복하기 위해서는 네트워크 마케팅 사업자에 대한 부정적 외재성을 만드는 사건(폐업, 분쟁, 사기)을 미리 예방하는 방안을 제시하고 있다. 더 전향적인 방법으로 상위 사업자들의 나눔과 공헌 활동을 증가시키는 것도 제시한다. 박사 논문 「네트워크 마케팅 수용의도 영향요인 예측에 관한 연구: 의사결정나무와 인공신경망 분석의 적용」에서는 이중몰입의 상태를 극복하고 사업자로 진입하게 만드는 요인을 탐구하는데, 사업에 뛰어들 것인지 결정하는 데 있어 사업이 자신에게 어떤 경제적 유익을 가져올 것인지가 가장 중요한 요인으로 작용한다는 것을 밝혔다.

차이가 없다. 각 회사의 유명 사업자들이 내세우는 차별화 포인트는 제품의 가성비와 공정한 보상계획이다. 가성비가 네트워크 마케팅 산업뿐 아니라 전체 산업의 표준으로 간주된다는 점을 고려하면 각 회사의 차별화 포인트는 타사보다 더 공정한 마케팅 보상계획이다. 이 책의 1부 '정의와 공의'에서도 자세히 설명되듯 공정한 마케팅 보상계획만으로 네트워크 마케팅 역사에 내재한 부정적 외재성을 극복하기에는 역부족이라고 본다. 네트워크 마케팅 산업뿐 아니라 기업에 요구되는 외재성에 대한 기준 자체가 높아져서 공정성만으로 부정적 외재성을 극복할 수는 없다.

지금도 매년 30개가 넘는 회사가 가성비 있는 제품과 공정한 마케팅 보상계획을 기치로 새롭게 등장하지만, 안타깝게도 비슷한 숫자의 회사가 사라지고 있다.[14] 네트워크 마케팅의 속성상 각 회사에는 많은 사람들이 직간접적 연줄로 묶이게 마련이고 회사가 무너지면 엄청난 숫자의 사람들이 손해를 입게 된다. 공진화를 지향하는 시대의 요구를 읽지 못하고 실험된 공정한 보상계획의 실패는 네트워크 마케팅의 부정적 외재성을 더 키웠다.

네트워크 마케팅 산업과 애터미에 관한 본 저서는 아직도 이중 몰입을 극복하지 못하고 비즈니스 정당성을 확보하기 위해 고군분

---

[14] 공정거래위원회 사이트 자료를 분석해보면 한국에서 네트워크 마케팅이 합법화된 1994년 이후 1,500여 개의 회사들이 문을 열었지만 2020년 6월 기준 직접판매 공제조합과 특수판매 공제조합에 등록하고 합법적으로 영업하는 회사는 140개 미만이다. 해마다 30여 개의 회사가 새롭게 사업을 시작하고 끝내는 구조다. 이렇게 많은 회사가 새롭게 문을 열고 닫는다는 것은 여기에 관여되어 피해를 본 사람의 누적 숫자가 만만치 않다는 것이다. 지금까지 대한민국의 네트워크 마케팅 역사가 흑역사로 기억되는 이유이기도 하다.

투하고 있는 네트워크 마케팅 기업에 직접적 해법을 제공할 것이다. 본 저서는 네트워크 마케팅 산업군을 넘어서 다른 유통채널에 종사하는 기업에도 시사점을 제공한다. 마지막 소비자와 직접 거래하는 산업 특성상 유통업은 고객으로부터 긍정적 외재성에 대한 냉혹하고 준엄한 피드백을 온몸으로 받는다. 긍정적 외재성은 유통산업 지속가능성의 핵심 열쇠다.

긍정적 외재성을 통해 지속가능성을 증명하려는 노력은 애터미뿐 아니라 반기업 정서를 극복해야 하는 대한민국 대부분 기업의 초미의 관심사이기도 하다. 이 책은 회사의 지속가능성 경영전략에 관심이 있는 일반 기업의 경영자들과 관리자들도 염두에 두고 쓰였다. 글로벌 초우량기업이 설정한 신뢰와 평판의 새로운 동향을 알고 싶다면 1장과 3장을, 회사가 공정성 문제로 진통을 겪고 있다면 2장을, 설정한 경영전략이 제대로 작동하지 않고 있다면 4장을, 문화와 협업의 문제는 5장, 신뢰 문제는 6장을, 조직 쇠퇴 및 활성화 문제는 7장을, 조직정치의 문제는 8장을, 리더십의 문제는 9장을, 주인의식과 혁신 고갈 문제는 10장을, 잘못 포장된 ESG 문제는 11장을, 회사의 지속가능성에 대해 문제가 제기된다면 12장을 집중적으로 읽어보도록 권한다. 애터미가 제공하는 경영방식과 네트워크 마케팅의 새 지평에 관심이 있는 분들은 5장부터 시작해 13장까지 읽고, 다시 돌아와서 1, 2, 3, 4장을 읽기를 권한다.

이 책은 인간, 사회, 기업의 지속가능성이란 진화론자들의 주장대로 유전자에 대한 자연선택으로 결정되는 것이 아니라 인간이 선택하고 주도하는, 인간과 환경과의 공존, 공생, 공영이라는 공진화

의도가 반영된 공유된 목적^{Common Purpose}을 통해 자기 조직적으로 발전되어왔다는 점을 밝혔다. 이러한 공동의 목적에 대한 약속을 실현하는 기업을 진화론을 넘어선 공진화 기업의 표준으로 제시했다.

첫째, 경영전략에서 목적을 담은 의도를 상실하면 생길 수 있는 위험을 지적했다. 경영자들이 공진화를 이끄는 목적을 상실하고 경쟁에서 이기는 것을 전략의 의도라고 가정할 경우 경영전략은 진화론자들의 위장된 도구로 전락해 기업생태계를 동물의 왕국으로 전락시킬 수 있다는 점을 경고한다(4장 전략의 의도).

둘째, 에드워드 윌슨^{Edward E. Wilson}이 주도하는 또 다른 진화론인 사회생물학^{Sociobiology} 주장과[15] 달리 인간만이 협동^{Cooperation}을 넘어서 협업^{Collaboration}을 할 수 있고 협동이 아니라 협업이 우리가 당연한 것으로 받아들이는 인류의 공진화를 성취했다는 점을 밝힌다(5장 경영철학).

셋째, 자연선택의 압력에 따라 자신의 씨를 많이 퍼뜨리도록 코드화되어서 움직인다는 단순복제를 강조하는 진화론의 주장과 달리 인간과 조직은 자신의 고유성에 해당하는 씨줄을 환경의 날줄과 결합해서 새로운 환경을 지평으로 구성하는 직조복제 능력으로 공진화의 환경을 구성해왔다는 점을 밝힌다(7장 복제의 동학).

마지막으로 진화론자들의 과거지향적 주장과 달리 인간만이

---

15 윌슨은 협동을 통해 동물도 이타적 행동을 해서 인간과 동물도 차이가 없다는 주장으로 사회생물학을 기초했다. 본 저서에서는 협동과 협업을 구별하고 인간을 특별하게 만든 것은 협동이 아니라 협업임을 주장한다(Edward O. Wilson, *Sociobiology: The New Synthesis, Twenty-Fifth Anniversary Edition*, Belknap Press, 2000.).

시간여행을 통해 현재라는 시간을 충분히 확보함으로써 미래를 인간에게 유리하게 구성하는 작업에 성공해 지금과 같은 상태를 달성했다는 점을 밝힌다(12장 애터미의 계기비행). 지구상에 존재하는 초우량기업과 백년기업은 자연에 의해서 피동적으로 선택당하는 진화론이나 진화론의 사회과학적 주장인 신자유주의 원리와는 달리, 인간과 기업이 공유된 목적을 의도적으로 자신의 씨앗으로 받아들여 자신을 통해 주도적으로 새로운 질서를 공진화시키는 자기 조직화 원리로써 지속가능성을 발전시켜왔다.

애터미는 지속가능성을 완성한 기업이 아니라 지금도 실험 중인 신생 중견기업이다. 이 책을 통해 중견기업에서도 지속가능성의 실험실이 많이 시도되길 되길 바란다. 이 자리를 빌려 지난 2년간 애터미를 연구할 수 있도록 회사를 열어 보여준 애터미 관계자들과 네트워크 마케팅 산업과 대한민국 유통산업 생태계를 살리기 위해 고군분투하고 계시는 리더분들에게 고개 숙여 감사드린다. 실제로 책을 집필하는 과정에서는 오규덕 대표님, 김원배 대표님, 김지은 박사, 21세기북스 신승철 이사님과 이종배 PM님, 박은경 선생님, 진성 리더십 아카데미 거인의 여정 도반님들의 도움과 격려가 큰 힘이 되었다. 이 자리를 빌려서 감사드린다.

이 책에서 기업과 애터미에 던진 정당성과 외재성에 잘못된 질문, 정보, 자료가 발견된다면 그 책임은 전적으로 저자에게 있음을 밝힌다. 다른 연구자들이나 후학들에 의해서도 공개적으로 지적되고 논의되고 수정될 수 있기를 기대한다.

이 책에 인용된 다양한 사례를 통한 긍정적 외재성에 대한 연구가 네트워크 마케팅 사업이나 유통사업을 넘어서 대한민국의 기업들이 오랫동안 극복하지 못하고 있는 반기업 정서를 극복하게 해주는 돌파구가 되었으면 한다.

2022년 4월
윤정구

1부

공의기업

어려운 상황에서도 지속가능성을 획득한 기업의 공통점은 사업의 부정적 외재성을, 가성비 있는 제품과 공정한 마케팅 계획을 넘어 공의기업[*]이라는 21세기 기업의 새로운 형태를 선도적으로 실험하고 자기 조직화한 노력으로 극복했다는 데 있다.

1장에서는 글로벌의 새로운 표준으로 제시되고 있는 공의기업의 본질

---

* 공의기업(righteousness company)은 한자로 共義企業 혹은 公義企業이다. 共은 나누고 공유한다는 의미이다. 公은 공유가 사(私)를 넘어서 일반대중이 받아들인 상태다. 共義의 의미는 올바른 뜻(목적)을 함께 공유하고 나누고 이것을 공동의 운명으로 받아들인다는 것이다. 公義는 공유한 목적을 내부 구성원뿐 아니라 외부 구성원도 현실로 받아들이는 상태에 도달한 것을 뜻한다. 企業는 많은 사람이 참여해서 만든 평평한 운동장을 의미한다. 공의기업은 목적에 대한 약속을 공유하고 이를 실현하기 위해 더 높은 장소에 더 평평한 운동장을 만든 기업이라는 뜻이다. 이 공의기업의 상태가 대중들에 의해 새로운 정상으로 받아들여지면 기업은 共義企業을 넘어서 公義企業을 실현한 것이다.

에 대해서 살펴보고, 2장에서는 공의와 정의는 어떻게 구별되는지를 밝힌다. 3장에서는 21세기 경영환경의 진화를 다시 짚어보고 공의기업이 이런 변화하는 새로운 환경에 대안적 해답이 될 것인지를 질문해본다.

1
공의기업이란?

비즈니스 중 최고의 비즈니스는
세상을 더 살기 좋은 곳으로 만들어주는 비즈니스다.
– 마크 베니오프 –

죽어서도 잊히지 않는 자가 영원히 산다.
– 도덕경 33장 –

글로벌 연구자들의 관심을 끌고 있는 글로벌 공의기업은 수도 없이 많다. 일반 대중들에게 인지도가 있는 기업들을 중심으로 나열하면 다음과 같은 기업들을 공의기업으로 언급할 수 있다.

- 제약업계의 존슨앤드존슨 Johnson & Johnson, 노보 노르디스크 Novo Nordisk

- 금융업계의 커머스뱅크 Commerce Bank, 페어팍스금융 Fairfax Financial, 오펜하이머펀드 OppenheimerFunds Inc., 피치북데이터 PitchBook Data

- 금융소프트웨어 업계의 SAS

- ICT 플랫폼 업계의 IBM, 애플 Apple, 구글 Google, 인디텍스 Inditex, SAP, 세일즈포스 Salesforce

- 이동통신의 Telus
- 장난감 업계의 레고Lego
- 엔터테인먼트 업계의 디즈니Disney
- 장비 제조업계의 캐터필러Caterpillar
- 농기계 분야의 존 디어John Deere
- 모터사이클 업계의 할리데이비슨Harley-Davidson
- 프린트 및 카피 시장의 제록스Zerox
- 일반잡화 업계의 3M, P&G, 유니레버Unilever
- 유통업계의 UPS
- 항공업계의 사우스웨스트 항공Southwest Airlines
- 전문가 고용중개 업계의 링크드인Linkedin
- 컨설팅 업계의 딜로이트Deloitte
- 소매업계의 코스트코Costco, 트레이더조Trader Joe's, 컨테이너스
  토어Container Store
- 신발과 장신구 업계의 자포스Zappos 와 탐스Toms
- 중고차 유통업계의 카맥스CarMax
- 스포츠 의류업계의 파타고니아Patagonia, 뉴발란스New Balance, 아
  디다스Adidas, 노스페이스North Face
- 화장품 업계의 메리케이Mary Kay 와 바디샵Body Shop
- 식음료 업계의 다논Danone, 벤앤제리Ben & Jerry, 나투라Natura, 캠
  벨 수프 컴퍼니Campbell Soup Company, 네슬레Nestle, 펩시Pepsi, 스타
  벅스Starbucks, 홀푸드마켓Whole Foods Market, 웨그먼스Wegmans, 오레
  오Oreo, 크라운 로열Crown Royal, 레드 불Red Bull

- B Lab 평가에서 상위에 있는 다수의 호혜 기업Benefit-Corporations1

공의기업이란 자신이 속한 생태계를 더 살기 좋고 건강하고 행복한 곳으로 공진화시킨다는 고유한 존재목적을 서약Covenant으로 내걸고 자신이 보유한 전문적 역량을 혁신해 실제로 더 높은 곳에 차별과 편견이 줄어든 평평한 운동장을 만들어 존재목적에 대한 책무를 이행하는 기업을 의미한다. 이들은 고객과 구성원을 포함한 생태계 참여자들을 자사의 운동장에서 벌어지는 페스티벌에 협업의 주인공으로 초대함으로써 이들을 통해 기업의 지속가능성을 입증한 기업이다.

공의共義란 자신의 존재목적에 대한 서약을 참여자들과 같이 공유하고 있음을 의미하고 기업企業은 참여자들이 주체적으로 목적에 대한 서약을 협업으로 이행하는 공간이라는 뜻이다. 즉 공의기업은 자신의 존재목적을 실현해서 세상에 유일하게 존재하는 기업임을 입증하는 기업The One and Only Company이다. 회사들이 공의기업으로 탄생한다면 기업들 사이에 비교가 무의미해지는 최고로 평등한 생태계가 구현된다. 이들이 각자의 존재목적으로 세운 기둥들이 연결되면 이들은 가장 높은 지평에 가장 평평한 공의 운동장을 세우는 책무를 완성한 공의기업으로 이름을 남긴다.

열거된 공의기업이 경영에서 관심을 두는 세 요소는 긍휼compas-

---

1 Ryan Honeyman and Tiffany Jana, (2019), *The B Corp Handbook, Second Edition*, Berrett-Koehler Publishers, 2019.

sion, 코즈cause, 목적purpose이다. 첫째, 공의기업은 고객에 대한 긍휼함을 갖고 고객의 아픔을 자신의 아픔으로 내재화해 행동(서비스, 제품)으로 해결해준다.[2] 둘째, 공의기업은 고객의 아픔에 대해 진통제를 주거나 반창고를 붙여주는 수준의 해결책을 제시하기보다는 원인cause 내지는 원천source의 수준에서 혁신적 솔루션을 제공한다. 마지막으로 공의기업은 왜 자신들이 고객의 아픔을 해결하는 일에 나서야 하는지의 존재목적에 대한 믿음을 서약으로 가지고 있다.

아픔에 대해 이해하고 자신이 나서서 도와야만 한다는 것을 깨닫고 재원을 동원해 후원하는 수준이면 자선이고, 아픔의 근원적 원인과 이것이 해결된 상태인 목적을 연결하는 개념작업이 영성이라면, 아픔을 원인의 수준에서 해결하는 처방을 가성비 있게 제공하지만 이런 활동이 가져다주는 경제적 이득을 넘어선 더 큰 이유를 각성하지 못하고 있다면 그냥 사업이다. 공의기업이란 긍휼, 목적, 코즈가 만나는 지점에서 자신만의 전문성으로 협업을 위한 운동장을 만든 기업이다.[3]

---

2   모니카 월라인 & 제인 더튼, 『컴패션 경영』, 김병전, 김완석, 박성현 역, 김영사, 2021; Jennifer L. Goetz, Dacher Keltner, & Emiliana Simon-Thomas, "Compassion: An evolutionary analysis and empirical review", *Psychological Bulletin 136*, 2010, pp. 351-74; Paul W. Atkins & Sharon K. Parker, "Understanding individual compassion in organizations: The role of Appraisals and Psychological flexibility", *Academy of Management Review 37*, 2012, pp. 524-46.

3   기업의 문제는 고객의 아픔을 근원적으로 해결하기보다는 진통제나 반창고를 주는 수준에서 사업하는 것이고, 자선단체의 문제는 혜택을 받는 사람들에게 고기 잡는 법을 가르치기보다는 고기를 나눠주는 방식을 택해서 수혜자를 어린이로 만드는 것이며, 종교단체는 영성을 성찰을 넘어 삶의 영역으로 끌어들여 변화를 만들어내지 못하는 문제를 지닌다. 기업이 자신의 전문적 역량으로 더 높은 곳에 더 평평한 운동장을 만들어 일반기업, 종교단체, 자선단체의 문제를 극복하고 있다면 공

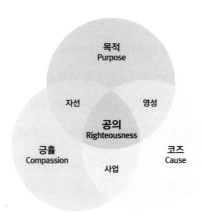

공의기업 모형

공의기업이란 긍휼, 코즈, 목적이 접목되는 지점에 기업의 울타리와 운동장을 세우고 이곳에서 구성원의 협업으로 사업을 집행해 지속가능성을 실현한 기업이다. 열거했듯 지금은 많은 공의기업이 공진화하는 생태계의 지평에 맞춰 더 높은 곳에 더 평평한 운동장을 건설한다는 약속을 지키기 위해 고군분투하고 있다.

공의기업이 높은 곳에 세워놓은 운동장의 힘에 대해서 쉽게 상상적으로 체험해볼 수 있다. 코로나가 창궐하고 있는 지금 외계인이 지구를 침공해서 아래 열거하는 다섯 공의기업만 통째로 화성으로 가져갔다고 상상해보자. 다섯 회사는 개인에게 PC를 보급한 IBM, 전자상거래e-commerce를 만들어낸 아마존, 무선 휴대전화기를 만들어낸 애플, 정보검색 엔진을 제공한 구글, 영화구독 서비스를 만들어

의기업으로 불릴 수 있다.

낸 넷플릭스다. 다섯 회사가 지구에서 사라진다면 어떤 일이 벌어질까? 한마디로 이 회사들이 자리 잡고 있던 곳에는 엄청난 싱크홀이 생길 것이다. 이 회사들이 만들어온 원천기술도 같이 사라짐에 따라 이 다섯 회사와 연관된 회사들도 줄줄이 무너질 것이다. 결국, 창궐하는 코로나를 이겨내지 못해 인류는 아마도 중세의 암흑기로 회귀할지도 모른다. 현재 우리는 코로나로 심각한 위기에 빠져 있음에도 이 다섯 회사가 높은 곳에 만들어놓은 운동장 덕택에 그나마 생존을 유지하고 있다. 서두에서 열거한 공의기업 중 반만 지구에서 사라진다고 가정해도 인류의 지속가능성은 희박해진다. 한마디로 공의기업은 상상을 초월하는 존재감과 문제해결력으로 인류의 지속가능성을 지탱하고 있다.

공의기업은 각각이 정한 사업영역에서 참여자가 온전한 주인이 되는 민주화 체험을 제공한 회사다. IBM은 기업이 독점하던 컴퓨터를 개인에게 돌려주어 민주화했고, 아마존은 시장거래를 민주화했고, 구글은 정보를 민주화했으며, 애플은 소통을 민주화했고, 넷플릭스는 영화관을 민주화했다. 공의기업이 존재감을 행사하는 기반은 참여자들에게 제공한 민주화에 대한 체험이다.

공의기업의 경영전략

위에 열거된 공의기업을 하나씩 깊이 들여다보면 목적경영^{man-}

agement by purpose이라는 경영전략을 공유하고 있다.[4] 공의 righteousness란 공동의 목적 common purpose에 대한 약속을 혁신적으로 실현해 만든 미래의 지평이다. 목적은 사람들을 아침에 침대에서 벌떡 일어나게 하는 힘이지만 회사의 존재목적은 이렇게 일어난 사람들을 다시 회사의 계단을 뛰어 올라가며 출근하게 만드는 힘이다. 공의기업을 실현하는 목적경영의 경영전략에는 다음과 같은 다섯 개의 기둥이 있다.

첫째, 공의기업은 고객만족 혹은 고객감동이라는 현학적 이름으로 사업하지 않는다. 이들은 고객이 가진 아픔을 자신의 아픔으로 받아들이고 자신의 전문적 역량을 혁신해 만든 제품과 서비스를 통해 아픔을 원인과 원천 수준에서 해결해주는 긍휼함으로 사업한다. 둘째, 이들은 긍휼함을 가지고 혁신적으로 고객의 아픔을 해결하는 것을 기업의 차별적 목적으로 규정하고 이 목적에 진정성을 가지고 헌신하는 기업들이다. 목적을 실현하겠다는 약속을 어떤 어려운 상황에서도 지키려는 진정성이 특징이다. 셋째는 협업이다. 이들은 자신들의 목적을 다양한 구성원이 주체로 나서서 실현하는 협업의 운동장을 구축한다. 협업의 운동장은 목적을 실험하는 실험실이자 전문가의 놀이터다. 넷째, 공의기업은 목적에 대한 약속을 지켜 신뢰잔고를 축적하고 신뢰잔고의 배당금을 동원해 자신이 세운 운동장을 더 높고 더 평평한 곳으로 옮겨가며 공의의 운동장으로 세운다. 이 공의의 운동장은 고객, 구성원, 후원자, 참여자들이 주인공이

---

4   윤정구, 『황금수도꼭지: 목적경영이 이끈 기적』, 쌤앤파커스, 2018; 댄 폰테프랙트, 『목적의 힘』, KMAC, 2016; 닉 크레이그, 『목적중심 리더십』, 한영수 역, 니케북스, 2019; 로버트 퀸 & 안잔 타코, 『목적중심 경영』, 니케북스, 2021.

되어 활동하는 놀이터다. 참여자는 누구나 주체로 일으켜 세워지는 민주화를 체험한다. 다섯째, 목적경영 전략의 마지막 기둥은 공진화다. 이들은 목적을 종착지^{destination}와 혼동하지 않는다. 공의기업은 지속적 혁신과정을 통해 고객과 사회에 대한 약속인 목적을 시대에 맞게 공진화시킨다. 세상의 변화에 맞춰 더 높은 장소에 베이스캠프인 운동장을 올려 세우는 작업을 통해 시간의 검증을 통과한 100년 기업으로 등장한다. 100년 공의기업이란 목적지에 도달한 기업이 아니라 시대에 맞춰 베이스캠프를 올려 세우며 목적에 대한 공진화 여정^{journey}을 진행 중인 기업이다.

공의기업의 대표적 연구자인 아지즈와 존스^{Aziz & Jones}는 저서 『선함의 참신함: 목적의 원리』⁵에서 공의기업이 목적경영전략을 통해 얻게 되는 지속가능성을 향한 다양한 이득을 제시했다. 첫째가 순이익률, 영업이익, 주가, 기업가치 등으로 평가되는 재무적 성과이고, 둘째가 헌신적인 핵심인재의 확보, 셋째가 제품과 서비스에서의 지속적 혁신, 넷째가 고객, 협력업체, 정부 등이 인지하는 브랜드이고, 다섯째가 사회를 더 살기 좋은 곳으로 만든 변화이다. 이들은 공의기업을 지속가능성이라는 한 무기로 무려 다섯 마리의 토끼를 잡게 되는 대박 사건으로 비유했다.

저자와 오랫동안 연구를 같이 진행해온 코넬대학의 석좌 명예

---

5   Afdhel Aziz & Bobby Jones, *Good is the New Cool: The Principles of Purpose*, Regan Arts, 2021; 딜로이트 컨설팅 그룹은 목적경영 회사가 비교회사보다 혁신수준은 30%, 핵심 인재 유지율은 40% 더 높으며, 대부분의 시장영역에서 1, 2위를 다투는 위치를 점한다고 보고하고 있다(Deloitte, "Core beliefs & culture survey", 2014).

교수인 롤러 Edward Lawler 와 사우스캐롤라이나대학의 교수인 띠 Shane Thye 는 공의기업이 거둘 수 있는 가장 큰 이익을 사회적 몰입 social com-mitments 으로 규정한다.[6] 사회적 몰입이란 기업이 생태계를 구성하는 다양한 내외부 구성원들에게 삶의 충만한 성취 fulfillment 를 제공한 대가로 열성적 지지와 사랑을 받는 상태다. BTS에 아미가 있듯이 한 기업에 대해 다양한 이해관계자들이 개별적 이해충족을 넘어 팬덤을 형성한 상태가 사회적 몰입이다. 공의기업이 누릴 수 있는 가장 큰 자부심은 다양한 참여자가 주체적으로 팬덤을 형성해 해당 기업을 존경하고 사랑하는 경애기업 敬愛企業 으로 규정할 때 성취된다. 사회적 팬덤은 기업이 얻을 수 있는 지속가능성의 최고봉 상태에 도달했음을 뜻한다.

이들이 팬덤을 누리는 이유는 고객과 다양한 주체의 아픔을 긍휼함을 가지고 혁신적으로 해결했기 때문이다. 공의기업은 자연도, 공동체도, 구성원도 모두 성장의 아픔을 가지고 있다고 가정한다. 이들은 자신의 역량을 혁신해서 남들보다 더 효과적인 방식으로 자연의 아픔을 치유해 공존의 가치를 만들고, 공동체의 아픔을 치유해 공생의 가치를 실현하고, 구성원의 아픔을 치유해 공영의 가치를 만들어낸다. 한마디로 공의기업이란 살아 있는 존재가 가진 성장의 아픔에 대한 치유로 공존, 공생, 공영이라는 공진화의 가치를 선도하는 기업이다.

---

6   Edward J. Lawler, Shane R. Thye, & Jeongkoo Yoon, *Social Commitments in the Deper-sonalized World*, Russell Sage Foundation, 2009.

2019년에는 미국의 전경련에 해당하는 비즈니스 라운드테이블이 신자유주의 기반의 기업의 사명선언문을 개정함으로써 공의기업 패러다임의 강력한 지지자로 나섰다. BRT는 개정된 사명선언문에서 기업다운 기업은 주주 이윤의 극대화가 아닌 기업의 존재이유인 목적을 실현한 대가로 이윤이 따라오게 하는 기업으로 정의했다. BRT는 주주자본주의를 넘어서 공의common purpose 실현을 위한 이해관계자 자본주의를 주창했다. 같은 해 영국의 《파이낸셜타임스》도 기업의 공유된 목적을 살려내는 자본주의 리셋reset for capitalism 캠페인을 시작했다.

공의기업은 2020년 세계경제포럼world economy forum인 다보스 포럼Davos Forum의 선언문Davos Manifesto에서도 주창되었다.[7] "기업은 공정하게 세금을 내야 하고, 최소한의 부정부패를 용납해서도 안 되며, 글로벌 공급망에서의 인권침해 행위를 사전에 막아낼 책무가 있다. 21세기 기업이라면 플랫폼 운동장을 고르게 만들기level playing field를 위해 경쟁해야 한다."

공의기업 운동에 마케팅 학계도 적극적으로 나서기 시작했다. 노스웨스턴대 켈로그 경영대학원의 필립 코틀러 교수는 마케팅과 브랜딩에 종사하는 전문가들에게 목적purpose과 코즈cause를 위해 행동으로 나서는 것을 마케팅의 책무라고 주장했다. 소비자에게는 소

---

7   https://www.weforum.org/the-davos-manifesto; 세계경제포럼(WEF)은 독일 태생의 스위스 경제학자인 클라우스 슈밥(Klaus Schwab)이 이해관계자 자본주의(stakeholder capitalism)를 실현하기 위해 창립한 포럼으로, 매년 여름 휴양지 다보스에서 개최되어 다보스 포럼이라고도 부른다.

비자의 권한을 이용해 자연, 공동체, 자신들의 아픔을 치유하는 일에 행동으로 나서는 행동주의 소비자[brand activism]가 될 것을 촉구했다.[8] 소비자 행동주의의 목적은 소비자의 긍휼을 복원해 사회적 공의를 행동으로 실천하는 것이다.[9]

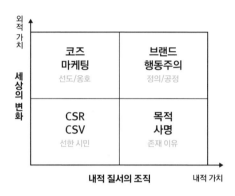

선(Good)을 이끌어내는 마케팅

---

8   Christian Sarkar & Philip Kotler, *Brand Activism: From Purpose to Action*, 2020; Man-fredi-Sánchez, Juan-Luis, "Brand activism", *Communication & Society, 32(4)*, 2019, pp. 343–359; 코틀러 교수는 제롬 매카시 교수가 개념화한 마케팅 4P(product 품질, promotion 판촉, price 가격, place 입지) 믹스를 마케팅의 기본원리로 정착시킨 마케팅의 창시자다. 코틀러 교수는 2013년쯤부터 이런 4P 믹스가 마케팅을 포장과 판촉 활동으로 전락시킨다는 비난에 직면하자 여기에 새로운 P인 purpose(목적)를 첨가해서 5P를 제시하기 시작했다.

9   P&G의 글로벌 마케팅 부사장이었던 스트렝겔은 5만 개의 브랜드 중 목적과 코즈를 담고 행동하는 50개의 브랜드를 가진 회사의 주가와 S&P 500의 10년간 평균 주가를 비교한 결과, 목적 지향적 행동을 담은 브랜드의 주가는 393% 증가했지만 S&P 500의 회사들은 평균 주가가 7% 하락했다는 것을 밝혔다(Jim Stengel, *Grow: How Ideals Power Growth and Profit at the World's Greatest Companies*, Virgin Books, 2011).

공의기업 운동의 화룡점정은 세계에서 가장 큰 자산운용사인 블랙록 Blackrock의 CEO 래리 핑크 Larry Fink가 목적에 기반한 ESG를 주창하고 나선 사건이다. 그간 자산운용사는 주주자본주의의 첨병이었다. 세계에서 가장 큰 자산운용사의 대표가 주주자본주의를 포기하고 자신이 자본을 투자한 회사에 매년 주주 서한을 보내 자본투자를 통해 공의를 실현하겠다고 나선 것이다. 자신들의 공의를 위한 목적투자 정책을 지지하지 않을 때는 이사회 구성에 개입해 CEO를 교체할 수도 있다고 경고한다. 블랙록이 생각하는 공의란 자연의 상처를 치료하고, 사회구성원의 다양성과 포용성을 증진하며, 기업 내의 불평등한 거버넌스를 민주적이고 투명하게 만드는 것이다. 최대주주의 권한을 행사해서라도 더 높은 장소에 차별과 편견이 사라진 평평한 운동장을 만드는 일에 기업들을 참여시키겠다는 것이다.

고객만족에 사활을 거는 회사

컴포트 푸드 comfort food란 아프거나 심리적 위축이 지속되어 식욕이 떨어졌을 때 고향의 어머님들이 자식들의 기력을 살려내기 위해 약 대신에 해주시던 간단한 음식을 망라한다. 서구에서는 치킨 수프가 대표적 컴포트 푸드로 알려져 있다.

성인이 된 현대인들은 부모님과 떨어져 살기도 하고 자신의 심리적 스트레스를 스스로 해결해야 하기에 이러한 컴포트 음식을 아이스크림, 초콜릿, 피자, 프렌치프라이 등 설탕, 밀가루, 소금 범벅의 고칼로리 음식에서 찾는다. 이런 음식들이 당을 올려서 일시적으로 활력을 주는 것 같은 느낌을 주기 때문이다. 하지만 이런 음식은 유사 컴포트 음식으로 결국 당뇨병과 같은 성인병의 주역이다. 한마디로 컴포트로 포장된 정크푸드다.

회사에서 제공하는 서비스나 상품을 소비하는 것도 음식을 소비하는 것과 다르지 않다. 당뇨 같은 성인병에 걸리지 않기 위해서 회사에서 제공해주는 서비스나 상품도 정크인지 컴포트인지를 구별해가며 지혜롭게 소비할 수 있는 안목을 길러야 한다.

제대로 된 회사라면 고객의 아픔을 자신의 아픔으로 생각하고 이 아픔을 자신의 서비스나 상품으로 치유해준다는 생각을 가지고 고객에게 컴포트 푸드에 해당하는 제품과 서비스를 제공하여 지쳐 누워 있는 고객을 일으켜 세우려고 노력할 것이다. 하지만 신자유주의에 물든 대부분 회사는 고객의 통점보다는 고객이 자신의 생존을 결정해주는 돈줄이자 도구라고 생각하고 아파서 누워 있는 고객에게 반창고를 붙여주거나 진통제를 제공해주는 처방을 벗어나지 못한다.

이들은 고객을 만족시키기 위한 전략으로 초콜릿이나 아이스크림에 해당하는 상품과 서비스를 제공하여 자신의 생계를 연명하는 데 주력한다. 고객의 아픔을 자신의 아픔으로 내재화해 긍휼함을 가지고 이들을 일으켜 세우려는 회사와 '고객만족'이라는 설탕 범벅의 상품과 서비스로 고객을 성인병으로 이끄는 회사는 구별된다.

고객의 아픔을 치유하는 회사와 고객만족이라는 설탕 범벅을 가지고 고객을 현혹하는 회사를 구별해주는 것은 그 회사가 가지고 있는 철학과 목적이다. 아무리 힘이 들어도 아침에 이불을 박차고 일어나게 하는 것도 살아야 하는 이유인 목적을 각성하고 있기 때문이다. 어려운 상황임에도 회사 종업원들을 계단을 뛰어 올라가며 출근하게 만드는 것도 회사의 존재목적이 이들을 일으켜 세웠기 때문이다. 마찬가지 이유로 이런 회사의 제품과 서비스에 담겨 있는 목적은 컴포트 음식이 되어 고객을 일으켜 세운다.

회사에 철학과 목적이 없다면 자신이 가진 기술과 자금력을 믿고 고객에게 설탕 범벅의 제품과 서비스를 제공하는 회사일 개연성이 높다. 고객의 통점을 자신의 아픔으로 내재화해서 고객을 일으켜 세우려는 긍휼의 회사는 고객에 대한 분명한 철학과 사명으로 무장하고 있다. 철학과 사명이 없는 회사의 제품과 서비스에 중독된다는 것은 위험한 일이다. 불필요한 것을 필요한 것처럼 포장하는 회사의 화려한 포장술에 말려들 수 있기 때문이다. 브랜딩이란 회사의 목적과 철학을 제품과 서비스에 끼워넣어 철학과 목적에 대한 체험을 파는 것을 의미한다.

한국과 미국에서의 공의의 운동장

아래 그림은 목적에 대한 구글 추세분석을 이용해서 2004년부

터 2021년까지 한국과 미국에서 공의^{common purpose} 운동에 대한 지평
이 어떻게 전개되고 있는지를 분석해본 것이다.[10] 미국이나 한국에
서 모두 목적과 관련한 뉴노멀의 지평은 더 높은 곳에 세워지고 있
음을 보여준다. 단 미국은 목적 운동이 2008년 리먼 브라더스 파산
으로 생긴 금융위기를 기점으로 기업과 경제를 중심으로 서서히 전
파되는 형태다. 한국에서의 목적 운동은 2015년을 기점으로 갑자기
융기하는 형태를 보인다. 2014년 세월호에서 촉발된 광화문 촛불혁
명이 목적 운동에 불을 붙였다.

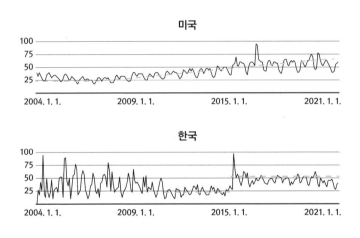

한국과 미국에서의 목적에 관한 뉴노멀 지평 비교

미국의 목적 운동이 경제와 기업을 중심으로 자기 조직력을 가
지고 전파된 것과 달리 한국의 목적 운동은 나라가 길을 잃고 헤매

---

10   https://trends.google.com/trends

고 있음에 대한 정치적 질문에서 시작되었다. 정치를 통해 촉발된 공의 운동은 경제에서 시작한 운동에 비해 자기 조직력이 현저히 떨어진다. 실제 기업이나 사회의 다양한 부문으로 전파되지도 않는다. 삶과 직접 연관된 먹고사는 문제나 경제 산업영역에서 시작된 운동만이 자기 조직력을 가지고 다른 영역으로도 자연스럽게 전파된다. 미국과 달리 한국기업들은 아직도 공의의 지평이 높아지는 문제가 얼마나 심각한 쓰나미가 될 것인지를 이해하지 못하고 있다.

한국기업에서 열의가 사라지고, 갑질이 횡행하고, 이해할 수 없는 사건 사고가 끊이지 않는 이유는 구성원들이 돈과 생계를 제외하고는 일해야 하는 의미를 잃었기 때문이다. 나라가 목적을 잃고 헤매고 있듯이 회사도 목적을 잃은 것이다.

우리가 애터미에 주목하는 이유는 한국기업이 목적경영에 관심을 두지 않을 때 특이하게도 애터미가 공의기업의 프로토타입을 만들어 실험해왔기 때문이다. 2장에서는 선진기업이 공진화시키고 있고 애터미가 한국 토양에서 실험하고 있는 공의기업이 실제 어떻게 설계되고 운용되고 있는지를 검토한다.

2

정의와 공의: 동일 빙산의 이면

풍경 1

지난해에는 성과급의 공정성 문제를 놓고 우리나라에서 가장 큰 제조사인 H사와 S사 직원들 사이에서 뜨거운 논란이 벌어졌다.[1]

H사는 초과수익의 20% 범위에서 PS라는 성과급을 지급하기로 약정하고 있다. 지난해 H사의 영업이익은 5조 126억 원이다. 코로나 사태에도 영업이익이 급증했는데 H사는 영업이익의 20%에 훨씬 못 미치는 금액을 PS로 지급했다.

---

[1] 윤정구, "성과급 제도를 둘러싼 새로운 흐름과 과제", 《임금·HR 연구 2021년 하반기호(합리적 성과급제 구축 특집호) 103호》, pp. 4-14.

비슷한 논란은 초과이익이 산출되면 OPI를 지급하기로 약정된 S사 직원들 사이에서도 번졌다. S사는 초과이익의 20% 한도, 자기 연봉의 50% 범위에서 OPI를 지급한다. 스마트폰을 담당하는 무선 사업부와 TV를 맡은 영상디스플레이^{VD}사업부가 연봉의 50%를 OPI로 받았다. 공정성 시비는 반도체 사업을 담당하는 메모리·시스템 LSI·파운드리 사업부의 OPI가 47%로 공시되자 불거졌다. 반도체 부분에 근무하는 직원들은 왜 초과이익을 더 낸 자신들이 VD나 무선 사업부보다 3%가 적은 OPI를 받게 되었는지 물었다.

H사 직원들의 불만은 준거를 S사와 비교하는 과정에서도 촉발되었다. S사는 연봉의 50%를 받는데 자신들은 똑같이 열심히 일하고 왜 20%를 받느냐는 것이다. 회사가 S사가 H사보다 3배 많은 영업이익을 냈다고 설명하자 직원들은 S사는 연봉 6천에 3천을 받는데 자신들은 6천에 1천2백을 받으면 절대적 액수가 작은 것 아니냐고 되물었다. 비교의 준거를 바꾼 것이다. 어떤 직원들은 코로나로 모든 기업이 도산하는 상황에서 이런 실적을 냈으면 자신들에게 더 보상해줘야 한다고 주장했다. 비교 준거가 성과를 더 낸 S사가 아닌 코로나로 고생 중인 일반 회사로 바뀌었다.

공정성을 이슈로 제기하는 사람들은 자기보다 덜 받는 사람들이나 전혀 못 받은 사람을 준거로 공정성을 주장하지 않는다. 자신보다 열악한 상황에 있는 중소기업 노동자나 하도급업체에서 고군분투하는 사람들은 눈에 보이지 않는다.

MZ 세대의 공정성에 관한 관심이 화두다. X세대는 자신들과 관련된 이슈를 거침없이 말하는 이들이 무섭다. X세대가 자신의 의견을 말하기 위해서 시위나 대자보를 이용했다면 MZ 세대는 SNS를 이용한다. X세대는 결과만 어느 정도 비슷하면 과정은 문제 삼지 않았지만 MZ 세대는 결과뿐만 아니라 과정의 투명성도 문제 삼는다. 예를 들어 평창동계올림픽 여자아이스하키 남북한 단일팀 구성을 놓고도 공정한 경쟁 없이 정치적 목적으로 단일팀을 구성하는 것에 이의를 제기했다. 조국사태나 인천국제공항 공사채용에서 이들이 이슈로 제기한 것도 절차와 과정이다. 동일 출발선에서 능력과 실력에 따른 공정한 경쟁 없이 특정한 사람들에게 더 많은 혜택을 준다면 불공정하다고 생각한다. 사회적 약자의 배에 모터를 달아주어도 공정하지 않다고 본다. 그렇다고 MZ 세대가 절차의 공정성에만 치중하고 결과에 관심이 없는 것은 아니다. 이들도 월급만으로 평생 집을 살 수 없다는 현실을 극복하기 위해 주식이나 암호화폐에 영혼을 끌어모아 투자한다.

2009년 출간된 마이클 샌델 하버드 대학 교수의 『정의란 무엇인가』가[2] 출간되자 공전의 화제를 모았다. 이 책은 2010년 번역되어 인문학 서적으로는 베스트셀러 1위를 차지했다. 2011년 4월 100만 부를 돌파했다. 문학서적에 대한 인기가 감소했음에도 진귀한 기록을 세웠다. 이 책은 영미권에서는 10만 부 미만의 상대적으로 저조한 판매실적을 기록했다.

정의와 공의, 어떻게 다른가?

X세대가 더 관심을 보이는 분배적 공정성이나 MZ 세대에게 더 민감한 절차적 공정성이 이들의 주장대로 제도의 개선을 통해서 해결될 수 있는 문제일까? 왜 정치가들은 매번 후보로 나올 때마다 공정성 문제해결을 기치로 정의를 내세울까? 이들이 오랫동안 정의를 기치로 내세웠지만 정의가 개선되지 않는 이유는 무엇일까? 100만 명이 넘는 사람들이 마이클 샌델 교수의 『정의란 무엇인가』에 열광적 관심을 가졌어도 정의의 문제는 왜 제자리걸음일까?

공의righteousness와 정의justice의 차이를 제대로 파악하지 못하고 정책을 내놓기 때문으로 보인다. 정치가들은 정의와 공의의 골간을 이해하기보다는 문제가 생길 때마다 보여주기식의 근시안적 정책에 매달려왔다.

---

2   권은중, "'정의란 무엇인가' 100만 부 돌파", 《한겨레》, 2011년 4월 18일; 마이클 샌델, 정의란 무엇인가, 김명철 역, 와이즈베리, 2014.

정의와 공의는 한 빙산의 물 위로 드러난 부분과 물 아래 잠긴 부분과 같다. 정의가 물에 잠기지 않으려면 빙산의 밑동에 해당하는 공의가 충분한 부력으로 버텨줄 수 있어야 한다. 눈에 보이는 정의만을 가지고 제도적으로 해결하려는 노력은 고질적 문제만을 반복한다. 정의와 공의의 차이를 이해하고 통합하려는 노력에 실패한다면 정의를 실현하는 것은 요원한 문제가 된다.

정의Justice와 공의righteousness는 어떻게 다를까?

정의에 관한 현대적 논의는 존 롤스John Rawls 의 『정의론A Theory of Justice』에 나오는 '무지의 장막veil of ignorance'이라는 상상적 실험에 기초한다.[3] 무지의 장막이란 사회의 모든 구성원들이 마치 베일로 가려진 듯이 서로의 신분, 지위, 능력, 가치관 등을 알지 못하는 상황에 놓인 것을 뜻하는데, 롤스의 상상적 실험은 이런 상황에서 가장 정의로운 제도를 찾아보는 것이다. 이 상상적 실험을 통해서 탄생한 체계가 현재 우리가 사용하고 있는 공평한 기회, 투명한 절차, 결과의 정의로운 분배라는 시스템이다. 롤스는 찾아낸 초깃값을 발전시켜 기회는 더 평등하게, 절차는 더 투명하게, 결과는 더 공정한 시스템을 진화시킬 것을 요청한다.

롤스에 따르면 이런 상상적 실험을 통해 만든 사회적 합의를 지키는 것이 정의다. 이견이 생길 때마다 논의를 통해 다시 합의를 만들어내고 이 합의를 반영시켜 정의가 더 높은 수준에서 실현될 수 있도록 진화시켜야 한다고 본다.

---

3   롤스, 『정의론』, 황경식 역, 이학사, 2003.

우리에게 잘 알려진 하버드 대학의 마이클 샌델 교수는 롤스가 주창한 칸트류의 개별적 자유주의 계약에 기반한 정의론이 작동하지 않는 것을 지적하며 아리스토텔레스를 부활시켜 공동체적 정의론을 편다.[4] 샌델이 보기에 개인의 자율에 기반한 자유는 개인주의를 벗어날 수 없게 만든다. 그는 공동체라는 맥락을 전제로 정의를 규정해야 한다고 주장한다. 개인들의 계약이 유지되는 것은 자신들이 공동체의 구성원이라는 전제 때문이다. 정의도 개인 간의 자유로운 계약을 넘어 공동체의 번성과 미덕과 행복을 쌓아가는 쪽으로 운용되어야 실현된다. 샌델은 계약을 가능하게 만드는 선제적 요소가 공동체이므로, 공동체의 번성을 실현할 수 있도록 개인들을 규율해야 한다고 주장한다. 최근 저서에서 샌델은 공동체의 번성을 전제하지 않은 개인의 실력 지상주의meritocracy가 가져올 수 있는 폐해에 대해서도 경고했다.[5]

무지의 장막 속에 감춰진 유전자복권

롤스는 부모가 자식에게 미치는 영향을 배제하기 위해 누가 누구의 자식이 될 것인지에 대해 '무지의 장막'을 치고 인간이 상상할 수 있는 가장 정의로운 시스템을 디자인하려고 시도했다. 결과로만

---

4   마이클 샌델, 앞의 책.
5   마이클 샌델, 『공정하다는 착각』, 함규진 역, 와이즈베리, 2021.

보면 이런 상상적 실험에 기초한 정의에 대한 노력은 실패했다. 아무리 제도를 이상적으로 만들어 놓았어도 현실로 돌아오면 부모가 물려준 선택적 기득권을 가진 사람들이 제도를 자신에 유리하게 운용해서 결국 자신의 이득을 성취해낸다. 샌델이 나서서 공동체 기반의 정의론을 주창했지만, 추상적 선언의 수준을 벗어나지 못했다.

최적의 정의를 도출하기 위해 롤스가 쳐놓았던 '무지의 장막'을 걷어내는 상상적 실험을 다시 한다면 어떤 일이 일어날까?

장막을 거두면 세상은 유전자복권을 탄 운 좋은 사람과 복권을 타지 못해 운을 타고 나지 못한 사람으로 나뉘있다는 사실을 발견할 것이다. 태어날 때부터 이 유전자복권의 결과로 누구는 좋은 재능과 좋은 머리와 준수한 외모를 타고 태어난다. '유전자복권'이라고 이름을 붙이는 이유는 우리가 어떤 부모에게서 태어날지를 우리가 결정할 수 없기 때문이다. 실제로 우리가 특정 부모에게서 태어나는 일이 발생할 개연성은 복권에 당첨될 확률보다 적다. 조상 중 한 분이 부부의 연을 맺는 데 있어 예정이 조금만 어긋나도 우리는 지금의 부모에게서 태어나지 못한다.

사회적으로 성공한 사람이라는 지위를 얻기 위해 운도 작용하지만, 운 이외에도 기본적으로 필요한 세 요소는 재능과 이 재능을 길러내는 데 필요한 재력과 본인의 노력이다. 재능의 유전자를 가진 부모에게서 태어났다는 것도 유전자복권에 당첨된 것이고, 여기에 그 재능을 계발할 수 있는 재력을 갖춘 부모에게서 태어나는 것은 또다시 복권에 당첨된 것이다. 재능을 계발해 성공하기 위해서는 건강도 받쳐주어야 한다. 건강한 부모의 유전자를 받고 태어난 것은 또 한 번의 유전자복권에 당첨된 것이다.

공정성이 문제가 되는 것은 이런 엄청난 행운을 누리며 사는 사람들의 태도에 달렸다. 이런 사람들은 자신의 노력만으로 사회적 지위를 성취해야 하는 사람들과 출발선 자체가 다르다. 유전자복권 당첨자들은 소위 공정한 시스템이 작동하면 더 성공할 수밖에 없는 운명을 가진 사람들이다. 무지의 장막을 치고 공정하게 만들어낸 제도는 이들 유전자복권을 정당화시키는 도구일 뿐이다. 다른 출발선에서서 성공을 구가하는 사람들이 자신이 유전자복권 당첨자라는 사실을 숨긴 채 모든 성취를 본인이 열심히 노력하고 경쟁해서 얻은 것처럼 주장한다면 정의가 설 자리가 없다.

공의란 무지의 장막을 걷어내고 복권당첨자들이 자신이 운이 좋아 선물을 독차지한 사람이었다는 것을 겸허하게 인정하는 것에서 시작된다. 자신이 과도하게 얻어낸 혜택 일부를, 복권당첨에서 배제된 불행한 사람들의 삶을 개선하기 위한 평평한 운동장을 만드는 데 사용하는 것이다. 정의가 무너지는 이유는 복권당첨자들이 공의를 실현할 역량과 재원을 넘치도록 취득했음에도 자신이 노력을 가미했다는 단 하나의 단서를 들어 복권당첨을 선물로 인정하지 않고 공의를 외면하는 행동 때문이다. 복권당첨자들이 공의에 눈을 감고 기회의 평등, 절차의 투명성에 기대어 혜택을 독점하는 것을 넘어서, 유전자복권에 당첨되지 못한 사람들을 비난하기 시작한다면 그곳은 고장난 사회다. 정의는 정의를 위한 제도 자체로 실현할 수 있는 것이 아니다. 복권당첨자들이 자신의 행운을 인정하고 당첨금 일부를 불운한 사람들도 주인으로 설 수 있는 운동장 건설에 사용할

때 공의가 복원되기 시작하고 공의가 복원되면 정의는 자연스럽게 실현된다.[6]

현대적 의미의 공의는 누군가가 대신 뽑아준 유전자복권의 불평등과 불공정성 문제를 인간들이 만들어낸 시스템과 제도만으로 해결할 수 없다는 각성에서 시작한다. 즉 당첨자들이 자신이 지금 누리는 성공이 대부분 유전자복권에 기인한 과도한 행운임을 겸허하게 인정하는 것에서 비롯된다. 복권당첨이라는 선물을 받은 사람들이 과도하게 얻어낸 당첨금 일부를 당첨에서 밀려난 사람들의 고통을 치유하고 이들을 일으켜 세우는 운동장을 설계하는 데 사용하는 것이 공의 실현이라고 할 수 있다.

---

6   공의에 대한 논의를 종교의 영역을 넘어서 사회과학에 최초로 들여온 사람은 사회과학의 아버지인 독일인 막스 베버(Max Weber)다. 베버는 자본주의가 부흥한 이유를 종교개혁 이후 캘빈주의자들이 새롭게 해석한 프로테스탄트 윤리에서 찾았다. 캘빈주의는 구원받고 못 받고의 문제는 이미 신에 의해서 예정되어 있다고 믿었다. 구원을 받을 구원복권당첨자는 이미 뽑혀 있고 누가 뽑혔는지는 신만이 안다. 신과 사제 사이에 무지의 장막을 만든 것이다. 무지의 장막 밖에서 사는 인간으로서는 자신의 구원이 예정되어 있는지를 알 방법이 없다. 세속적인 자본가들이 자신이 구원받은 사람이라는 확신을 지킬 방법은 세상을 더 공의롭게 만드는 사업과 직업에 소명의식을 가지고 헌신하는 것이었다. 이들은 죽는 순간까지 겸손하고 검소한 삶을 유지해 큰 자본을 남겼다. 이 자본이 제대로 공의롭게 사용되어 지금의 자본주의를 키웠다는 것이다. 실제 막스 베버는 프로테스탄트 공의 윤리와 검소한 소명 지향적 일상 사이의 창조적 긴장 관계가 지금의 자본주의의 맹아였다고 설명한다. Max Weber, *The Protestant Ethic and the "Spirit" of Capitalism and Other Writings*, Translated by Peter R. Baehr & Gordon C. Wells, Penguin, 2002; Andreas Birnik & Jon Billsberry, "Reorienting the business school agenda: The case for relevance, rigor, and righteousness", *Journal of Business Ethics 82*, pp. 985–999; Joshua David Hawley, *Theodore Roosevelt: Preacher of Righteousness*, Yale University Press, 2008; Tak Sing Cheung & Ambrose Yeo-chi King, "Righteousness and profitableness: The moral choices of contemporary Confucian entrepreneurs." *Journal of Business Ethics 54*, pp. 245–260; Tak Sing Cheung, "A Commentary on the New Conception of Righteousness versus Profitableness during the Ming and Qing Dynasties: Weber's Thesis Reconsidered." *Legein Monthly 326*, pp. 26-34.

현대의 공의는 한나 아렌트 ^{Hannah Arendt}가[7] 주장하듯 행운의 당사자들이 불운의 당사자들의 가면을 대신 써주는 행동에서 시작한다. 복권에 당첨된 사람들이 당첨되지 못한 사람들의 고통을 자신의 고통으로 내재화해서 행동으로 풀어가는 긍휼 ^{compassion}이 공의의 동력이다.[8]

이런 공의를 위한 행동을 예수는 긍휼, 부처는 자비, 공자는 측은지심이라고 불렀다. AI, 로봇, 디지털 플랫폼의 기술적 진보를 이용해 장애와 편견과 차별이 작동되지 않도록 할 수 있을 때 공의가 기술적으로 실현될 것이다. 노블레스 오블리주란 자신에게 유전자 복권이 당첨된 의미를 깨달아 공의를 실현하는 일을 삶의 목적과 사명으로 삼는 것이다. 공의의 행동을 통해 복권당첨자와 복권당첨에서 배제된 사람들이 협업으로 세상을 지금보다 건강하고, 행복하고, 살기 좋은 운동장으로 만드는 책무를 수행하게 된다.

기업이 나서다

공정성과 정의는 빙산의 보이는 부분이고, 공의는 물속에 잠긴 빙산의 아랫부분이다. 공정성과 정의가 살아 있는 것은 빙산의 보이지 않는 부분인 공의가 실현되어 공동체가 쓸 수 있는 믿음과 신뢰

7   한나 아렌트, 『인간의 조건』, 이진우 역, 한길사, 2019
8   모니카 월라인 & 제인 더튼, 『컴패션 경영』, 김병전, 김완석, 박성현 역, 김영사, 2021.

라는 부력을 만들어내기 때문이다. 풍경 1과 풍경 2에서처럼 정의와 공정성이 논란이 되는 이유는 이들의 공동체에 공의를 통해 만들어진 신뢰잔고가 비었기 때문이다. 신뢰잔고가 충분할 때 공동체의 구성원들은 정의와 공정성을 문제 삼지 않는다. 사람들이 계산기를 두드리기 시작했다는 것은 공의로 만든 신뢰잔고가 비었다는 것을 뜻한다.

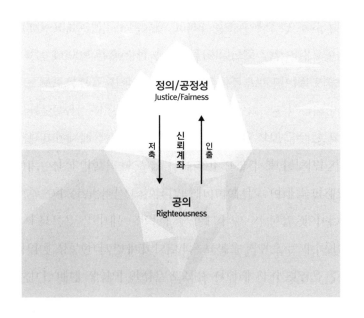

정의와 공의의 선순환 구조

공동체의 신뢰잔고는 공의의 책무를 이행함으로써 채워진다. 공동체 내에 공의를 통해 축적해낸 신뢰잔고가 비어 있다면 제도로 정의와 공정성 문제를 해결하는 것이 가능하지 않다. 상처가 곪아 구더기가 생긴 곳에 거적을 덮어놓는다고 문제가 해결되지는 않는 원리와 같다. 롤스나 샌델처럼 제도 수준의 표면적 정의를 넘어서 더 깊은 곳에서 표면적 정의를 받쳐주는 공의의 부력을 이해할 때 정의도 자연스럽게 실현된다.

최근 대인기를 끌었던 〈오징어 게임〉이라는 연작은 지금까지 정부, 정치가, 종교단체, NGO에 의해 아마추어 수준에서 집행되던 공의의 노력을 풍자하는 드라마다. 유전자복권 당첨자들이 오랫동안 해결하지 못했던 공의의 빈틈을 파고들어서 유전자복권에 당첨된 경험이 없는 흙수저들을 집합시켜 돈과 죽음을 뽑는 행운권 게임을 설계해 자기들끼리 즐기기에 이른 것이다. 오징어 게임이 실상에서 재연된다면 공의가 파산선고를 당한 것이다.

지금까지 정부, 정치가, 종교단체, NGO를 통해 공의를 살려내려는 노력은 밑 빠진 독에 물을 붓는 격이었다. 의도는 좋았지만 실행의 결과는 선의와 호의를 베푸는 아마추어 수준의 지지부진함을 벗어나지 못했다.

공의의 지형은 실질적으로 문제를 해결할 수 있는 최고의 역량을 가진 기업들이 나서기 시작하자 대전환이 일어나고 있다. 고전적 CSR, CSV, 이해관계자 자본주의를 위한 노력이 축적되어 BRT 선언, 다보스 선언, ESG 운동을 만들어냈고 공의를 소생시키는 운동에 동참하는 기업들이 기하급수적으로 늘었다. 기업이 선도하는 공의 운동이 충분히 임계점 critical mass 을 넘은 것으로 보인다. 장 서두에 인용한 기업들은 각 영역에서 공의의 운동장을 세우는 책무에서 실질적 성과를 만들어내고 있다. 더 중요한 사실은 이런 공의기업의 객관적 성과도 일반 회사가 상상하는 수준을 초월해 지속가능성을 입증하고 있다는 점이다. 많은 기업이 공의기업의 패러다임으로 이미 생존과 반기업정서를 넘어 번성이라는 지속가능성을 실현했다.

대한민국에서도 대기업인 포스코와 SK가 선두에 서서 공의기업을 실험하고 있다. 애터미가 특별하게 더 관심을 끄는 이유는 창업단계에서부터 다른 네트워크 마케팅 기업이 주창하는 마케팅 계획의 공정성을 넘어 공정성의 기반인 공의를 토대로 사업을 시작해 공정성에 대한 실질적 해법을 제공했다는 점이다.

애터미는 창업 초기부터, 올바른 목적을 통해 만든 선한 영향력이 최고의 전략이라는 정선상략正善上略을 골간으로 세우고 사업을 시작했다.[9] 사업의 본질도 높은 곳에 더 평평한 운동장을 만들고 여기에 도달할 수 있는 다양한 사다리를 설계해 제공했다. 정선상략을 이행해가며 신뢰잔고를 축적했고 신뢰잔고를 지렛대로 지금의 지위를 만들었다. 애터미는 지금도 많은 어려움과 시행착오에 봉착해 있지만, 공정성이라는 결과가 자연스럽게 따라오게 만드는 공의기업의 시도가 성공한다면 지속가능성을 염원하는 많은 기업에 새로운 준거와 희망으로 작용할 것이다. 네트워크 마케팅 생태계에 대한 사회적 편견과 대한민국 기업이 시급하게 해결해야 할 반기업정서를 극복할 해법도 찾게 될 것이다.

공의기업이란 목적경영전략으로 더 높은 곳에, 더 평평한 운동

---

9   정상규 기자, "애터미의 전략은 늘 원칙중심과 정선상략, 그리고 제심합력", *Next Economy*, 2019년 1월 4일 기사(http://www.nexteconomy.co.kr/news/articleView.html?idxno=11937)

장을 베이스캠프로 세워, 이곳에서 지속가능성을 실현한 기업이다. 이들은 고객, 구성원, 사회, 자연이 경험하는 고통에 '긍휼함'을 가지고 이 고통의 문제를 원인의 수준에서 '혁신적으로' 해결하는 소임을 기업의 고유한 '존재목적'으로 규정한다. 공의기업은 이윤을 넘어 존재목적을 자사의 제품과 서비스에 체화시켜 파는 기업이다. 기업의 혁신 역량을 증진해 '협업의 운동장'을 만들어 회사가 약속한 존재목적을 실현한다. 이 협업의 운동장을 통해 참여자들은 유전자복권의 제약에서 벗어나 자신의 존재목적을 실현하는 주체로 나서서 기회, 과정, 결과의 제도적 평등을 넘어선 온전한 평등을 체험한다. 공의기업 안에서 존재목적이라는 고유성을 실현하는 일이 모든 주체의 목적함수로 작용할 때 다른 사람과의 비교가 무의미한 온전한 평등이 구현된다. 이러한 공의 운동장이 전제되지 않은 상태에서 기회, 과정, 결과에 대한 제도적 평등은 온전한 평등이 구현되지 못함을 감추는 위장에 불과하다. 여기서 외치는 정의는 실현할 수 없는 공허한 구호일 뿐이다.

공의기업은 기업이 생태계 산성화의 주범이었다는 그간의 부정적 외재성을 극복하고 지구와 인류의 정당한 구성원으로서 인정받는 '긍정적 외재성'을 회복하는 책무를 수행한다. 공의기업은 고객, 구성원, 공동체, 자연을 아픔과 고통으로부터 자유롭게 하겠다는 치유자라는 존재목적의 약속을 지켜 사회적 몰입이라는 팬덤을 형성한 기업이다. 공의의 '의'는 기업이 천명한 존재이유인 목적이고, '공'은 기업 내부 구성원뿐 아니라 외부 구성원과도 목적을 공유하고 있음을 뜻한다.

솔로몬의 현능함

어느 날 철학자 아리스토텔레스는 원주의 둘레를 재는 방안을 심각하게 고민하고 있었다. 그 당시 모든 자가 단단한 일자 막대기여서 현실적으로 원주의 둘레를 재는 것이 불가능했다. 고심하는 아리스토텔레스를 보고 제자가 자를 구부려서 ^{bend the rule} 만든 자, 즉 지금의 줄자를 고안해 왔다. 아리스토텔레스 이래로 'bend the rule'은 혁신을 상징한다.

이 일화 속에는 혁신을 만들어내는 원리가 숨겨져 있다. 지혜롭기도 하고 혁신적 문제해결 능력도 뛰어난 것을 현능 ^{practical wisdom}하다고 말하는데, 현능한 사람들의 첫 번째 특징은 목적에 대한 헌신이다. 목적에 강한 열정을 가진 사람들은 목적을 포기할 수 없어서 기존의 방법이 아닌 다른 지혜로운 방법을 찾아 혁신에 나선다. 목적이 공의롭고 정당한 것이라면 이것을 달성하는 더 현명하고 윤리적인 방법이 반드시 존재하게 마련이다. 하지만 목적에 대한 열정이 없는 사람들은 기존의 방법을 쓰지 않는 것은 룰에 어긋난다는 핑계를 대며 혁신을 방해한다. 이들의 마음속에는 지향하는 목적이 없기에 룰을 고수하는 것이 목적이 된다. 목적 없는 원칙주의자들은 원칙을 앞세워 자신의 원칙에 포획되지 않은 사람들을 찾아 괴롭힌다. 목적을 잃은 원칙주의자가 혁신의 방해자다. 혁신은 목표가 아닌 목적을 실현하는 행위에서 자연스럽게 발현된다.

현능한 사람들의 두 번째 특징은 긍휼함이 넘친다는 점이다. 긍휼이란 다른 사람의 고통을 내 고통으로 내재화해서 행동으로 풀어가려는 따뜻한 마음의 성향이다. 긍휼한 사람들은 규칙과 법을 핑계로 다른 사람의 고통을 외면하지 않는다. 혁신가의 긍휼이란 고객이든 구성원이든 조직이든 아파서 누운 사람들을 일으켜 세우기 위해 아픔의 원인을 제대로 찾아서 근원적으로 해결해주는 행동주의를 의미한다. 긍휼만이 진정한 혁신의 기반이다. 공감^{empathy}이나 위로^{sympathy}는 상처에 반창고를 붙여주거나 진통제를 처방하는 것이다. 공감이나 위로에 멈춰 선다면 이들은 자선 사업가이지 혁신가는 아니다.

목적과 긍휼로 무장한 솔로몬은 현능함의 대명사였다. 한 아이의 엄마임을 주장하는 두 여인에게 아이를 반으로 나누는 고통에 어떻게 반응하는지 긍휼을 시험해 진짜 엄마를 찾아냈다. 솔로몬은 법과 정의라는 이름보다 고통을 외면하지 못하는 진짜 어머니의 얼굴에 정의의 본질이 숨겨 있다는 것을 알았다. 진정한 혁신이란 고통받는 사람들을 일으켜 세워 이들을 공의로 향하는 목적의 길을 가게 하는 것이다. 솔로몬은 고통으로 주저앉은 이들의 얼굴을 외면하지 않고 이들을 긍휼로 일으켜 세워 목적을 향해 다시 걸어갈 수 있게 만들었다.

3
초뷰카 시대

사람과 사람, 사람과 사물, 사물과 사람을 비롯해 모든 존재하는 것들이 연결되는 초연결 시대는 이미 미래 지향점인 뉴노멀을 넘어서 현실로 정착되었다. 초연결 세상에서 기업들이 비즈니스를 하는 방식은 플랫폼 방식이다. 플랫폼 방식으로 사업을 한다는 것은 네트워크의 다양한 연결로 이입된 참여자들이 요구를 충족할 수 있는 모듈들을 엮어서 운동장을 만들어주는 것이다. 플랫폼 비즈니스에서는 참여자들이 적은 이용료를 내더라도 운용 회사는 네트워크 효과인 승수효과로 큰 이익을 낸다.

미래로 향하는 지도에는 크게 세 개의 디지털 플랫폼 지형이 형성될 것으로 보인다. 첫째 지형은 지금 우리 대부분이 거주하고 생활하는 현실세상의 거래를 촉진하는 플랫폼이다. 이미 현실세상의 대부분 거래는 온라인 플랫폼에 의해서 중개되고 있다.[1] 둘째 지형은 상상적 체험이 현실적 체험처럼 작동되는 가상세상이다. 이 가상세상에서의 거래를 매개해주는 플랫폼이 메타버스다. 마지막 지형은 이 현실세상과 가상세상 사이를 연결해 협업과 거래를 가능하게 만드는 메타 플랫폼 세상이다. 메타 플랫폼 세상은 차세대 인터넷과 블록체인을 기반으로 한 가장 높은 수준의 디지털 공간이다. 연구자들과 미래학자들은 4차 산업혁명이 실제로 일어난다면 지금의 온라인 플랫폼이나 메타버스 플랫폼이 아니라 이 두 플랫폼이 통합되는 메타 플랫폼에 기반할 것임을 예고한다.[2] 메타 플랫폼 세상에서는 분산신뢰distributive trust를 보편화시키는 블록체인 기반의 차세대 인터넷이 핵심 모듈로 작동한다.

뷰카VUCA라는 말은 변화의 속도가 빠르고 다양하게 전개되는 변동성volatility, 전개되는 변수가 많아서 예측이 어려운 불확실성uncertainty, 인과관계가 단순하지 않아서 다양한 요인이 서로 영향을 미치며 작용하는 복잡성complexity, 현상에 대한 전례가 없어서 판별하고 해석하는 것이 더욱 어려워지는 모호성ambiguity의 약자이다. 한마디로 미래는 더욱 불확실하고 복잡하고 모호해져서 예측할 수 없는 세상으로 전개되리라는 것을 의미한다.

---

1   백화점에서 실물을 보고 온라인으로 구매하는 쇼루밍(showrooming) 현상도 실물거래가 인터넷 플랫폼으로 옮겨가는 현상을 대변한다.
2   차세대 인터넷 이니셔티브(The Next Generation Internet Initiative, NGI)는 유럽의 과학자들과 NGO 단체가 기획해서 지속가능성 운동으로 번지고 있다. NGI의 목적은 지금 인터넷이 가진 기능적 문제를 극복하여 프라이버시, 참여, 다양성, 투명성이라는 인류의 가치를 제대로 실현할 수 있는 차세대 인터넷 아키텍처를 디자인하고 구현하는 것이다(https://www.ngi.eu).

뷰카라는 말이 처음 통용되기 시작한 것은 미 육군에서부터다.[3] 예측할 수 없는 전투 상황을 묘사하는 말로 군인들 사이에 통용되다가 리더십 연구자인 워렌 베니스Warren Bennis와 버트 나누스Burt Nanus가 리더가 직면하고 있는 어려운 상황을 묘사하는 용어로 차입한 후 산업계의 표준어가 되었다.[4]

이 책의 제목에서 초뷰카Hyper VUCA라는 단어를 쓴 이유는 우리가 직면한 시대의 지평을 반영하기 위함이다. 지금은 이 용어가 유행하던 1980~90년대와는 상황이 질적으로 다르다. 예전에는 전쟁이 아무리 예측 불가해도 여전히 현실세계에서의 전쟁일 뿐이었다. 지금은 현실세계의 전쟁뿐 아니라 가상세계에서 벌어지는 전쟁이 합쳐져 디지털 전쟁으로 전환되었다. 메타 플랫폼에서는 현실 플랫폼과 가상 플랫폼이 서로 시장을 만들어 교류하는 것도 일상이 된다. 메타 플랫폼이 현실화한다면 단순히 현실 세계를 기반으로 한 뷰카의 세상과는 차원이 다른 현실과 가상이 모두 디지털로 전환된다. 변동성, 불확실성, 복잡성, 모호성이 폭증해가며 특이점을 향해 치닫는 초뷰카 세상이 뉴노멀로 등장한다.

현실, 가상, 메타 플랫폼이 서로 영향을 주며 초융합, 초연결, 초지능으로 진화하는 초뷰카 시대의 방향을 놓친다면 어떤 기업이든 지속가능성은 고사하고 생존 자체가 불가능하다. 리더나 기업이나 산업도 마찬가지고 네트워크 마케팅 사업을 펼치고 있는 기업들

---

3   *U.S. Army Heritage and Education Center*, February 16, 2018.

4   Bennis, Warren & Nanus, Burt, *Leaders: Strategies for Taking Charge*, New York: Harper & Row, 1985.

도 예외는 아니다. 초뷰카 시대 기업들은 경쟁력이 없어서 무너지는 것이 아니라 상수가 된 혼돈 속에서 길을 잃고 무너진다.

현실세상의 디지털 대전환

미리 가본 초뷰카 시대의 현실세상은 L자 불경기가 구조적으로 깊어지고 다른 한편으로는 AI와 로봇, 빅데이터, 클라우드가 추동하는 디지털 대전환이 성숙 국면에 도달한다. 비용을 줄이려는 기업의 노력은 비즈니스 애널리틱스business analytics와 결합해서 효율성을 극단적으로 끌어올리고 있다. 대부분의 현물거래는 온라인 플랫폼으로 전환된다.

2008년 세계경기는 거품이 꺼진 후 침체의 국면에서 벗어나지 못하고 있다. 수출로 세계경기의 기조에 의존해야 하는 대한민국은 이 변화에 더 민감하다. 실제 한국의 잠재성장률은 2000년에서부터 5년 단위로 1%씩 감소하고 있다.[5] L자 불경기가 구조적 국면에 돌입한 것이다. 더 큰 문제는 건실한 성장의 동력이 살아 있음을 표시하는 총요소생산성이다. 총요소생산성이 적어도 1% 이상을 유지할 때 성장 동력이 살아 있다고 예측하는데 2011년부터 현재까지 10여 년간 1% 미만에 머물고 있다.

---

5   김세직, 앞의 책.

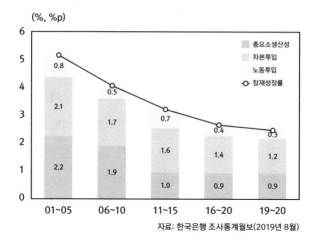

자료: 한국은행 조사통계월보(2019년 8월)

잠재성장률 요인별 기여도

　　L자 불황은 신자유주의자들이 꿈꾸던 장밋빛 경기가 다시 돌아
오지 않을 것이라는 냉혹한 경기 현실에 대한 각성사건_triggering event_이
다. 이로써 기업들은 인공지능과 빅데이터 기반의 비즈니스 애널리
틱스를 통해 가성비 있는 제품과 서비스를 만들어내는 일에 몰두하
기 시작했다. 가성비를 구성하는 것 중 가장 큰 비용이 인건비이다.
기업들이 비즈니스 애널리틱스를 동원해가며 관리자를 통한 관리
비용을 줄이기 시작했다. 제조업도 예외가 아니다. 3D 프린트 기술
이나 로봇을 동원해서 인건비를 줄이는 기업들이 늘었다. 관리자와
근로자의 대 감원_the great attrition/resignation_이 일상이 되었다.[6]

6　https://www.mckinsey.com/business-functions/people-and-organizational-
performance/our-insights/great-attrition-or-great-attraction-the-choice-is-yours; 대해고
의 경향은 코로나로 재택근무하던 MZ 세대가 회사에 복귀하지 않고 사표를 던지는 자발적 이직 행

전통적으로 경영학은 목표를 효과적이고 효율적으로 달성하기 위해 주어진 자원들을 '최적화하는 법'을 가르쳐가며 '관리자'를 전문직으로 육성해왔다. 하지만 지금은 경영학 영역인 인사조직, 마케팅, 생산, 재무, 회계, MIS, 전략의 각 분야에서 API 데이터에 기반한 비즈니스 애널리틱스가 발전해서 최적화를 위한 의사결정 과업에 비싼 연봉의 관리자를 고용할 이유가 없다. API 분석이 가능한 빅데이터의 축적으로 각 경영 영역에서 목표를 설정하고 데이터를 분석하고 변수를 찾아내고 이것을 자신의 비즈니스 모형에 맞춰 최적화시키는 의사결정 알고리즘이 정립되었다. 관리자의 전통적 일은 누구나 스마트폰에서 앱으로 할 수 있는 일이 되고 있다.[7]

업무의 디지털라이제이션으로 관리자가 감소하는 현상은 우리나라에서도 예외는 아니다. 이미 많은 대기업에서는 직급을 없애거나 단순화하여 관리자를 줄이기 시작했다. 해고라는 말의 중압감 때문에 직급을 단순화한다거나 조직을 수평화한다는 그럴싸한 말을 선호하지만, 대한민국에서도 관리자 해고는 현실이다. 인력의 대감소가 현실화하면 조만간 우리나라에서도 대기업에서 전통적 관리

렬에 의해 더 커졌다. 이들은 자신의 노동시간을 유연하게 계획할 수 있는 긱 노동자(gig worker)로 직종을 전환하거나 증권, 암호화폐, NFT 시장의 소액투자자로 생계를 유지한다. https://www.forbes.com/sites/forbescoachescouncil/2021/12/07/culture-matters-even-mor-while-fighting-the-great-attrition/?sh=6f0cae894830

7   디지털라이제이션에 가속도가 붙기 시작한 지금 추세로 보면 암묵지에 기반한 관리자의 역할이 비즈니스 애널리틱스로 빠르게 대체되고 있다. 조만간 의사결정에 집중하는 중간관리자는 기업에서 사라질 전망이다. 홀라크라시(holacracy)라는 이름으로 중간관리자의 해고를 가장 먼저 실험했던 자포스(Zappos)에서 관리자들에게 회사를 떠나든지 실무자의 역할을 맡든지 둘 중 하나를 선택하라고 최후통첩을 내렸을 당시만 해도 중간관리자들은 현실을 받아들이지 못했다.

자로 근무할 수 있는 확률은 전체 근로 인구의 1% 미만으로 축소될 것이다.

현물세상에서의 거래도 대부분 거래비용이 적게 드는 온라인 플랫폼으로 통합되고 있다. 우리나라에서도 대부분 주요한 현물거래는 네이버 쇼핑, 네이버 스마트스토어, 카카오커머스, 카카오모빌리티, 구글플레이, 애플 앱스토어, 원스토어, 쿠팡, 배달의 민족, 요기요가 장악하고 있다. 온라인 플랫폼 기업이 거래비용을 줄이는 등 산업에 이바지한 바도 있지만, 시장을 더욱 기울어진 운동장으로 만든 주범으로도 지목되어 지속해서 개혁의 압박에서 벗어나지 못하고 있다. 알고리즘을 조작하거나, 과도한 수수료를 부과하거나, 참여업체에 대한 불공정 계약을 강요하거나, 고객의 데이터의 소유권을 남발하는 관행에도 급제동이 걸리고 있다.[8]

초뷰카 시대의 성숙이 온라인 플랫폼 독점기업에 마냥 긍정적인 신호는 아니다. 온라인 플랫폼으로의 디지털 대전환으로 플랫폼 독점기업은 생태계 지속가능성과 공진화 문제와 관련해 심각한 도전에 직면했다. 온라인 플랫폼 기업이 배출하는 클라우드 컴퓨팅으로 인한 온실가스 및 탄소배출은 제조기업을 추월하기 시작해 ESG의 E의 측면에서, 플랫폼 노동자 처우와 부의 양극화는 S의 측면에서, 알고리즘을 투명하게 관리하지 못하는 경영자의 도덕적 해이와 이런 분위기를 타고 발생하는 관리자의 갑질은 G의 측면에서 스스

---

8   불공정 행위의 온상으로 지목되는 플랫폼 기업들의 사익추구를 규제하는 온플법(온라인 플랫폼 중개거래의 공정화에 관한 법률안; 온라인 플랫폼 이용자 보호에 관한 법률안)이 국회에 계류 중이다.

로 역풍을 만들고 있다. 당장 현금보유액이 늘어날 수는 있어도 새 수요가 창출되는 것도 아니고, 미래가치를 창출할 수 있는 창조적 혁신의 능력이 늘어나는 것도 아니어서, 블록체인 기반의 더 평평한 플랫폼이 나타나면 이런 플랫폼 독점기업들은 자연스럽게 퇴출 수준을 밟을 것이다. 지금까지 대한민국의 대부분 플랫폼 독점기업들이 일반 기업의 산업화 시대에 사용했던 빠른 추격자 전략을 세우고 선진 플랫폼 기업을 따라 하는 방식으로 성공했지만, 초뷰카 시대를 맞이해 새로운 개념에 창조적 혁신의 실험실을 가동하지 못한다면 이들이 직면한 부정적 외재성에 대한 개선압력은 점점 커질 것이다.

올해의 최우수 신입사원 추이샤오판

알파고가 바둑에서 이세돌을 이기고, AI가 쓴 기사가 실제 기자들이 쓴 기사보다 더 인기가 많고, AI 변호사가 인간 변호사보다 더 승률이 높고, AI가 법관보다 더 공정하게 심판하고, 인간 의사보다 더 오진율이 낮고 수술도 더 정교하게 한다. AI 회계사가 정확도와 감사능력에서 인간 회계사를 앞질렀다는 것은 오래전 일이다.

회사에서도 AI 면접뿐 아니라 인사평가와 업무배치에 AI를 이용할 때 공정성에 대한 시비가 덜하다. AI 인사팀장이 인간 인사팀장보다 회사의 인적 자원을 최적화시키는 결정에 더 적합한 것으로 판명되었다.

2022년 벽두에 기삿거리로 등장한 인물은 중국 부동산개발 업체 완커그룹의 신입직원 추이샤오판이다. 추이샤오판은 여성이다. 완커그룹은 추이샤오판을 올해의 최우수 신입사원으로 선정했다. 회사는 추이샤오판이 미수금 및 연체 가능성 분석, 이상거래 감지 업무에서 다른 신입사원에 비해 탁월한 능력을 평가받았다고 설명했다.

문제는 이 신입사원이 인간이 아니라 사진에 보이는 것처럼 AI라는 점이다. 이 회사의 직원들도 추이샤오판이 AI라는 것을 인지하지 못했다.

중국 완커그룹의 '가상인간' 추이샤오판 (사진 : 온라인 커뮤니티 캡처)

메타버스 가상현실

〈매트릭스〉의 가상세계는 더 이상 영화 속만의 세상이 아니라 현실이다. 인간의 머리로만 가능했던 상상적 체험이 가상현실에 관한 기술이 발달하면서 새로운 지형을 형성하고 있다. 5G, 6G, VR, AR, MR, XR 기술발전, 클라우드 컴퓨팅 시스템, 빅데이터 분석 기술, IoT(사물인터넷), GPS, GAN^{Generative Adversarial Network} 등에 힘입어 영화 속 매트릭스 세상은 기업에서도 3차원 공간을 구현하는 메타버스^{Metaverse}로 구현되고 있다.

메타버스 플랫폼을 소개하는 대다수 책은 메타버스를 기술적 모듈로 포장해가며 공상과학 수준의 뜬구름 잡는 이야기로 끝낸다. 이런 부류의 책은 메타버스에 대한 오해와 불신만 키운다. 이런 기술들은 이미 오래전부터 사용되는 기술들이어서 메타버스가 유행처럼 왔다가 신기루처럼 사라질 것으로 오해하게 만든다. 메타버스가 현실세계와 가상세계를 통합하고 초월해서 구성한 메타의 세계임에도 통합은 사라지고 가상세계를 채우는 3차원 디지털 기술에만 집중하는 과정에서 메타버스의 본질이 3차원으로 체험하는 게임을 넘어서 무엇을 가져올 것인지에 대한 심각한 혼돈을 겪고 있다.

메타버스 플랫폼이 향하는 곳은 2차원으로 제시되는 검색과 평면의 지식 세상을 넘어서 상상적 체험 세상을 현실적 체험 세상으로 전환하는 것이다. 3차원 공간 기술인 AR, VR, MR 등의 기술적 진보를 통해 꿈속에서만 보던 상상체험을 실제 체험처럼 구현하여 현실의 가능성을 모색한다. 즉 '상상체험의 현실화' 혹은 '미래의 현재화'가 메타버스의 본질이다.

메타버스 플랫폼 세계를 이루는 구조의 본질은 첫째가 제약 없는 사회성이다. 3차원으로 전개되는 상상적 체험 공간에서 참여자들은 현실세상의 제약을 벗어나 서로 간의 자유로운 만남을 추구한다. 이들은 자신이 이야기의 주인공이 되기도 하고 다른 이야기의 주인공과 만남을 통해 실물 세상의 위계적 제약에서 해방된 사회성을 맛본다. 메타버스 플랫폼의 존재이유는 이처럼 시간, 공간, 신분이라는 현실적 제약 때문에 충족시킬 수 없는 사회성에 대한 갈증을 채워주는 것이다.

둘째로 현실세상의 지루함 속에서 잃어버렸던 흥미진진함을 복원한다. 메타버스가 로블럭스, 제페토, 마인크레프트, 에픽게임즈 등이 제공하는 게임에서 시작된 것은 사실이지만 메타버스 플랫폼의 본질은 게임이 아니라 미래를 현재로 연결하는 작업에서 체험하는 흥미진진함이다. 축제 전야제에 모인 사람들이 공동의 관심, 공동의 대화, 공동의 몸놀림을 함께하면서 놀이터에 모여 놀 때 느끼는 흥미진진함, 흥분과 열기를 가져오는 시끌벅적함^{conviviality}이 메타버스를 추동하는 본질이다.[9]

셋째로 메타버스는 플랫폼 안에서 활동하는 참여자가 흥미진진한 이야기를 생성해 자신을 주인공으로 만드는 서사의 생태계다. 메타버스 플랫폼을 기술로 접근하는 사람들이 가장 많이 놓치는 것

9   이인화, 『메타버스란 무엇인가?』, 스토리프랜즈, 2021; 김상균. 신병호, *메타버스: 새로운 기회*, 베가북스, 2021.

이 메타버스 생태계를 기반으로 제공하는 이야기와 주인공 역할이다. 메타버스 세상에서 이야기의 서사가 참여자들에게 많은 공감을 일으키면 독자적 세계관으로 인정되고 이 세계관을 중심으로 다양한 밈이 만들어져 소비된다. 메타버스를 해체하면 마지막으로 남는 것도 참여자들이 주인공이 되어 만들어낸 이야기다. 메타버스의 참여자들은 자신의 이야기를 쓰고 이야기의 주인공으로 등장해서 다른 사람의 이야기와 만난다. 서사를 전개하기 위해 참여자는 마을과 장터를 세우거나, 자신들만의 학교를 만들어 학습 성장을 하거나, 놀이터를 만들어 제약 없는 사회성을 즐긴다. 이야기의 공동작가가 되거나 공동주연이 되는 세계관이 자연스럽게 발현되는 환경을 구현하지 못한다면 메타버스 플랫폼은 그냥 아이들이 와서 잠시 놀다 가는 게임장이다.

회사가 제공하는 비전도 메타버스 플랫폼에서 먼저 상상적 체험으로 재현될 것이다. 메타버스를 통해 비전을 상상해보게 하고 이 상상체험이 타당성이 있는 것으로 판명되면 회사는 이 비전을 현실로 구현한다. 메타버스의 디지털 공간은 현실세상에 대한 거울의 역할도 하지만 현실 이전에 비전이 뉴노멀로 먼저 제시되고 시뮬레이션을 통해 프로토타입이 만들어지는 실험실이다. 25~30%의 선두주자들이 뉴노멀에 대한 상상적 체험에 공감하면 비전이 프로토타입으로 만들어지고 이 프로토타입을 통해 현실 세계에서도 재현된다.[10]

---

10   실제로 아마존, ETSY, 페이스북, 구글, 넷플릭스, 프라이스라인 등에서는 클라우드 빅데이터 기반

메타버스 플랫폼이 창출할 수 있는 혁신과 창조적 가치는 상상을 초월한다. 메타버스 창조경제를 이끄는 Z 세대와 Z 세대의 다음 세대인 알파 세대를 합해서 C 세대라고 칭한다. 이들은 메타버스가 제공하는 서사를 이용해 흥미진진한 주인공 캐릭터를 만들어 큐레이션^{curation}하고, 다른 창작자와 연결^{connection}, 교류^{community}해가며 사회성을 체험한다. 사업수완이 있는 참여자들은 메타버스의 사회성, 흥미진진함, 주인공 캐릭터를 실현하는 툴을 디자인해서 사업을 하기도 한다. 메타버스 플랫폼에서 아바타 성형과 의상을 코디해주거나, 스킨과 아이템을 만들어 팔거나, 건축물 내지 인테리어 서비스를 제공한다. 메타버스에 특화된 서사와 세계관을 만들어 팔거나 컨설팅 서비스를 제공할 수도 있다. 새로운 창조경제 플랫폼 기반이 생성된다.

가장 높은 수준의 서사인 세계관을 파는 정도의 메타버스 기반이 형성되면 C 세대뿐 아니라 세계관에서 생성된 밈과 팬덤을 이용해 제품을 홍보하려는 기업에서도 메타버스 공간에 전시실을 열어 제품을 홍보할 것이다. 장소에 구애받지 않고 협업과 창조가 가능한

의 메타버스 플랫폼을 회사의 다양한 비즈니스 모형과 사업을 디자인하고 실험하는 비즈니스 실험실로 운영한다. 메타버스 플랫폼 내에서 온라인 실험은 시시각각으로 기업을 위협하는 위험을 다룰 수 있는 빅데이터로 내재화해서 미래의 프로토타입을 만드는 것을 가능하게 한다. 메타버스 내에서의 가상실험은 가장 확실하고 과학적이고 경제적인 혁신의 한 방법으로 떠오르고 있다. 코하비와 탐크는 메타버스 공간에서 이런 비즈니스 실험을 매년 적어도 1,000회 이상 하는 회사들과 그냥 전통적 경영전략에 따라 자신을 직접 실험대상으로 쓰는 위험천만한 회사 간의 기업가치가 얼마나 차이가 나는지를 추적해 보고하기도 했다. Ron Kohavi & Stefan Thomke, "The surprising power of online experiments", *Harvard Business Review September–October issue*, pp. 74-82.

메타버스 안에 메인 사무실을 만들 수도 있다. 학습 패러다임도 전환을 맞이할 것이다. 디지털로 체현된 아바타 강사를 통해 배우는 메타버스 학교나 연수원이 세워질 것이다. 공연장과 스포츠 경기장도 메타버스로 구현할 수 있다. 메타버스가 생활의 모든 장면에 파고들어 새로운 창조경제의 생태계를 만들 것이다.

초기 메타버스 플랫폼 생태계 참여자들은 Z 세대와 알파 세대가 주도하는 게임 중심의 메타버스 플랫폼 산업과 성인들이 참여하기 시작하는 라이프로깅 플랫폼 사이에 간극을 체험한다. 간극이 해소되지 않는 과도기에는 게임을 기반으로 플랫폼을 운영하는 유니티Unity software, 에픽게임즈Epic games, 로블록스Roblox 등이 시장을 선도할 것이나 결국은 커뮤니티 공간에서 모두가 참여자이자 주인공이 되어 상상적 체험을 실제 체험으로 구현하는 생활형 메타버스 플랫폼이 대세가 될 것이다. 메타버스 플랫폼이 실제로 사업 솔루션으로 정착되기까지는 적어도 10여 년은 걸릴 것이다. 성숙기에 진입하기 전까지 적어도 메타버스는 아이들의 숨겨진 놀이터로의 역할이 더 크다.[11]

---

11 게임을 넘어 메타버스의 본질을 구현하기 위해 뛰어든 기업은 메타, 엔비디아, 마이크로소프트, 애플이다. 메타는 네이버의 제페토처럼 모든 일상생활을 반영하는 라이프로깅에 사활을 걸고 있고, 마이크로소프트는 기업의 업무협업영역에서의 메타버스에 특화하고 있다. 애플은 메타버스를 더 자연스럽게 구현할 수 있는 디바이스에 총력을 기울이고 있고, 엔비디아는 메타버스를 구현하게 하는 하드웨어, 소프트웨어, 플랫폼 구축 서비스를 묶어서 사업영역으로 설정하고 있다. 지금까지는 엔비디아가 가장 앞서서 메타버스의 표준을 선점할 것으로 보인다. 이인화, 앞의 책.

메타 플랫폼 세상

메타 플랫폼 세상은 2차원 공간에서 작동하는 온라인 디지털 플랫폼과 3차원 공간에서 작동하는 메타버스 플랫폼을 연결하고 통합하는 차세대 인터넷 기반의 새로운 플랫폼이다.[12] 메타 플랫폼 세상에서 현실세상과 가상현실은 더 높은 디지털 운동장으로 통합된다. 메타 플랫폼은 분절적으로 작동하던 가상현실과 현실세상이라는 두 생태계 사이의 선순환을 만든다.

메타 플랫폼은 블록체인 기술과 대체불가능토큰Non Fungible Token, NFT에 기반한다. 블록체인은 현실세상에서 거래되는 것들이나 메타버스 같은 가상현실 속에서 만들어지는 디지털 작품이 가짜가 아니라는 것을 인증authentification해주는 분산신뢰기술이다.[13] NFT는 거래 대상이 되는 것에 고유번호와 창작자와 지금까지의 거래 명세를 추적할 수 있게 만든 디지털 고유화폐. 온라인 플랫폼에서도 짝퉁이 문제지만 메타버스 플랫폼에서는 진품 여부를 인증하는 블록체인과 NFT가 없다면 딥페이크deep fake 기술로 만들어낸 모사품과 창작품을 구별해낼 방법이 없다. 블록체인 기술이 없다면 잘 만들어진 아바타가 실존 인물인 것처럼 연기해서 가상과 현실세상을 모두 장악하는 것을 막을 수 없다.[14]

---

12 차세대 인터넷을 참조할 것.

13 신뢰 연구자 보츠먼에 따르면 신뢰가 지금의 제도에 대한 신뢰에서 블록체인에 기반한 분산신뢰로 넘어갈 때 사회의 모든 국면에서 시스템이 주인이 아니라 사람이 주인인 상태인 온전한 민주화가 달성된다. 레이첼 보츠먼, 『신뢰 이동』, 문희경 역, 흐름출판, 2019.

14 현물거래가 이뤄지는 온라인 플랫폼은 추천 알고리즘을 조작함으로써 참여자들을 자신이 설계해

블록체인 기술은 중개자 없이 거래의 진위를 증명할 수 있는 직접거래를 가능하게 만든다. 분산신뢰를 통한 직접거래를 통해,독점 플랫폼을 운영하는 중개자들에게 비싼 수수료를 뜯기지 않는 세상이 출현한다. 모든 가능한 직접거래의 투명성과 신뢰를 보장해주는 증명서가 발행된다. 지금은 6천 노드^{Node} 정도에 머무는 비트코인 채굴이 가능한 슈퍼컴퓨팅 능력을 갖춘 노드 참여자를 100만 정도로 확대 수용할 수 있는 클라우드형 블록체인 연산기술이 개발되어 상용화되면 메타 플랫폼을 구현할 분산신뢰사회가 도래할 것으로 보인다. 블록체인 기술이 상용화되어 온라인 플랫폼과 메타버스 플랫폼상에서 발생하는 모든 직접거래의 진실성을 보증하게 되면 중개 구전을 챙겨 지배력을 유지해온 기존 온라인 독점 플랫폼 기업들이나 인플루언서가 나서서 확증편향을 키우는 행동들이 사라질 것이다. 가상이든 현실이든 욕구를 가진 사람과 충족시킬 수 있는 사람 간 직접거래가 가능해 생태계의 선순환이 일어난다. 누구나 공정한 목적에 대한 진정성을 가지고 플랫폼에 공동주인으로 참여하려는 동기를 갖게 된다.

놓은 감옥에 인질로 가두는 고질적 문제를 가지고 있다. 이렇게 조작된 알고리즘에 인질로 갇히게 되면 참여자들은 확증성향에 빠지게 되고 확증성향에 기반한 가짜뉴스의 소비자나 생산자로 전락한다. 플랫폼 제공자들은 참여자들이 플랫폼을 옮기는 매몰 비용을 키우기 위해 갖은 유인책을 동원해 관리한다. 실질적 관리자인 알고리즘을 조작해 참여자를 관리한다. 어느 시점이 되면 참여자들은 알고리즘 관리자 밑에서 성실하게 일하는 객체로 전락한다. 처음 유입할 때 제시했던, 참여자를 주인으로 모시겠다는 약속은 온데간데없고 알고리즘 관리자를 통해 갑질을 일삼는다. 이들 유사 플랫폼 회사들이 만들어낸 최종 결과는 양극화다. 우리나라에서 활동하고 있는 대부분 온라인 플랫폼 회사들은 전통적 관리자의 역할을 알고리즘으로 대체한 플랫폼 관료제 회사들이다. 알고리즘을 내세워 비싼 구전을 챙기는 유사플랫폼이다. 성소라, 롤프 회퍼, 스콧 맥러플린, 『NFT 레볼루션』, 더퀘스트, 2021.

블록체인 기반의 분산신뢰 세상에서는 누구나 주인으로 공평하게 참여하고 참여 자체가 이득이 되는 거래의 민주화가 실현된다. 플랫폼이란 겉으로 보기에는 네트워크에 기업의 경계를 세우고 기술적 모듈로 네트워크를 조직할 수 있는 알고리즘을 깔아 시장을 만든 것으로 보이지만 원래 플랫폼으로 시장을 만든 의도는 더 높은 곳에 더 평평한 운동장을 만들겠다는 공의에 대한 약속이다. 플랫폼 생태계가 생존과 번성을 누릴 수 있는지의 문제는 플랫폼을 조직하는 모듈기술이 아니라 진정한 네트워크 효과와 거래의 민주화를 만들어내는 공의의 운동장에 대한 약속이 실현되는지에 달려 있다.[15]

자기 조직화

메타 플랫폼 세상은 진정한 초뷰카 시대의 도래를 의미한다. 메타 플랫폼 세상에서는 빅데이터, 클라우드 컴퓨팅, 인공지능, 메타버스 등이 차세대 인터넷의 기반인 블록체인 운영체계에 장착되어

---

15 네트워크에서 더 평평한 공의의 운동장은 참여자들의 상호호혜성, 형평성, 상호의존성이 보장되고 신장될 때 펼쳐진다. 블록체인의 분산신뢰가 가시화되면 호혜성, 형평성, 상호의존성은 급격하게 신장될 수 있다. 상호호혜성은, 플랫폼을 운영하는 회사가 많은 플랫폼 참여자에게 큰 도움을 주고 참여자들은 십시일반으로 자신이 받은 혜택 중 아주 작은 부분을 넘겨주어도 많은 구성원이 참여하기 때문에 충분한 이득을 얻는 구조다. 둘째, 모든 참여자에게 돌아가는 총이득과 회사가 가져가는 총이득 사이에 형평성이 유지되어야 한다. 셋째, 상호의존성은 플랫폼 회사가 참여자들이 손님이 아닌 주인으로 참여하게 함으로써 플랫폼 안에서 공동의 주인 구실을 할 수 있도록 상생의 거버넌스를 운영해야 한다는 것이다. 이런 공의의 원칙이 지켜지지 않는 플랫폼은 가두리 양식장일 뿐이다. 양식장 주인만 배부르게 한다.

운동장을 지속해서 더 높은 곳에 세운다. 이 과정에서 경험하는 변화는 상수일 뿐 아니라 속도가 상상을 초월한다. 순간마다 현실세계와 가상세계 안에서 새로운 창조가 일어나고 만들어진 것이 교환된다. 현실세계를 추동하는 플랫폼과 가상세계를 추동하는 메타버스 플랫폼의 융합은 인간이 이해할 수 없는 수준인 특이점을 향해 융기를 거듭한다.

다양한 플랫폼의 메타 플랫폼으로의 융합은 플랫폼을 업데이트시켜 뉴노멀을 만들 뿐 아니라 새로운 융기를 만들어 삶의 운동장을 더 높고 평평한 베이스캠프로 옮긴다. 높은 곳에 새롭게 공진화하는 메타 플랫폼에 맞춰 자신의 사업을 업스킬링 시키거나 리스킬링 시키는 변화에 성공하지 못하면 세상이 융기해서 생긴 싱크홀에 빠져 그대로 소멸한다.

이렇게 사라진 기업의 대명사인 노키아, 모토로라, 코닥 등은 대부분 목적을 잃고 생존에 목숨을 건 기업들이다. 아이러니하게도 싱크홀의 주인공들은 모두가 시대의 지평을 선도할 수 있는 원천기술을 보유하고 있었다. 비극의 주인공은 자신들이 보유한 기술적 우위에 공의의 의도를 장착해 공진화를 선도하지 못했다. 이들 기업은 기술이 아니라 공의의 지형이 전개됨에도 눈에 보이는 기술이 가져오는 경제적 이익과 자만심에 눈이 멀어 있었다.

메타 플랫폼 시대는 지속가능성을 신장시키는 공의가 기업경영의 표준으로 작동한다.

초뷰카 시대 기업을 경영한다는 것은 마치 사막을 여행하는 것과 같다. 하룻밤만 지나고 나면 모래바람이 불어와서 사막의 지형을 바꾼다. 자신들이 지금까지 공들여 이용했던 지도(경험, 지식, 역량)가 하룻밤이 지나면 모두 쓸모없게 변한다. 자고 일어나면 지형이 바뀌고 공들여 만든 지도가 쓸모없어져 모두 맨붕 상태에 돌입한다. 싱크홀 현상의 전조는 길 잃음이다.

엄청난 원천기술을 보유했었음에도 공의기업의 의도를 상실해 초뷰카 시대의 사막여행에서 길을 잃었다 다시 살아난 기업의 본보기는 MS다. 사막에서 길 잃고 죽어가던 MS를 살려내기 위해 긴급 수혈된 사티아 나델라는 MS를 히트 리프레시라는 방식을 동원해 살려냈다.[16] 히트 리프레시는 코딩 용어로 코딩하다 잘못해서 작동이 멈췄을 때 작동되던 마지막 지점으로 돌아가는 전략이다. 우리는 누군가와 같이 시장통을 헤매다가 서로 길이 엇갈리면 처음 길을 같이 시작했던 그 지점으로 돌아가서 상대방을 기다린다. 길 잃은 사람의 전략은 같다. 원점으로 복귀해서 거기서 다시 길을 찾는 방법이 가장 확실한 방법이다.[17]

MS의 히트 리프레시는 초깃값을 중심으로 의미 있는 질서를 자생적이고 자족적으로 복원해내는 자기 조직화self-organizing 능력을 상징한다.[18] 혼돈 속에서 길을 잃었을 때 다시 길을 조직해내는 역량

---

16 사티아 나델라, 『히트 리프레시』, 흐름출판, 2018.

17 달리다 길을 잃었다면 속력을 줄여 가는 것을 멈추고 초심 지점으로 다시 돌아가야 한다. 성공의 척도를 속력으로 믿고 있지만, 속력이 의미 있는 이유는 방향이 맞았을 때이다. 방향이 있는 속력은 속도라고 부른다. 초뷰카 시대는 존재하는 것들이 복잡하게 연결되어 있어서 방향을 잃으면 모든 것이 얽힌다. 얽히고설키면 아무리 용을 써도 속력을 낼 수 없다. 제대로 방향만 찾는다면 속력과 속도는 저절로 따라온다.

18 제임스 글릭, 『카오스』, 동아시아, 2013; Susan Harris, *Chaos Theory*, Clean Teen Publishing, 2020; Steven H. Stronatz, *Nonlinear Dynamics and Chaos*, CRC Press, 2015; Sefika Ercetin

이 자기 조직화다. 노키아, 코닥, 모토로라의 교훈이 가르쳐주었듯이 기업이 아무리 탁월한 기술적 역량을 가지고 있어도 자기 조직화 역량이 없다면 지속가능성은 없다. 자기 조직화의 비밀은 초심 속에 숨겨져 있던 목적이다. 목적은 먹구름 속에서 비를 조직해 번개, 천둥, 폭우를 일으키고 청명한 세상을 가져오는 끌개^{attractor}이다.

초뷰카 시대에 MS처럼 길을 잃었다고 의심될 때 기업이 할 수 있는 자기 조직화 방법은 초심을 파고들어가 목적이라는 자기 조직화의 끌개를 찾아내는 것이다. 초심을 파고들어가 보면 이 사업을 우리가 완수해내야 하는 이유가 있다. 여기서 찾아진 이유가 목적이다. 초심에는 기업이 길을 잃었을 때 사용할 수 있는 나침반에 해당하는 목적의 씨앗이 담겨 있다. 길을 잃었다는 것은 바쁜 일상과 단기적 성과에 취해 목적의 나침반을 잃었다는 것을 뜻한다. 기업의 지침이 되었던 나침반이 죽어서 더는 작동하지 않고 있다는 의미다.[19]

기업이 길을 잃었을 때는 초깃값 속에 숨겨져 있던 목적을 다시 찾아내 새롭게 전개되는 지평에 맞는 새 지도를 그려내야 한다. 나침반은 방향도 찾아주지만 길 잃은 지점을 정확하게 찍어내 지도를 새롭게 그려내는 자기 조직화를 가능하게 한다. 길을 잃은 지점의 위치를 알 수 있어야 새로운 지도를 그려낼 수 있다. 길 잃은 정

& Nihan Potas, *Chaos, Complexity, and Leadership 2017*, Springer, 2010.

19 모든 전문가가 길을 잃고 헤매고 있을 때 여기에 초심자가 개입해서 이들을 이기는 행운을 초심자의 행운(beginner's luck)이라고 하는데 초심자가 행운을 거두는 이유는 이 초심자만이 유일하게 길을 잃지 않은 사람이기 때문이다. 초심자의 행운은 길을 잃었을 때 초심으로 돌아와서 시작할 수만 있다면 모두가 누릴 수 있는 행운이다.

확한 지점만 찾아낸다면 길 잃은 원점을 중심으로 구성원과 같이 피버팅_{pivoting}을 해가며 주위 지형에 맞춰 지도를 그려내는 과업을 완수할 수 있다. 최근 경영에서 유행어가 된 애자일의 진짜 뜻은 상황이 바뀌어도 언제든지 새로운 지도를 그려내서 유연하고 신속하게 반응할 수 있는 자기 조직화 능력을 뜻한다. 새로운 질서가 새롭게 만들어낸 지도 속에서 모습을 드러낸다. 초심 속에 목적이라는 끝개를 성공적으로 찾아냈기 때문에 가능한 일이다.

지난 13년간 싱크홀에 빠지지 않고 자기 조직력을 발휘해온 애터미의 비밀은 길 잃음의 조짐이 나타날 때마다 경영진이 공의(목적)에 대한 초심을 잃지 않고 고객, 사업자, 종업원, 협력사, 공동체를 더 겸손히 섬겨온 자세에서 찾을 수 있다.[20] 애터미는 목적을 토대로 경영하는 공의의 자세를 다음과 같이 설명한다.

"겸손히 섬긴다는 것은 인품의 완성이다. 우리가 존경받으려고 하면 하늘만큼 이루고도 발이 땅에서 떨어지지 않는 사람이 돼야 한다. 생각은 하늘과 같이 높지만 그럴수록 자세는 한없이 낮아져야 한다. 유통업은 기본적으로 서비스업이다. 서비스업이란 서번트_{servant}, 즉 종이 하는 일이다. 천하보다 귀한 사람을 섬기기 위해 기꺼이 종이 되기를 자처한 사람들의 가슴은 고결한 자부심으로 충만해야 한다. 자기를 높이는 사람은 낮아지고, 자기를 낮추는 사람은 높아진다. 모든 것을 이루고도 겸손할 때 비로소 우리의 명예가 존

---

20   애터미, *Atomy Way*, 2016, p. 33.

경으로 완성된다는 것을 잊지 말자."[21]

초뷰카 시대 길 잃음에 대한 고민은 애터미의 초심이자 창업이념인 생존, 속도, 균형에도 잘 녹아 있다.[22] 애터미의 창업정신에는 회사를 초유기체로 만들어 세상의 변화에 수동적으로 적응하는 것을 넘어 변화를 선도하겠다는 의지가 표명되어 있다. 초유기체로 생존하기 위해서는 모든 참여자가 주인이 되는 생태계가 만들어져야 한다.

애터미가 지금까지 해왔듯이 앞으로도 창업이념에 담겨 있는 애터미의 존재목적의 씨앗을 키워서 메타 플랫폼 세상으로 비즈니스가 옮겨가는 변화의 추이를 선도해가며 비즈니스의 지평을 열어가는 것는 경영의 큰 과제다. 경영진의 약속대로 애터미를 초뷰카 세상에서도 목적이라는 끌개를 잃어버리지 않는 초유기체로 공진화시킬 수 있는지가 관건이다.

니체는 기업이나 리더가 "목적을 잃은 순간 온갖 이해할 수 없는 행동에 몰입한다"라고 경고했다. 목적을 잃은 것들에 대한 경고다. 메타 플랫폼 세상으로 치닫는 변화의 소용돌이 속에서 공의기업이 싱크홀에 빠지거나 길을 잃지 않은 이유는 기업이 천명한 존재목

---

21 품성은 아름다움의 종결이다. 꽃보다 아름다운 것은 과일이다. 그리고 과일보다 아름다운 것은 인간이다. 인간이 목적에 대한 진실을 약속하는 것이 진이라면, 이것을 실현해서 선한 영향력을 만들어내는 것이 선이다. 이 선이 누적될 수 있는 품성을 완성해내는 것이 미이다. 이런 미의 철학은 다음처럼 세종에게서도 자주 언급된다. "너의 자질이 아름다움을 아노니 하지 않으면 그만이거니와 만약 마음과 힘을 합한다면 무슨 일인들 능히 하지 못하리오." 애터미를 Atom美라고 부르는 이유도 품성의 아름다움을 완성한 사람들이란 뜻을 함축하기 때문으로 보인다.

22 애터미, 앞의 책, pp. 13-21; 애터미 주식회사, 『애터미 DNA』, 중앙books, 2021, p. 279.

적을 찾아서 스스로를 조직적으로 공진화시키는 새로운 질서를 만드는 데 성공했기 때문이다. 초뷰카 시대 기업의 환경과 지형이 매일 새롭게 전개되는 사막여행 속에서도 길을 잃지 않는 기업이 있다면 아마도 그 기업은 공의기업일 것이다.

성찰의 샘
아프리카 선교사 이야기

아프리카의 원주민과 선교사가 같이 급히 어디론가 달려가고 있었다. 한참 동안 정신없이 뛰던 선교사는 뒤가 허전해서 멈춰섰다. 뒤따라오던 원주민이 저만치 서서 따라오지 않는 것이었다. 무슨 사고라도 났는지 궁금해서 선교사가 원주민에게 다가가 묻는다. 선교사는 원주민으로부터 우리가 너무 빨리 달려서 영혼이 우리를 따라올 수 없었을 것이라는 설명을 듣는다. 영혼이 우리를 따라올 수 있도록 기다려줘야 한다는 것이다. 부끄러워진 선교사는 원주민과 같이 영혼이 따라오기를 한참 동안 기다렸다.

신자유주의 시장경제는 경쟁에서 이기고 일등이 되는 것을 우상화해가며 앞만 보고 달리는 삶을 최고의 삶으로 가르쳐왔다. 앞만 보고 달리는 과정에서 사람들은 쉽게 영혼을 잃어버린다. 사람들은 자전거를 타고 달리다가 길이 아닌 것 같은 느낌이 들어도 여기까지 달려온 것이 아까워 그냥 무시하고 또 달린다. 영혼을 기다리기 위해 멈춰 설 때 자전거가 쓰러질 것이라는 두려움 때문이다. 초경쟁사회에서 남들보다 먼저 쓰러지는 모습은 절대 금물이다. 쓰러져 쉬고 싶어도 달리는 것을 멈출 수 없다. 신자유주의에서 패배자는 달리기 명단에서 즉각적으로 삭제된다.

영혼을 뒤에 남겨놓고 내달리는 삶은 우리에게 삶의 풍요를 가져다주었지만 대신 삶의 목적을 잃었다. 더 큰 문제는 많은 사람이 영혼을 잃어버린 채 살지만 정작 자신은 영혼을 잃어버렸다는 사실도 모른다. 가끔은 멈춰 서서 우리의 영혼이 우리를 제대로 따라오고 있는지를 돌아보는 것이 절실하지만 초경쟁사회는 멈춰 서는 것 자체가 허용되지 않는다.

아리스토텔레스 이후 철학자들은 영혼을 앞세워 영혼이 시키는 대로 삶의 방향을 잡고 따라가는 삶이 행복의 근원적 원천임을 밝혀왔다. 아리스토텔레스 이래 철학의 역사는 영혼의 종소리를 들어가며 사는 삶만큼 우리를 행복하게 하는 일은 세상 어디에도 존재하지 않는다는 명제를 규명하는 과정이었다. 주류 철학자들은 생각 자체를 전환해 가끔 멈춰 서서 영혼이 따라오기를 기다려 주는 삶보다 오히려 영혼을 길잡이로 앞장세워 따라가는 삶을 행복의 근원이라고 주창해왔다. 이것이 우리가 길을 잃지 않고 사는 유일한 방법인지도 모른다. 영혼의 종소리를 따라가는 삶이란 자신만의 존재목적을 각성한 삶이다.

아프리카에는 '빨리 가려면 혼자 가고 멀리 가려면 동행을 구하라'라는 속담이 있다. 백 세까지 살아야 하는 멀고 먼 길을 완주하기 위해서는 동행이 필요하다. 동행 중 잊지 말아야 할 동행은 자

신의 영혼일 것이다.[23]

---

23   한국기업 중 애터미는 종업원, 협력사, 사업자, 고객과의 동행을 강조하는 대표적 회사다. 정직과
선함의 길로 바로 가야 한다는 정선상략 원칙이 있다. 정선상략은 애터미가 소중하게 여기는 영혼
을 보호하기 위한 원칙이다. 『애터미 DNA』, p. 103 참조.

• 2부 •

애터미가 실험하는
공의기업

큰 산아 네가 무엇이냐
네가 스룹바벨 앞에서 평지가 되리라
그가 머릿돌을 내어놓을 때
무리가 외치기를 은총, 은총이 그에게 있을지어다.
− 성경 스가랴 4:7 −

2부에서는 21세기 지속가능성에 대한 해답을 공의기업에서 찾는 기업들이 기업을 설계하는 원리를 다룬다. 공의기업은 핵심가치의 울타리, 전문가들이 모여 협업하는 놀이터로서의 운동장, 회사가 세상에 존재해야 하는 이유를 설명하는 존재목적을 안치한 성소다.

공의기업을 세우는 것은 100년 기업의 유산을 담은 박물관을 미리 세워보는 공사와 같다. 우선 공사가 제대로 진행되기 위해서는 밖의 사람과 안의 사람들을 구별해주는 울타리가 세워져야 한다. 울타리는 회사가 목숨을 걸고라도 지켜야 할 핵심가치로 세워진다. 목적의 성소를 세우는 것은 어떤 유산을 담은 박물관을 세울 것인지에 대한 100년 기업 조감도를 만드는 것과 같다. 목적의 성소를 박물관에 비유하는 이유는 회사가 존재목적을 달성해서 만든 유산들을 모아놓았기 때문이다. 공사의 성공은 조감도의 약속대로 박물관을 완성했는지, 구성원들은 건물을 박물관으로 생각하는가에 달렸다. 공의기업은 또한 경업낙군敬業樂群이 작동되는 협업의 운동장을 가지고 있다. 경업낙군이란 박물관을 완성하는 일을 업으로 세우고敬業 이 업을 협업으로 최적화해가며樂群 즐겁게 박물관 건설공사에 몰입하는 상태를 의미한다. 목공, 석공, 배관공 등 관련 건설 기술자들이 박물관이 제대로 서도록 협업할 수 있는 공간이 요구된다. 이들이 장애 없이 박물관을 세우는 업을 위해 즐겁게 협업할 수 있도록 공사장 터가 고르고 평평하게 다져져야 한다.

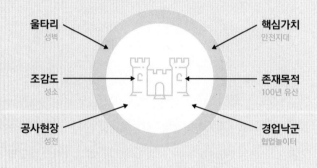

공의기업 아키텍처

공의기업의 경영자의 책무는 목적을 실현해서 100년 기업의 책무를 완성했음을 후세에게 선언하고 이들에게 자랑스럽게 유산의 바통을 물려주는 일이다. 바통을 물려받은 후세는 존재목적을 자신의 시대에 맞게 다시 공진화시켜 선배에게 약속한 지속가능성 책무를 완성할 것이다.

4

전략의 의도

생존과 번성이 두 마리 토끼일까?

다음 그래프는 올해(2022년 1월 17일) 미국의 기업가치를 이끄는 애플, MS, 아마존, 알파벳(구글), 메타(페이스북)의 기업가치를 삼성전자의 기업가치와 비교해본 것이다. 삼성전자의 기업가치는 가장 낮은 기업가치를 지닌 메타의 43% 수준이다. 애플과 비교하면 7분의 1 수준이다. 이 다섯 개 기업의 총 기업가치는 9조 6,000달러 규모다. 한국 돈으로 환산하면 1경이 넘는 금액이다. 2022년도의 우리나라 예산이 604조 4,000억 원으로 이 기업들을 팔면 단순계산으로도 우리나라 17년 정도의 예산을 충당할 수 있는 금액이 나온다. IMF가 계산한 우리나라의 국민총생산(GDP)은 세계 10위권 규모로 약

1조 8천 239억 달러(약 2천 166조 8,000억 원)이다. 구글의 기업가치 수준이다.

아래 그래프는 기업가치를 선도하는 기업들의 주가변동을 비교해놓은 그림이다. 10년 전인 2012년 1월 17일에 주식을 매입했다면 2022년 1월 17일 현재 아마존은 8.2배, 애플은 7.9배, MS는 6.6배, 페이스북은 4.2배, 구글은 4배, 삼성전자는 1.3배의 가치를 회수하는 셈이 된다.

기업가치는 어디에서 오는 것일까? 주가에 의해서 평가된 기업가치는 기업의 미래가치를 현재가치로 환산한 것이다. 어떤 회사가 미래에 창출할 가치에 대한 사회와 주주의 믿음이 크고 견고할수록 높은 주가로 반영된다. 기본적인 전제는 이 기업이 미래에도 생존을 넘어서 번성할 것인지의 여부다. 번성과 생존은 둘 중 하나를 선택하는 문제가 아니라 생존이 시작점이고 번성이 목표지점이다. 기업이 오늘까지 사업을 왕성하게 벌여서 아무리 많은 이익을 냈다 하더라도 내일 파산이 예정되어 있다면 주가는 정크 수준으로 추락한다. 지속가능성이란 현재의 생존을 넘어 미래의 번성을 달성하는 것을 의미한다. 앞에 제시된 표에서 주가의 기울기가 지속가능성의 지표인 셈이다.

기업을 경영한다는 것은 기업이 약속한 미래를 현재로 가져와서 가치를 키우는 것이다. 기업가치는 현재의 생존과 미래의 번성이라는 두 축이 직조해서 만들어진 지속가능성에 의해서 결정된다. 생존 개연성은 과거에서부터 지금까지 비즈니스를 잘 해왔는지의 문제이고, 번성은 미래에도 충분히 더 나은 가치를 창출할 개연성이 있는지의 문제다. 과거에서부터 지금까지 비즈니스를 잘 해왔는지가 기업가치 평가의 필요조건이라면 미래를 현재로 가져와서 창출하는 미래가치는 충분조건이다. 둘은 선택의 문제라기보다는 경영진이 현재까지의 가치를 날줄로 삼고 여기에 미래가치를 씨줄로 직조해서 지속가능성이라는 기반을 마련할 수 있는지의 문제다.

그래프에 제시되고 있듯이 삼성전자가 우리나라를 대표하는 기업임에도 기업가치를 선도하지 못하는 이유는 삼성전자가 현재

얼마나 이익을 내고 있는지의 문제가 아니라 미래를 현재로 가져와 실현할 개연성에 대한 믿음이 없기 때문이다. 기술력이 뛰어나서 당분간 사라질 개연성, 즉 생존 문제가 없는 것은 맞지만 삼성전자가 현재의 비즈니스 모형을 넘어서서 미래가치를 창출할 것이라는 믿음에 대해서는 회의적이라는 사실이 현재 주가에 반영되어 기업가치를 결정한 것이다. 생존과 번성이 서로를 직조해 만든 지속가능성에 빨간 불이 들어온 것이다.

앞에서 밝혔듯 생존과 번성은 둘 중 하나를 선택해서 해결할 수 있는 문제가 아니다. 탁월한 경영자는 학자들이 나눠놓은 이 이원론이 현실의 반쪽만을 대변한다는 것을 알고 있다. 한쪽을 택해서 미래를 이끈다면 전략적 모호성만을 키운다. 아무리 뛰어난 수단이 있어도 의도가 건설적이고 미래지향적이지 못하면 모호성이 가중되어 전략은 실행단계에서 무너진다. 전략의 성공은 전략적 명료성에 달려 있다. 전략은 미래를 새롭게 직조하는 의도를 담고 있을 때 기업가치를 키운다.

코브라 효과

경영자들은 전략의 본질을 경쟁우위를 통해 경쟁자를 이기는 것쯤으로 오해한다. 이기려는 의도가 전략의 본질이라 믿고 의도 자체에 대해서 질문조차 하지 않는 경영자도 많다. 신자유주의가 대세이고 성장의 공간도 충분할 때는 이런 주장을 해도 큰 문제가 되지 않지만, 지금처럼 생태계의 공진화가 화두로 떠오른 L자 경기 시대에 이런 주장을 고수하는 경영자의 회사는 상당히 위험한 수준에 도달한 것이다. 자신의 회사를 존재우위가 없는 이류회사라고 여기저기에 소리치는 형국이다. 다른 회사를 이겨서 피투성이로 만들고 결국 생태계를 피로 물든 레드오션으로 만들더라도 자신들만 살겠다는 이기적 의도를 자복한 셈이다. 반기업 정서를 넘어서 부정적 외재성이 회사의 목적이라고 소리치는 셈이다.

21세기의 공진화하는 생태계에서 경영전략은 경쟁자를 이기는 게 아니다. 경영전략이란 재무적 성과를 넘어서 회사가 존재해야만 하는 의도를 분명히 하고 이 의도를 실현하기 위한 최적화된 수단을 동원하는 것이다. 존재목적이 반영된 의도를 실행하기 위해 만든 비즈니스 모형, 시스템, 전술은 경영전략의 수단일 뿐이다.[1] 존재목적에 대한 의도가 없다면 전략적 모호성이 증가하고 결국 수단이 목적으로 전치된다. 몸통 없이 꼬리만 존재하는 형국이다. 이처럼 몸통 없이 꼬리만 존재하는 모호한 전략은 코브라 효과로 회사를 무너뜨린다.

한때 인도 도시에는 코브라가 많이 돌아다녀서 골칫거리였다. 코브라를 제거하기 위해 정부에서는 코브라 사체를 가져오면 돈으로 계산해주었다. 이런 정책이 발표되자 코브라를 길러내는 코브라 농장이 생겼다. 농장에서 길러낸 코브라 사체를 정부에 납품하고 돈을 받는 사람들이 등장한 것이다. 정부가 알아차리고 돈을 지급하는

---

1   Gary Hamel & C. K. Prahalad, "Strategic Intent", *HBR July-August 2005 Issue*, 2005.

정책을 중단하자 코브라 농장주들은 그간 기르던 코브라를 다 풀어주었다. 코브라 개체 수를 줄이려는 정책이 코브라 개체 수를 늘린 결과를 초래한 것이다. 평소 정부의 의도를 신뢰하지 않는 사람들이 돈을 벌겠다는 세속적 의도를 앞세워서 전략적 수단으로 코브라 농장을 만들었는데 코브라 농장이 돈이 안 되니 코브라를 풀어준 것이다. 목적이 결여된 세속적 의도가 전략을 추동할 경우 전략은 코브라 농장을 키운다.

시어스 Sears가 타겟 Target이나 월마트 Wall Mart에 무너지게 된 가장 설득력 있는 설명은 목적을 상실한 상태에서 성과를 위해 동원한 인센티브 전략이 문제였다. 목적의 결여가 초래한 전략적 모호성 속에서 큰 목표를 세우고 전략을 강력하게 집행한다는 구실로 인센티브와 평가로 과도하게 쥐어짜인 구성원들은 비윤리적인 방법으로라도 자신의 성과를 챙겨 결국 회사를 코브라 농장으로 만들었다.

1990년 초 시어스의 브래넌 회장은 조직의 미진한 재무성과를 장려하기 위해서 직원들이 매장에서 매출과 이익을 강조하는 전략으로 활기를 불어넣으려고 하였다.[2] 돈 버는 것을 의도로 장착한 셈이다. 전략적 목표가 금전적 성과인 전략을 실행하기 위해 회장은 시어스 타이어 & 오토 센터 직원의 평가와 보상의 기준을, 고객이 맡긴 자동차의 수리 대수와 이를 통한 매출액으로 바꾸었다. 회사에서 시행되던 기본급을 없애고 매출에 따른 인센티브 시스템을 구축

---

2   Michael Corkery, "Sears, the Original Everything Store, Files for Bankruptcy", *New York Times*, Oct. 14, 2018.

했다. 종업원에게 위기의식을 고취하기 위해 만일 최소한의 매출을 올리지 못했을 경우 해고하겠다고 위협했다.

경제적 위협과 정서적 위협으로 코너에 몰린 종업원들이 문제를 해결할 수 있는 유일한 방법은 비정상적 방법을 동원해서라도 매출을 늘리는 것이었다. 벼랑으로 내몰린 종업원에게는 수리품질은 뒷전이었다. 서비스를 유지하는 것보다 매출실적에 생존과 연봉이 달려 있었기 때문이다. 종업원들은 살아남기 위해 아무 이상이 없는 자동차 부품도 교체하도록 독려하는 방식으로 과잉판매를 시작했다. 이를 눈치챈 소비자들은 회사의 비윤리적 행위를 법원에 집단으로 제소하기 시작했고 회사는 결국 파산했다. 목적은 없고 재무적 목표만 존재하는 경영전략이 회사를 코브라 농장으로 만든 셈이다.

이 사례는 돈 버는 목표만 있고 목적이 사라진 경영전략을 세우고 이를 집행하기 위한 도구로 핵심성과지표Key Performance Indicator, KPI를 연동시키는 회사들에서 공통으로 겪는 문제다. 기업경영도 마찬가지다. 재무적 목표를 넘어 목적에 대한 명확한 의도로 존재우위를 세우고 이 존재우위를 달성하기 위해 비즈니스 모형, 시스템, 인력, 자금 등을 최적화시킬 수 있는지가 중요하다. 경영자가 존재우위에 대한 의도를 상실하면 전략적 모호성이 증가해 비즈니스 모형, 시스템, 인력, 자금 등의 수단을 경영전략이라고 착각한다. 경영자가 회사를 가장 높은 수준에서 차별화할 수 있는 것은 가격, 품질, 시스템, 비즈니스 모형이 아니라 공진화하는 세상에서 회사가 어떻게 차별적으로 이바지할 수 있는지를 설명하는 목적을 통해서다.[3] 경영자의 의도가 존재목적을 향해 정렬되어 있을 때야말로, 차별적 존재감이 있는 회사로 키울 수 있다. 재무적 목표를 달성하는 것은 모든 회사의 기본이다. 구성원과 경영자가 재무적 성과를 달성해야 하는 이유에 대한 믿음을 지닌 회사가 존재감 있는 회사다.

경영자들이 경영전략에 실기하는 이유는 존재우위를 달성하는 목적에 대한 의도를 잃고 전략적 모호성 속에서 헤맬 때다. 전략적 모호성 속에 갇히면 당장 생존이라는 문제를 해결해주는 비즈니스 모형과 시스템에 집중한다. 아무리 뛰어난 비즈니스 모형과 시스템을 구축하고 있어도 미래의 문제가 저절로 해결되지 않는다. 비즈니스 모형과 시스템에 신경을 쓰는 만큼 경영자는 여기에 미래의 목적을 의도적으로 개입시켜 번성을 창출해야 한다. 경영자들은 목적이 미래의 존재우위를 결정해줌에도 눈에 보이지 않는다는 이유로 무시하고 전략적 모호성에 빠져 현재의 비즈니스 모형과 시스템 설계에 올인한다.

---

3 경영자의 의도인 존재목적은 창으로, 핵심가치의 울타리는 방패로 비유하기도 한다. 미래로 향하는 길에는 항상 저항세력이 포진하고 있어서 이것을 뚫고 나가야 결국 약속한 목적을 실현할 수 있다는 사실과 이를 위해서는 우군세력을 공격의 위험으로부터 보호하는 장치가 필요하다는 사실을 암시한다. (Afdhel Aziz & Bobby Jones, *Good is the New Cool: The Principles of Purpose*, Regan Arts, 2021, p. 12).

가면 증후군

시스템이나 수단을 전략의 목적으로 회사를 경영하면 종업원들은 가면 증후군impostor syndrome에 시달린다. 이것은 현재 자신의 모습이 가면이라고 생각하는 경향을 의미한다. 자신이 가면을 쓰고 있다고 믿고 있고 언제든 이 가면이 벗겨질 수 있다는 불안에 떨게 된다. 가면이 벗겨지는 상황을 벗어나기 위해 자신을 고립시킨다. 실제 많은 직장인이 가면 증후군에 시달린다. 자신의 실력이 운에 의해서 만들어졌고 이런 사실이 발각될 때 경험하게 될 가면에 대한 심리적 불안으로 일에 몰입감이 떨어지고 결국 생산성 저하를 경험한다.

종업원들의 가면 증후군은 회사가 자신만의 존재이유를 구축하지 못한 회사에서 증폭된다. 자신의 존재이유를 찾아내지 못한 회사일수록 홈페이지에는 그럴듯한 회사의 목적과 가치가 나열되어 있다. 홈페이지를 장식하고 있는 회사의 목적과 가치는 회사가 목적과 가치가 없다는 점을 숨기기 위한 플라스틱 가면이다.

회사가 이런 플라스틱 가면을 쓰고 있다는 사실을 알고 있는 종업원은 회사가 자신들에게 심리적 버팀목이 될 수 없다는 것을 잘 안다. 생존을 위해서 자신들도 가면을 쓰고 문제가 없음을 연기하며 살아야 한다. 일정한 시간이 지나면 대부분 종업원은 회사가 하는 가면 연기의 공모자가 된다. 연기의 공모자가 되는 순간 종업원들은 완벽주의를 가장하게 되고 실수를 감추고 상대방의 실수도 눈감아준다. 진솔한 피드백이 사라진다. 이런 분위기는 회사의 큰 안전사고나 리콜사태로 이어져 회사를 곤혹스러운 상황에 직면하게 만든다. 회사에서 벌어지는 크고 작은 사고들은 가면 증후군으로 피드백이 고갈되어서 생기는 인재다.

홈페이지에 치장된 모습을 이 회사의 얼굴로 알던 고객과 세상이 가면의 정체를 아는 순간 회사는 쇠락의 운명을 겪는다. 종업원이나 회사는 가면이 벗겨지지 않도록 전전긍긍하게 되고 결국 이것을 증명하는 방법은 단기적 성과라고 믿는다. 단기적 성과를 위해 강력한 HR 전략으로 드라이브를 걸어 종업원들을 조이기 시작하면 회사는 시어스와 같은 운명의 길을 걷는다. 놀랍게도 무너지기 직전의 시어스 회사의 홈페이지 1면에도 시어스는 '고객의 가치를 최우선으로 삼는다'라는 문구가 있었다. 목적에 대한 믿음이 없다면 회사는 전략적 모호성을 해결하기 위해 스스로 가면을 쓰고 구성원에게도 가면을 강요한다. 누군가에 의해 이들의 가면이 벗겨지는 순간 회사도 무너진다.

싱크홀 현상

재무적 목표만 존재하고 존재목적이 사라진 모호한 전략은 종국에는 회사를 파산으로 이끄는 싱크홀로 전락한다. 존재목적은 사람들을 아침에 침대에서 벌떡 일어나게 하는 힘이지만 회사의 존재목적은 이렇게 일어난 사람들을 다시 회사로 뛰어가며 출근하게 만드는 동력이다. 재무적 목표만 존재하는 전략은 아무리 강력한 평가와 인센티브를 연동시켜도 종업원들을 일으켜 세우지 못한다.

목적의 울타리가 없는 회사의 운동장에서는 역설적인 일이 발생한다. 종업원들이 나름의 안전지대를 마련하기 위해 먼저 토굴을 파고 숨는다. 심리적으로 안정감을 느낄 수 있는 장소를 스스로 만든 것이다. 구성원들이 토굴을 파고 숨어버리면 공동 과제의 성공을 위해 협업하는 것이 점점 더 불가능해진다. 개인들이 동굴을 만드는 것을 넘어서 부서들이 협동해서 동굴을 파고 숨어 있는 경우도 비일비재하다. 이런 회사는 사일로 현상이 극에 달해 동굴과 동굴이 속으로 연결된 정치적 연줄이 없으면 일이 되지 않는다.

이들이 동굴을 파고 숨은 것은, 이들에게 필요한 심리적 안전지대를 회사가 제공해주지 못했기 때문이다. 목적의 울타리가 제공하는 심리적 안전지대는 자신과 세상 사이에 범퍼 역할을 한다. 사람들은 심리적 안전지대가 있어야 변화하는 세상에 그대로 벌거벗은 채로 노출당하는 수모를 겪지 않는다. 회사가 제공하는 심리적 안전지대가 자신들이 숨어 있는 동굴보다 더 안전하지 않다고 느끼면 종업원들은 영원히 동굴맨의 신세를 벗어날 수 없다. 변화가 상수인 시대에 자그마한 지각변동이 일어나도 동굴은 충격을 흡수하지 못하고 싱크홀이 되어 무너진다. 회사 전체가 한순간에 무너지는 일도 비일비재하게 일어난다.

목적은 회사를 목표 합리성을 넘어 목표들에 대한 메타 합리성으로 최적화하는 최고의 전략적 수단이다. 목적은 회사에서 실행되는 수많은 목표가 왜 달성되어야 하는지에 대해 같은 이유를 제공해서 목적이 정한 방향으로 목표를 수렴시킨다.[4] 목적이 없고 목표만 존재하는 회사의 종업원들은 자신에게 할당된 목표 중심의 부분 최적화에 몰입한다. 부분 최적화가 성공적으로 시행될수록 회사를 위한 전체 최적화는 희생된다. 마케팅, 생산, 유통, 판매, 재무, 회계라는 각 부문에서는 모두 A 플러스를 받았어도 제품과 서비스를 통해 고객에게 약속한 목적에 대한 체험을 창출하지 못한다. 목적에 의한 정렬 없이 목표 중심으로 작동하는 부분 최적화를 위해 기울인 노력은 회사의 각 부분을 토굴로 만든다. 종업원은 자신에게 임무로 부여된 영역에서의 부분 최적화만이 살길이라고 믿고 자신들을 위한 토굴을 파고, 부서는 부서 나름의 최적화를 고려해 자신의 토굴을 판다. 이런 토굴들이 깊어질수록 고객에게 전달되는 체험에 대한 가치충격은 없다. 회사는 전문성과 기능영역에서 최고의 수준임에도 조그만 외부환경 변화에도 버티지 못하고, 종업원이 피신하기 위해 파놓은 동굴은 한 순간 싱크홀이 되어 무너진다.

전략적 명료성

목적을 상실하면 전략은 존재우위가 아니라 경쟁우위의 도구

---

[4] 목적은 목표를 수단으로 달성할 수 있는 가장 높은 수준의 최종 목표를 의미한다. 흔히 목표를 달성해야만 하는 이유에 대한 답을 찾고 답에 다시 이유를 묻는 방식으로 다섯 번의 Why를 통해서 얻어낸 답을 목적이라고 규정한다. 목적을 달성한다는 것은 다양한 하위의 목표를 가장 높은 수준에서 최적화한 것이 된다.

로 전락해 전략적 모호성을 증가시킨다. 전략적 모호성을 벗어나지 못하면 전략은 경쟁자를 이기기 위한 도구일 뿐이다. 경쟁우위가 목적이 된 자동차 회사를 상상해보자. 이 회사는 풍족한 재정을 가지고 있다. 회사는 재정을 동원해 롤스로이스, 벤틀리, 페라리, 람보르기니, BMW, 벤츠를 포함한 모든 자동차 회사를 경쟁시켜 여기서 최고로 선정된 엔진, 차체, 바퀴, 디자인, 외형 등을 조합하여 최고의 자동차를 완성하는 전략을 세울 것이다. 각 부품 수준에서 최고의 경쟁우위 전략으로 만들어낸 자동차는 평범한 자동차 회사에서 독자적으로 만든 자동차보다 수준이 떨어지는 자동차로 귀결된다. 최고의 자동차는 경쟁우위가 아닌, 자동차로서 존재우위에 대한 의도가 개념적으로 존재하고 이 의도를 가장 높은 수준에서 구현하기 위해 최적화된 부품을 선정하여 장착하는 작업을 통해서만 완성된다. 존재우위를 차별화시키는 숭고한 의도가 없다면 최고의 제품 조합을 만들어낼 재정이 있어도 최고의 자동차를 만들 수 없다.

아래 그림은 초뷰카 시대 미래를 이끄는 다섯 회사가 회사의 존재목적에 따라 전략적으로 동기화된 운동장을 어떻게 설계하고 있는지를 보여준다. 회사마다 다른 운동장을 가지고 있어도 회사가 최고의 성과를 내는 이유는 전략적 명료성 때문이다.[5]

5   Nick Wingfield, "Microsoft Overhauls, the Apple Way", *New York Times*, July 11, 2013. http://www.nytimes.com/2013/07/12/technology/microsoft-revamps-structure-and-management.html

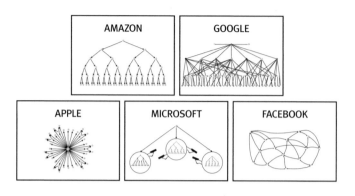

플랫폼 기업의 조직구조 설계

운동장 설계방식이 이 다섯 회사의 경영성과에 어떤 차별적 영향을 미쳤겠느냐고 질문한다면 전략적 명료성을 이해하지 못한 것이다. 운동장이 차별적 존재이유라는 각자의 의도를 구현하기 위해 맞춤형으로 설계되어 있는지를 질문해야 맞다. 운동장의 차이만을 가지고 각 회사가 지속가능성을 실현할 수 있는지를 알 방법은 없다. 목적을 담은 의도가 없다면 정답인 설계는 존재하지 않는다. 운동장 설계방식의 정답은 회사가 설정한 고유한 목적을 담은 전략적 의도를 통해서만 확인할 수 있다.

경영자들은 조직의 설계를 눈으로 분명히 확인되는 조직도를 그리는 것쯤으로 오해한다. 조직설계는 경영자의 의도가 반영된 조직의 목적을 먼저 세우고 이 목적에 요구되는 기능을 확립하고 이 기능을 제대로 수행할 수 있는 역할을 도출하고 이 역할에 따라 보상계획을 세우는 것을 의미한다.

예를 들어 낙하산과 로켓은 서로 다른 목적으로 설계된다. 로켓은 정해진 시간에 빨리 올려보내야 하기 때문에 이 목적을 달성하기 위해서 가장 필요한 기능은 강력한 엔진과 고도로 농축된 연료장치일 것이다. 낙하산의 목적은 최대한 속도를 늦춰서 목표물을 지상에 안착시키는 것이다. 목적에 대한 경영 의도를 잃은 경영자들이 조직을 설계하는 것을 보면 낙하산에다 강력한 엔진을 달거나 로켓에다가 속도를 늦추는 장치를 기능으로 설치하는 우를 범한다. 이들은 조직을 설계할 때 목적까지 생각하지 못하고 전략적 목표만을 염두에 두고 이 목표를 일사불란하게 달성하기 위해 과도한 보상계획을 운용한다. 목적과 동떨어진 운동장 설계는 아무리 정교하게 만들었어도 반드시 싱크홀로 전락한다.

아마존의 설립자 베이조스는 온라인 유통 창고인 클라우드로 세상의 표준을 장악하겠다는 경영 의도를 가졌다. 조직도는 베이조스가 제시한 경영 의도를 일사불란하게 실행하기 위해 설계했다. 아마존의 조직설계도는 미래의 방향을 제대로 알고 있는 통찰력 넘치는 경영자들의 의도를 실행하기 위한 조직도다. 이런 조직도가 향하는 방향은 회사의 존재목적으로, 고객의 아픔을 최저가격과 최고속도로 해결해주는 것이다. 회사는 일사불란함을 강조하는 이 조직도의 위험성을 잘 알고 있기에 회사에 핵심가치의 울타리를 세워서 위험성을 중화시켰다. 구성원들은 회사가 세워준 울타리를 믿고 이 안에서 심리적 안정감을 가지고 숱한 실험과 실패를 통한 전문성을 단련하고 있다.

구글은 AI 등에서 파생한 첨단기술을 이용해서 정보가 민주화된 운동장을 세워 정보 불균형으로 고통받는 사람들을 일으켜 세우는 것이 창업자가 제시한 숭고한 전략적 의도다. 세상에 존재하는 많은 기업의 경영자들에게 사악하게 돈을 벌지 않아도 돈을 버는 방법이 있음을 증명하려는 의도도 있다. 구글은 의도에 대한 약속을 실현해 지금의 회사로 키웠다. 구글은 자신들이 세운 운동장을 운영하는 울타리를 구성하는 원칙을 사회적으로 책임감 있게 사용하면서 기술이라는 이름으로 사업을 벌이지 말아야 할 영역을 침범하지 않는다. 구글은 구성원들이 지켜야 할 가치 울타리로 겸손함을 잃지 않는 것, 열의로 헌신하는 것, 평생학습으로 회사를 공진화시키는 것을 제시하고 있다. 구글은 이런 목적의 성소와 핵심가치의 울타리를 실행하기 위해 정보로 세상을 일으켜 세울 수 있는 사업 아이디어가 있다면 장소와 시간의 제약 없이 자유롭게 제시할 수 있고 이것을 사회가 유익한 방식으로 사업화할 수 있는 지금과 같은 조직구조를 설계했다.[6]

애플은 플랫폼 거대기업임에도 중소기업에서 사용하는 기능조직 형태의 조직설계를 접목시켰다. 한 사람의 책임리더Principles & Leadership, P&L가 모든 업무를 총괄하는 전통적 기능조직functional organization 형태다. 2021년 기준으로 14만 7,000명의 종업원을 고용한 대기업이 한 사장 밑에 각 기능을 담당하는 한두 명의 담당자를 고용하는 형태인 전통적 기능조직으로 유지되는 것이 가능할까? 애플은 구성원

---

6   https://ai.google/principles

들에게 P&L의 뜻을 Principles & Leadership이 아닌 Profit & Loss를 책임지는 사람으로 해석하지 말라고 경고하고 있다.[7] P&L 직책은 원칙과 리더십으로 이끌면 이익은 저절로 따라온다는 것을 구성원에게 모범이 되어 가르치는 사람으로 규정하고 있다.

애플이 작은 회사 운동장의 원리인 기능조직 설계방식을 고수하는 이유도 회사가 약속한 목적을 실현하기 위함이다. 스티브 잡스가 애플을 통해 개입시킨 의도는 혁신이다. 회사의 존재이유를 "혁신을 통해서 더 풍요로운 세상을 선사하기 위해 존재한다"라고 명시하고 있다. 혁신을 멈추는 것이 애플에게는 가장 치욕스러운 일이다. 애플은 제품, 소프트웨어, 하드웨어에서 혁신하는 사람들을 혁신하게 하는 정체성을 가지고 있다. 혁신을 멈추지 않기 위해 애플이 세운 울타리의 원칙은 전문가를 이끌 수 있는 전문성deep expertise, 섬세한 디테일에 대한 광적인 집착immersion in details, 협업 증진을 위한 논쟁collaborative debate이다. 애플 가족으로 인정받으려면 누구나 존재목적을 이해하고 핵심가치의 울타리를 지켜내야 한다. 애플의 운동장인 기능조직은 창의적이고, 생산적이고, 협업을 통해 혁신을 만들어내는 창업자의 의도에 최적화되어 있다. 애플이 지구상에서 가장 높은 기업가치를 만든 비밀이다.[8]

MS는 가장 문제가 될 수 있는 운동장을 설계한 회사다. MS는 운영체계에서 작동하는 다양한 사무용 프로그램을 묶어 파는 독과

---

7   https://podcasts.apple.com/us/podcast/the-new-p-l-principles-leadership-in-business

8   https://hbr.org/2020/11/how-apple-is-organized-for-innovation

점 정책으로 승승장구하던 기업이다. 너무 오랫동안 독과점에 물들어 세상의 운동장이 데스크톱에서 스마트폰으로 전환되는 것을 놓쳤다. 회사의 운동장도 이런 독과점에 맞춰 사업부제로 설계했다. 사업부제는 회사보다는 사업부 간 경쟁과 총질이 난무하던 각자도생의 인센티브 시스템을 운영한다. 사업부제는 결국 회사에 파놓은 토굴로 전락했다. 환경이 스마트폰 세상으로 바뀌자 토굴이 싱크홀로 무너지는 전조를 발견하고 놀란 설립자 빌 게이츠가 구원투수로 인도 출신 나델라를 영입했다.

나델라가 취임해서 한 작업은 제품라인 중심의 기존의 운동장을 바꾸기보다는 회사의 의도가 명확하게 반영된 목적과 울타리를 세우는 작업이다. MS가 추락했던 문제는 운동장이 아니라 회사의 선한 의도가 반영된 울타리와 존재목적의 부재에서 기인했음을 알았다. 회사의 목적을 "신뢰할 수 있는 컴퓨팅 경험을 제공함으로써 기업이나 인간을 더 큰 목적을 성취할 수 있게 돕는다"로 정했다. 핵심가치의 울타리를 공감empathy, 나눔giving, 자발성voluntarism으로 정하고 외부의 개발자, 사업자들과 개방형 협업이 가능하도록 운동장을 열었다. 내부 구성원들에게는 히트 리프레시 정책으로, 길을 잃었을 때는 책임소재를 생각하지 말고 원점으로 안심하고 돌아가도록 허용했다. 운동장 설계를 고치지 않고도 회사의 새로운 의도가 반영된 목적과 울타리를 통해 회사를 살려내려는 나델라의 노력은 큰 성공을 거뒀다.

최근 이름을 메타로 바꾼 페이스북은 소통의 민주화라는 목적을 실현하기 위해 만들어진 회사다. 회사가 창립될 때까지만 해도 이런 목적이 잘 작동해 사람들은 연결을 통한 새로운 체험을 만끽했고 회사 규모도 커졌다. 하지만 최근에 회사의 창립자 저커버그^{Mark Zuckerberg}가 회사의 의도를 공진화시키기보다는 알고리즘을 조작해 광고로 돈을 버는 것에 더 집착한다는 것을 폭로한 내부고발자들이 나와서 충격을 주었다. 주가는 폭락하기 시작했고, 회사는 운동장을 바꿔 SNS에서 생활형 메타버스 쪽으로 이동한다고 선언했다. 메타의 운명은 공의기업 연구자들에게는 초미의 관심사다. 목적과 핵심가치의 울타리 없이도 운동장만 갈아타는 것으로 지속가능성의 달성이 가능한지에 대한 가설을 실험하는 사례로 등장했기 때문이다.

회사들이 싱크홀로 무너지는 것은 훌륭한 시스템, 비즈니스 모형, 조직구조의 설계 때문이 아니라 목적에 대한 의도가 무시되기 때문이다. 회사가 존재우위를 갖게 만드는 경영자의 선한 의도를 시스템, 비즈니스 모형, 조직설계에 개입시키지 못해 의도와 수단이 겉돌 때 회사는 전략적 모호성에 빠져 싱크홀로 무너진다.

성공과 실패

회사의 목적이나 울타리에 대한 고려 없이도 눈으로 확인되는 회사의 시스템만 정교하게 설계하면 된다는 잘못된 믿음은 네트워크 마케팅 사업을 펼치는 회사들의 경영자들이 가장 많이 범하는 실수이기도 하다.

지난 2년여간 네트워크 마케팅 산업을 집중적으로 연구해가며 얻어낸 결론도 네트워크 사업자들의 잘못된 믿음이 네트워크 마케팅 사업을 지속가능성 있게 만드는 데 가장 큰 장애라는 사실이다. 네트워크 사업자들은 브레이크 어웨이나 바이너리 등으로 언급되는 마케팅 접근방식, 가성비 있는 제품군, 정의로운 보상플랜만 제대로 갖추면 누구든 사업에 성공할 수 있다고 믿는다.[9] 많은 사업자가 이런 믿음을 가지고 사업에 뛰어들지만 90% 이상이 1년을 버티지 못하고 무너진다. 자동차의 핵심은 강력한 엔진이라고 믿고 낡은 중고차에다 강력한 새 엔진을 교체해서 달고 달리면 오히려 다른 부품이 견디지 못하고 차가 망가지는 것과 비슷한 원리다.

앞에서 살펴본 회사들도 네트워크를 기반으로 한 플랫폼 사업을 벌이는 회사이고 이들 회사의 조직구조도 네트워크 마케팅 회사와 유사하다. 아마존이 운동장을 설계하는 방식은 바이너리 방식과 비슷하다. 구글은 새로운 정보의 민주화가 가능한 영역이라면 사업을 무한하게 확장해가며 자유롭게 사업부를 만들 수도 있고, 만들어진 사업부가 커지면 독립하기 때문에 브레이크 어웨이 방식과 비슷하다. 애플의 방식은 정점을 중심으로 협업이 가능한 범위에서 좌우로 무한대로 펼칠 수 있고, 윗단의 관리자는 적어도 세 단계 아래 라인에서 벌어지는 일을 세세하게 관리하고 있어야 한다는 리더십 원칙을 가지고 있어 유니레벨 방식과 비슷하다. MS는 회사가 일정하게 규정한 사업부를 만들어 경쟁시키는 방식이어서 매트릭스 방식

9　세 요소 중 가성비 있는 제품조차 없는 상태에서 보상플랜과 마케팅 방식만 존재하는 다단계는 100% 금융사기다.

과 유사하다.[10]

앞에서도 설명했듯이 시스템을 설계하는 방식 자체에는 정답이 존재하지 않는다. 정답은 회사가 존재이유로 설정한 목적에 담겨 있다. 각기 다른 시스템이라도 그 시스템이 회사가 추구하는 목적과 사명을 실현하도록 제대로 정렬되어 있다면 정답이다. 아무리 뛰어난 제품과 정의로운 보상계획에 대한 설계가 있다 해도 그것만으로 네트워크 마케팅의 문제를 근본적으로 해결하지는 못한다. 한국의 애터미를 비롯해 글로벌 암웨이, 뉴스킨, 허벌라이프가 생존하는 이유도 가성비 있는 제품과 공정한 보상계획으로 다 설명되는 것은 아니다. 제품, 보상계획, 마케팅 방법 등 보이는 것은 생존을 위한 필요조건이지 충분조건을 구성하지 못한다. 환경이 영원히 변화하지 않으면 필요조건만으로도 생존이 가능하지만, 지금처럼 변화가 상수인 초뷰카 시대에는 그것으로 부족하다.

애터미가 다른 네트워크 마케팅 회사를 제치고 글로벌 리더로 등장할 수 있었던 이유에는 가성비를 위해 제품을 혁신하고 공정한 보상플랜을 위해 노력을 지속한 점도 있지만, 더 근본적인 이유는

---

10 네트워크는 폭과 깊이에 따라 매트릭스, 유니레벨, 브레이크어웨이, 바이너리 등으로 나눌 수 있다. 매트릭스는 폭과 깊이가 사전에 정해져 있다. 예를 들어 2x3 매트릭스는 폭이 2이고 깊이가 3인 매트릭스로 1레벨 사업자는 2명, 2레벨에서는 4명, 3레벨에서는 8명으로 2명씩 증폭해서 3레벨의 깊이까지 내려갈 수 있다. 유니레벨은 가장 단순한 형태로 폭은 한계가 없는 대신 깊이는 제한되어 있다. 브레이크어웨이는 네트워크에 프랜차이즈 개념을 도입한 것으로 본인으로부터 시작해서 아래에 있는 회원들은 본인 그룹의 일원으로 간주된다. 이 그룹의 매출이 정해진 단계에 도달하면 분리 독립하는 방식이다. 본인으로부터 분리독립된 그룹의 매출도 본인 성과에 일정 비율 반영되기 때문에 깊이에 방점이 가해진다. 바이너리는 다운라인 구축을 위한 가장 단순한 자기증식 방식이다. 네트워크의 폭은 좌측과 우측이라는 두 줄 라인으로 구성되며 깊이에는 제한이 없다. 두 줄 중 소실적 라인의 매출을 중심으로 성과가 보상되는 방식이다.

다른 마케팅 회사에서는 찾아보기 힘든 목적의 성소와 핵심가치의 울타리를 운용하고 있기 때문이다. 이 목적의 성소와 핵심가치의 울타리가 전략적 명료성을 더해 무임승차자와 형평성의 문제에서 생기는 부정적 영향력을 충분히 상쇄하고도 남았기 때문이다. 핵심가치의 울타리와 목적의 성소가 준비되지 못한 회사가 애터미의 외양만 보고 비슷한 제품과 더 공정한 보상계획을 복제해서 사업에 뛰어들어도 성공할 개연성은 높지 않다. 여기저기 토굴이 생기고 이 토굴들이 싱크홀로 무너지는 것을 쉽게 예견해볼 수 있다.

애터미가 다른 네트워크 마케팅 회사의 실패한 전철을 밟지 않을 수 있었던 것은 최고경영자가 목적에 대한 믿음을 가지고 있고 이 믿음을 실현하기 위해 울타리를 만들어 구성원들에게 진솔하게 소통하는 데 성공했기 때문이다. 최고의 조직설계는 잘되는 회사의 조직도를 베끼는 작업을 넘어서 자신을 존재의 수준에서 차별화시키는 선한 의도를 목적으로 정하고 이 정해진 목적을 실현하는 도구로 정렬시킬 때 만들어진다. 회사의 목적과 독립적으로 존재하는 최고의 마케팅 플랜, 최고의 시스템, 최고의 보상계획은 존재하지 않는다. 경영자가 공의기업으로 성장하려는 전략적 의도를 상실한다면 아무리 뛰어난 기술을 가지고 있어도 지속가능성은 없다.

디지털 혁신의 아이콘 인텔의 미래

 인텔 Intel 은 반도체 종합기술 회사로 앤디 그로브 Andy Grove 가 창업했다. 그로브는 1980년대 중반 주력산업이던 메모리 사업을 접고 '반도체 집적회로의 성능이 24개월마다 두 배로 증가한다'는 무어의 법칙을 만든 고든 무어를 수장으로 영입해 컴퓨터 프로세서 사업으로 업을 전환했다. 이때부터 인텔은 종합 반도체 산업을 이끄는 개방형 혁신의 대명사가 되었다. 이 당시 인텔은 혁신기업으로 자신의 존재감을 과시하기 위해 인텔 칩을 장착한 모든 컴퓨터에 'Intel Inside'라는 라벨을 붙이게 했다.

 안타깝게도 최근에는 인텔이 길을 잃었다는 조짐이 여기저기에서 보고되고 있다. 인텔은 프로세스 시장을 장악한 후 재무적 성공에 취해 자신들이 세운 디지털 지평이 더 높은 곳으로 이동하는 것을 감지하지 못했다. 대용량 자료처리 기술인 시스템 반도체를 고집하는 과정에서 세상의 지형이 PC에서 모바일, 모빌리티, 사물인터넷 등 초연결 세상을 구현하는 저가의 초나노칩으로 옮겨지는 것을 놓쳤다. 동시에 지형이 인공지능과 머신러닝 쪽으로 융기하는 것을 잡아내지 못해 여기에 필요한 고성능 그래픽 프로세서 시장을 놓쳤다. 인텔이 이런 글로벌 ICT 지형의 변화를 놓친 이유는 시장이 너무 작아 돈이 안 된다는 판단 때문이었다. 실망한 애플은 더는 맥북에 인텔 프로세서를 탑재하지 않겠다고 선언했고, 초연결 시대와 메타 플랫폼을 이끌 고성능 그래픽 프로세서 시장은 엔비디아가 가져갔다. 재무적 성공의 자만심 때문에 자신이 구축해놓은 지평이 더 높은 지평으로 옮겨가는 추이를 판단하지 못해 스스로가 싱크홀에 빠진 것이다.

인텔의 이야기는 21세기 메타 플랫폼 시대를 사는 기업들에 대한 경고 메시지다. 단기 재무성과에 취해 변화하는 디지털 기술 지형에 맞춰 베이스캠프를 옮기지 못하면 아무리 뛰어난 기술과 재무적 성과를 가지고 있어도 실제로 싱크홀에 빠져 몰락하는 비극에 직면한다.

인텔은 2021년 매출 90조 원을 기록해 매출액 기준으로 여전히 세계 최고의 종합 반도체 기업이다. 개인용 컴퓨터 프로세서 시장, 고속성장하고 있는 서버 시장 점유율 1위이지만 존재목적을 잃은 조짐으로 향후 지속가능성이 불투명해졌다.

5
경영철학

과일나무를 생각해보자. 과일나무가 산출하는 풍성한 과일 속에는 눈에 보이지 않는 씨앗이 숨겨져 있다. 씨앗을 통해 과일나무가 만들어지고 과일이 산출된다. 기업에 철학이 있다는 것은 기업이라는 과일나무의 뿌리를 구성할 씨앗이 있다는 것을 의미한다. 기업이 자신의 제품과 서비스를 과일로 판다는 것은 서비스와 품질 속에 기업의 철학을 파는 것이다. 초우량기업과 일반 기업의 차이는 철학을 팔 수 있는 기업인지 제품과 서비스만을 파는 기업인지의 문제다. 공의기업은 기업의 목적과 가치라는 철학을 파는 기업이다.

공의기업에 철학이 있다는 것은 기업이 세상에 존재해야 할 목적과 목적을 실현하기 위해 둘려진 핵심가치의 울타리, 생계를 넘어서 목적을 위해 일을 업으로 수행하는 종업원들을 위한 협업 운동장에 대한 개념이 명확하다는 것을 의미한다.

핵심가치 울타리와 목적의 성소

인간이 동물들과 다른 점은 울타리를 세우는 능력이다. 동물도 영역표시를 할 수 있지만 인간처럼 의도적으로 울타리를 세우지는 못한다. 인간만이 울타리를 현재를 방어하는 기능을 넘어 미래를 위해 생산적이고 확산적으로 사용한다. 인간이 동물과 달리 찬란한 문화를 만들 수 있었던 것도 울타리를 생존을 넘어서 번성을 위해 사용할 수 있도록 진화시켜왔기 때문이다.

인간은 동물과 달리 밤이 되면 모닥불을 피워놓고 서로 둘러 앉아 상대의 등을 맹수의 공격으로부터 지켰다. 그 울타리 안에서 내일을 집중적으로 논할 수 있는 능력이 지금의 인류를 만들었다. 모닥불을 피워놓고 둘러앉아 생존을 넘어 번성을 위해 어떻게 협업할지를 논의했던 것이 문화의 시발점이었다.

인간에게 울타리의 기능은 방어의 목적도 있지만, 미래를 실험하기 위한 심리적 안정공간을 제공하는 목적이 더 크다.[1] 인간만이 울타리를 생존을 위한 방어적 목적을 넘어서 심리적 안정공간으로 전환시켜 번성을 위해 사용하도록 진화시켰다. 현대 인간은 자연환

---

1   Amy C. Edmondson & Zhike Lei, "Psychological Safety: The History, Renaissance, and Future of an Interpersonal Construct", *The Annual Review of Organizational Psychology and Organizational Behavior*, 2014, volume 1, pp: 23-43.

경에 적응하지 못해서 죽는 것이 아니라, 사회환경이나 문화환경에 적응하지 못해 죽는다. 사회·문화적 환경에 적응하지 못한다는 것은 변화하는 시대적 상황에 맞게 울타리를 확장하지 못하고 방어의 목적으로만 사용한 결과다. 회사의 혁신도 시대에 맞게 울타리를 옮김으로 외부의 위험을 회사의 울타리 안으로 내재화해서 울타리 안에서 심리적 안정감을 가지고 위험을 기회로 전환하는 솔루션을 선제적으로 실험했기 때문에 가능한 일이다.

제대로 구성된 울타리의 중요성을 상징적으로 보여주는 이야기가 구약성경의 느헤미야 이야기다.[2] 느헤미야는 역사적으로 성전만큼이나 중요한 것이 울타리임을 입증한 선지자로, 바벨론에 노예로 잡혀갔던 유대인 중 한 사람이다. 기원전 539년 종교의 자유를 허락한 고레스왕의 칙령으로 유대인들이 예루살렘에 돌아오는 것이 허락되었다. 유대인들은 돌아오기 전 선발대를 파견해 예루살렘 성전을 복원하려 시도했으나 실패로 끝났다. 느헤미야는 실패의 원인

---

2   유대인들은 기원전 606년 바벨론에 포로로 잡혀갔다. 유대인들이 삶에서의 신실함을 증명해 하나님의 존재를 인정받는 고레스 칙령이 기원전 539년에 발표되고, 바벨론의 후원을 받아 유대인들이 예루살렘의 성전을 복원하는 역사가 시작된다. 기원전 536년 스룹바벨에 의해 일차 성전재건 작업이 시작되었으나 이방인들에 의해서 다시 무너지고, 기원전 458년 에스라가 귀국해서 재건하나 결국 제대로 유지하지 못한다. 이때 등장한 인물이 느헤미야다. 느헤미야의 전략은 에스라나 스룹바벨의 전략과는 달랐다. 느헤미야는 성전이 제대로 복원되어 유지되기 위해서는 주변 이방인들의 침공을 막아주는 성벽이 먼저 복원되어야 한다는 것을 깨달았다. 느헤미야는 기원전 444년에 귀국해서 52일 만에 속전속결로 성벽을 재건했다. 성전재건에 소유의식을 주기 위해 참여자들의 정체성과 밀접한 관련이 있는 지역의 복원을 맡기고 이들의 협업을 동원해서 성벽복원공사를 단시간에 성공적으로 끝냈다. 성벽의 복원은 유대인들에게 그 안에서의 물리적·심리적·정신적 안정감을 선사해주었다. 물리적·심리적·정신적 안정감이 생겨 생존의 위기에서 벗어나자 이들은 성전을 다시 복원하고 재건해야 한다는 생각으로 자연스럽게 흘렀고 결국 성전복원과 유지관리도 제대로 완수하게 된다.

이 성벽(울타리)의 부재라는 것을 통찰했고, 예루살렘의 성벽을 복원하는 공사에 나섰다. 성벽이 성공적으로 복원되자 비로소 사람들은 성벽 안에서 심리적 안정감을 가지고 성전을 복원하는 사업을 논할 수 있는 실험공간을 확보했다. 이 공간 안에서 성전을 복원하는 본 사업도 성공시킨다. 성벽이라는 울타리를 먼저 복원함으로 성전도 세울 수 있었다. 느헤미야는 울타리가 없다면 성소도 지킬 수 없다는 것을 증명한 리더다.

생존의 울타리는 운신과 실험공간 자체가 없는 좁은 울타리다. 생존에 집중하는 동물은 자신보다 힘센 적(위기)이 나타나면 도망가고 약한 대상(기회)이 나타나면 잡아먹는다. 먹이사슬의 상층을 차지한 소수 동물을 빼고는 나머지 동물에게 세상은 적(위기)으로 가득한 세상이다. 인간은 울타리를 상황에 따라 확대하거나 줄이는 방식으로 운신의 공간을 마련했다. 이는 기회와 위험을 구별해가며 미래의 운명에 영향을 미친다. 좁은 생존의 울타리에서 더 넓은 공간을 확보할 수 있는 울타리로 확장한다는 것은 위험지대로 생각했던 장소를 울타리 안에 기회로 끌어들이는 작업이다. 울타리 안으로 내재화된 위험지대는 미래의 기회를 만들어내는 실험실이 된다. 인간은 시대에 맞게 울타리를 조정해서 위험지대를 성장과 번성을 위한 실험공간으로 전환해왔다.

넷플릭스가 규정이 없는 책임과 자유의 회사를 세울 수 있었던 것은 회사가 미래에 실현할 목적을 지금 현재로 가져올 핵심가치의 울타리를 만들 수 있었기 때문이다. 핵심가치가 울타리로 작용하는 이유는 목적을 실현하는 과정에서 목에 칼이 들어와도 지켜야 하는 방패 역할을 하기 때문이다. 공의기업이 지속가능성을 실현할 수 있는 이유도 시대에 맞게 핵심가치의 방패를 만들고 이 방패 뒤에서 심리적 안정감을 가지고 일을 업으로 수행할 수 있는 전문가의 놀이터를 만들었기 때문이다.

공의기업의 울타리가 주는 또 다른 기능은 회사가 혈연, 지연, 학연으로 쪼개지는 것을 막는 역할이다. 핵심가치의 울타리에 내재화된 가치를 목숨처럼 소중하게 지키는 구성원은 누구나 중요한 가족이다. 그러나 울타리 안에 있어도 이 가치를 지키지 않는다면 중요한 구성원이 될 수 없다. 설사 설립자와 혈육이라고 해도 회사가 울타리로 설정한 핵심가치에 몰입하는 모습을 보이지 않는다면 공의기업에서는 가족이 아니다. 설사 혈연이 아니라도 회사의 핵심가치에 몰입하면 누구나 소중한 가족이다. 핵심가치는 회사가 지연, 학연, 혈연에 의해서 정치적 조직으로 갈라지는 것을 막아내는 보루다. 공의기업에서는 연줄이 없어도 핵심가치에 대한 헌신이라는 명확한 기준을 통해 회사의 소중한 인재를 가족으로 확보하는 일이 가능하다. 누구나 가치에 헌신하면 소중한 가족으로 대우받는다는 믿음은 조직 정치가들을 몰아내고 강한 유대감을 만든다.

요즈음 기업들이 관심을 기울이고 있는 ESG도 기업의 울타리 안에 누구를 가족으로 포함할지에 대한 논쟁이다. 기존에는 환경, 다양한 사회적 배경의 사람들, 자기 회사의 평사원을 회사가 정한 울타리 안으로 초대하지 않았었다. ESG는 이들을 공진화하는 기업 생태계의 동행으로 초대해 외연을 확대해가는 경영이다. 배제되었던 환경을 회사가 설정한 자연환경의 울타리 안으로 포함하여 공존을 모색하고, 사회의 다양한 타자를 사회적 환경의 울타리 안으로 포함해 공생을 추구하고, 지배구조는 회사 안의 내집단 환경을 확장해서 일반 평직원들도 식구로 초대해 같이 공영을 실현하자는 것이다. ESG는 기존의 회사의 울타리를 공진화하는 생태계에 맞춰 재조정하자는 운동이다. 회사들도 변화가 상수가 된 세상에서 기존의 울타리와 그 안의 운동장을 시대에 맞게 확장해야 생존과 번성을 누릴 수 있다는 것을 각성한 것이다.

공의기업의 경영자들은 시대에 맞는 가장 탄력적인 울타리는 자신의 존재이유인 목적을 실현하기 위해 만들어진 핵심가치의 울타리라는 것을 안다. 기업이 뛰어난 목적이 있어도 이를 실현하지 못하는 이유는 울타리가 핵심가치의 울타리가 아니라 생존을 위해 만들어진 울타리로 쪼그라들었기 때문이다. 목적과 정렬된 핵심가치의 울타리가 세워지지 못한다면 안정적 실험공간이 마련되지 못하고 목적에 헌신하는 구성원들이 중요한 가족에서 배제되어 회사는 자연스럽게 고사당한다.

협업 운동장

공의기업이 목적을 달성하는 일터를 설계하는 마지막 원리는 협업collaboration을 통해 협동cooperation이 자연스럽게 따라오는 상태를 만들어내는 것이다. 경영자들은 협동을 통해 신뢰와 화합의 일터를 만들 수 있다는 미신에 빠진다. 논리적으로 맞는 말처럼 보이지만 실제로 가능한 일이 아니다. 공의기업 경영자들이 일터를 설계할 때 동원하는 원리는 협업이지 협동이 아니다.[3] 공의기업이 신뢰와 화합의 문화를 만들어내는 관건은 협업이다.

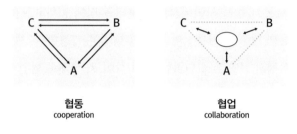

협동과 협업의 차이

학자들도 협동과 협업의 차이를 자주 혼동한다. 협동이란 자신의 이득을 실현하기 위해 서로 도움을 주고받는 행위다. 협동의 핵심은 자신의 이해를 충족시키는 것이다. 협동의 당사자들은 자신의 이득에 도움이 되는 한 서로 돕는다. 자신의 이득에 반할 때는 서로

---

3 Edward O. Wilson, *Sociobiology: The New Synthesis, Twenty-Fifth Anniversary Edition*, Belknap Press, 2000. 윌슨은 협동을 통해 동물도 이타적 행동을 하므로 인간과 차이가 없다는 주장으로 사회생물학을 기초했다. 윌슨과 유사하게 사회학자 중에서도 협동과 협업을 구별하지 못하고 협동을 통해 신뢰가 만들어졌다고 주장하는 이들이 있다. 대표적 학자로 사회적 자본론을 주장하는 부르디외, 콜먼, 퍼트넘, 후쿠야마를 들 수 있다. Bourdieu, P., "The Form of Capital", In John G. Richardson (Ed.), *Handbook of theory and research for the sociology of education*, Westport: Greenwood Press, 1986, pp. 241-254; Coleman, J.(1988), "Social Capital in the Creation of Human Capital", *American Journal of Sociology, 94, Supplement*; Putnam, R. D., "Bowling Alone: America's Declining Social Capital", *Journal of Democracy 6 (1)*, pp. 65-78; Francis Fukuyama. *Trust: The Social Virtues and the Creation of Prosperity*, New York: Free Press, 1995.

협동할 이유가 없다. 협동과 달리 협업은 도움을 주고받는 당사자 사이에 자신들의 이득을 실현하는 것을 넘어서서 공동목표나 공유된 목적이라는 제3의 요소가 강력한 중개자로 존재하는 경우를 의미한다. 협업을 가동하기 위해 협동에 대한 경험이 전제될 필요는 없다. 모르는 사람들 사이에서도 공동의 목적에 동의하고 목적을 실현할 고유의 자원과 전문성이 있다면 협업은 가능하다. 협업에서는 공동의 목적과 목표를 실현하는 것이 주이고, 실제로 협업이 성공적으로 실현되면 성공은 참여자들에게 화합과 신뢰의 파트너십을 부차적으로 가져다준다. 개인 간 화합과 신뢰는 협업이 성공한 결과로 자연스럽게 따라온다.

협업에서 두 사람 사이의 관계를 매개해주는 것은 개인들의 이해를 초월해 존재하는 제3의 공유된 목표나 목적이다. 협업에 참여하는 사람들의 신뢰나 화합의 수준은 이 공동의 목적을 제대로 실현한 긍정적 결과가 피드백해서 자연스럽게 형성된다. 협동에서는 파트너십이 상대와의 관계에 대한 파트너십이지만, 협업에서 파트너십은 공동의 목표나 목적에 대한 파트너십이다. 관계에 대한 파트너십은 목적을 협업을 통해 성공적으로 실현한 결과로 따라온 것이다.

협동의 딜레마는 국지적으로 좋은 관계가 형성되어 있어도 이것들을 더 큰 목적을 위해 동원하기 위해서는 국지적 관계들 사이에서 다시 협상과 조정이 필요하다는 점이다. 즉 조직에서 n개의 관계적 파트너십이 형성되었다 하더라도 이 관계들의 방향이 조직의 목적으로 정렬되어 있지 못하기 때문에 관계를 조직의 목적을 위해 동원하기 위해서는 매번 다시 차례로 협상해야 하는 거래비용이 수반

된다. 실제로 마지막 순간에 최종 협상이 결렬되는 경우도 부지기수다. 이처럼 이들 n개의 파트너십을 통한 신뢰의 합이 크더라도 이를 이용해서 공동의 목적을 달성하는 것은 또 다른 문제다. 개인의 이익이나 파당으로 뭉쳐진 힘 있는 사람들이 조직의 목적에 동의하지 않는다면 협동관계를 통해 형성한 파트너는 조직의 파트너가 될 수 없다. 공동 목적을 실현하기 위해서 n개의 조합 관계들이 매번 다시 짝을 지어서 협상을 벌여야 한다. 이런 과정을 반복하다 보면 존재목적이 아니라 힘 있는 사람들을 중심으로 한 정치적 연줄에 의해서 조직이 좌지우지된다. 협동은 정치적 협상을 통해 관계와 관계로 파편화된 신뢰를 산출할 뿐이다. 개인들 간 관계를 넘어선 조직의 목적에 대한 신뢰는 협업을 통해서만 가능하다.

존재목적이나 공동목표라는 개인의 이해를 넘어서는 조정자가 없는 상태에서 동원된 신뢰와 화합이라는 협력관계는 역설적으로 조직을 정치화한다. 조직이 정치로 파편화되는 이유는 공동의 목적이 부재한 상태에서 힘센 사람을 중심으로 협동하는 정치에 의존하기 때문이다. 공의기업이 만들어낸 운동장은 협업의 원리를 이용해 개인 간 관계적 신뢰를 넘어서 조직에 대한 신뢰로 만든 운동장이다. 공의기업의 놀이터는 평소에는 협동과 정치로 움직이다 구성원들이 불만이 커지면 놀이터를 제공해서 풀어주는 신바람 경영[fun management]의 놀이터와는 다른 놀이터다.

전문가들의 놀이터는 조직이 정한 핵심가치의 울타리와 미래에 남겨줄 유산인 목적에 대한 믿음을 기반으로 만든 업의 터전이다. 업이란 각자가 하는 일이 목적 실현과 정렬된 상태를 의미한다.

조직의 사명과 목적에 기반을 두고 만들어진 운동장에서 생계를 위한 일을 넘어 더 큰 목적인 업에 헌신하는 한 모든 구성원은 협업의 파트너다. 업을 여러 사람이 같이 수행하는 것이 협업의 원리다.[4]

전문가들의 놀이터는 동양고전 『예기』, 『학기』에 나오는 '경업락군敬業樂群'을 보여주는 것이기도 하다.[5] 경업敬業이란 일을 업으로 승화시킨다는 뜻이고 락군樂群이란 많은 사람과 함께 즐거워할 수 있는 최고의 상태라는 뜻이다. 경업락군은 공유된 목적을 실현하는 일에 협업하게 된다면 많은 사람이 행복한 최고의 상태를 만들 수 있다는 뜻이다. 경업락군은 공의기업이 협업을 통해 일터를 조직하는 원리다.

공의기업의 일터에서는 어떻게 일을 업으로 승화시켜 협업하는 것이 가능할까?

세 명의 석공이 땀을 뻘뻘 흘리며 일을 하고 있다. 지나가는 나그네가 궁금해서 각 석공에게 물어본다. "왜 그렇게 열심히들 일하고 계세요?"

첫째 석공 왈,

---

4 전문가들의 놀이터를 운영하는 공의기업에서 종업원들은 주체적 어른이다. 어른들은 조직이 정한 사명과 목적을 달성하기 위해 직무를 넘어서 자신이 수행해야 할 역할을 스스로 창안하여 협업한다. 협업을 통한 전문성의 신장은 종업원들에게 성장체험을 제공한다. 이 성장체험은 공정한 보상과 더불어 전문가의 놀이터의 발전소를 돌리는 연료다. 보상이 밖에서 주어지는 연료라면 전문가로서의 성장체험은 스스로 자가발전을 일으키는 연료다. 전문가들의 놀이터를 운영하는 회사는 항상 협업을 통해 만든 활력이 넘친다. 종업원 몰입이나 열의에 대한 걱정은 남의 나라 이야기다.

5 윤정구, 『진성리더십』, 라온북스, 2015, pp. 218-221.

"강제 노동에 동원됐어요. 기회만 되면 도망갈 겁니다."

둘째 석공의 이야기도 비슷하다.

"일당 5만 원으로 일하고 있어요. 목구멍이 포도청이라 할 수 없이 해요."

셋째 석공은 앞의 두 석공과 달리 환한 웃음을 지어가며 정말 행복하게 일하고 있다. 아니나 다를까 이 석공의 대답은 다르다. "일개 석공이어서 잘은 모르지만, 성전을 복원하는 일을 하고 있다고 들었습니다. 성전이 성공적으로 복원되어, 믿음을 잃었던 사람들이 이곳에 와서 믿음을 찾는 모습을 상상만 해도 내가 정말로 소중한 일을 하고 있다는 생각이 들었습니다."

세 명의 석공 중 세 번째의 석공만이 일을 업으로 승화시켜 경업하고 있다. 설사 1억이 넘는 월급을 받는다고 하더라도 경업하지 못한다면 1억짜리 월급쟁이에 불과할 뿐이다. 경업하지 못하는 사람들이 모여 있는 회사는 협업이 아니라 협동의 정치가 발동한다. 직원들이 일을 업으로 승화시켜 협업하게 하는 경업만이 정치를 넘어 회사에서 벌어지는 모든 일을 목적이라는 한 방향으로 수렴시켜 최적화된 성과를 만들어낸다.

직원職員과 종업원從業員의 차이가 여기에 있다. 직원은 돈을 받고 회사에서 맡긴 일을 수동적으로 수행하는職 사람員을 말한다. 이 사람들은 계산이 밝아서 자신이 보상받은 만큼만 일한다. 반대로 종업원이란 업業을 따라從 일하는 사람員들을 말한다. 석공의 사례에서 인용된 첫째와 둘째 부류를 직원이라고 부른다면 셋째 부류가 종업원이다.

단기적 성과를 어렵게 내고도 이것이 장기적 성과로 이어지지 않는 이유는 회사가 경업락군이라는 협업의 운동장을 만들지 못했기 때문이다. 이 경우 회사의 성과라는 독은 밑이 깨진 상태이기 때문에 어렵게 단기적 성과를 위해서 고군분투하나 단지 생계를 간신히 채울 수준이다.

회사가 구성원에게 목적의 성소에 관한 이야기를 제공하고 구성원들은 이 성소에 대한 믿음을 가지고 일을 업으로 승화시켜서 하고 있을 때 모든 것들이 목적을 중심으로 협업이 가능한 상태가 만들어진다. 성소를 구성하는 목적은 사람들을 아침에 침대에서 벌떡 일어나게 만들고 회사의 존재목적은 이렇게 일어난 사람들을 다시 회사의 계단을 뛰어 올라가며 출근하게 만드는 힘이다. 락군樂群; collective optimism 이란 협업을 통해 존재목적의 수준에서 각자의 일을 최적화optimization 시킨 상태를 말한다. 목적을 중심으로 최적화된 상태가 만들어지면 조직을 혼돈과 손실로 몰아넣었던 엔트로피가 감소하고 에너지가 증가하기 시작한다. 이 에너지가 바로 모든 사람을 즐겁게 일하게 만드는 원천이다.

경업락군의 원리는 혼다자동차를 창업한 혼다 소이치로, 마쓰시다 전기와 정경숙의 설립자 마쓰시다 고노스케, 교세라 및 JAL의 창업자 이나모리 가즈오의 경영이념에도 잘 녹아 있다. 이들이 일본에서 3대 경영의 신으로 추앙되는 이유도 결국은 회사를 경업락군할 수 있는 전문가들의 놀이터로 만들어서 구성원들을 직원에서 종업원으로 변화시켰기 때문이다. 전문가들의 놀이터는 이들 회사에

산소가 무궁무진하게 뿜어져 나오는 커다란 숲과 같은 역할을 한다. 산소가 뿜어내는 숲을 가진 회사는 항상 활력이 넘쳐 시끌벅적하다. 이런 회사에서는 실패조차도 목적과 정렬되어 있다면 학습으로 규정하여 장려한다. 실패를 장려하는 학습 분위기는 구성원들의 전문성을 숙성시켜 전문가로 키운다.[6]

회사가 핵심가치의 울타리와 목적의 성소로 협업할 수 있는 심리적 안전지대를 제공해주지 못하면 구성원들은 앞에서 말했듯 나름의 안전지대를 마련하기 위해 토굴을 파고 숨는 성향이 있다. 자신만의 안정감을 느낄 수 있는 장소를 스스로 만드는 것이다. 이렇게 숨어버리면 조직의 생존과 번성을 위해 협업하는 것이 점점 더 불가능해진다. 개인들이 동굴을 만드는 것을 넘어서 각 부서가 협동해서 동굴과 동굴을 연결해 더 깊게 숨어 있는 경우도 비일비재하다. 이런 회사는 사일로 현상이 극에 달해 동굴과 동굴이 속으로 연결된 정치적 연줄이 없으면 일이 되지 않는다. 기업의 환경이 급격하게 바뀌어 지축이 조금이라도 흔들리면 토굴은 싱크홀이 되어 무너진다.

공의기업에서 주창하는 전문가들의 놀이터의 핵심원리는 목적을 위한 협업이다. 협업으로 학습하고, 협업으로 실패하고, 협업으로 전문성을 높이고, 협업으로 성장체험을 하게 한다. 협업 운동장에서는 회사와 팀의 목적에 따라 전문가로서 자신의 역할을 자율적

---

6   최근 이런 경업락군이라는 전문가들의 놀이터로 성공해 매스컴에 부각되고 있는 또 다른 일본회사로는 신칸센 청소대행 회사 텟세이, 계측기계로는 세계 1위인 호리바 제작소 등을 들 수 있다.

으로 정한다. 목적의 가이드에 따라서 구성원들은 자신의 역할로 협업하기 위해 다른 구성원과 떠들썩하게 소통한다. 전문가들이 뛰어노는 운동장은 항상 활력에 넘치고 시끌벅적하다. 일터가 놀이터나 축제장 같은 흥분으로 떠들썩하다.

Way란 무엇인가?

성전, 성벽, 운동장 문제는 기업문화에서 소중하게 생각하는 그 회사 나름의 Way와 관련된다. 어떤 회사에 Authentic Way가 존재한다는 것은 앞서 밝혔듯 다음의 삼박자가 서로 정렬되어 있을 때다. 첫째 요소는 기업의 존재이유와 미래에 남겨줄 유산을 설정해주는 목적의 성전이다. 둘째 요소는 심리적·물리적·정신적 안정감을 가져다주는 성벽 혹은 핵심가치의 울타리다. 마지막 요소는 울타리 안에서 미래와 자신의 전문성을 마음대로 실현할 수 있는 전문가의 놀이터다.

회사들은 이 세 요소 간 정렬의 중요성을 간과해서 무늬만 Way 인 상태로 Way를 시도해보다 실패한다. 대표적으로 성벽에만 신경 쓰다 Way가 무너진 회사는 가치경영이나 원칙 중심의 경영을 목적의 성소와 혼동하는 회사들이다. 회사가 중시하는 가치나 원칙은 목적을 실현하기 위해 둘린 울타리일 뿐이지 회사가 후세에 유산으로 남겨야 할 목적의 성소나 성전은 아니다. 역으로 핵심가치의 울타리 없이 목적의 성소에만 신경을 쓰는 회사는 유행에 따라 목적의 성소를 선전하다가 회사가 어려워지면 성소를 팽개치고 생계에 몰입하는 생계형 회사들이다. 아무 생각 없이 무작정 일하기 좋은 일터나 GWP^{Great Work Place}, 밑도 끝도 없는 신뢰의 복원에 치중하는 회사들이다. 목적의 성소도 없고 핵심가치의 울타리도 없는데 평생 어린이들 놀이터만 건설하다가 무너지는 회사들이다.

제대로 된 Way는 회사의 존재이유를 설명하는 목적의 성소가 세워지고 목적에 대한 약속을 실현하기 위한 핵심가치의 울타리를 의미하는 성벽이 복원된 회사다. 울타리와 성소 사이에 만들어진 운동장에서 구성원이 업을 세워서 경업락군하는 회사가 Way를 구축한 회사다.

애터미의 경영철학

애터미만의 정신과 철학의 골격은 무엇인가? 애터미의 존재목적의 성소, 협업의 운동장, 핵심가치의 울타리는 애터미의 경영철학에 어떻게 내재화되어 있을까?

존재목적의 성소

애터미가 기업으로 존재하는 이유는 회사의 상징이기도 한 몽상백조^{夢想白鳥}에 잘 나타나 있다. 몽상백조란 안데르센 동화에 나오는 '미운 오리새끼^{the ugly ducking}'가 모티브다. 미운 오리새끼는 '아름다운 백조^{a royal swan}'가 되는 것을 꿈꾸고, 결국에는 꿈이 실현되어 백조가 되어 하늘을 자유롭게 날아오른다.

애터미가 존재하는 목적은 미운 오리새끼들을 자유롭게 날 수 있는 백조로 성장시키는 연못을 제공하는 것이다. 다른 공의기업처럼 애터미도 사회 경제적으로 차별받는 사람들을 상징하는 미운 오리새끼를 날 수 있는 온전한 백조로 거듭날 수 있게 만들고자 한다. 애터미의 사명은 이들을 길러내기 위해 편견과 차별이 작용하지 않는 높은 곳에 더 평평하게 운동장을 세워 성공체험을 민주화하는 것이다. 전통적으로 성공은 유전자복권에 당첨된 사람들의 전유물이었지만 복권에서 배제된 사람들도 성공할 수 있다는 사실을 입증하는 것이 애터미가 설정한 존재목적이다.

애터미는 건강기능 식품 헤모힘이나 화장품 앱솔루트 셀렉티브 스킨케어, 치약, 칫솔 등 생활용품도 판매하지만, '성공자를 배출해 스토리를 판매하는 회사'라고 자신을 정의한다. 회사에서는 성공자를 배출하는 것을 반팽이를 온팽이로 만든다는 말로 비유하기도 한다. 실제 2021년에만 글로벌에서 연봉 1억이 넘는 사람들이 247명, 2억이 넘는 사람이 82명, 연봉 4억이 넘는 사람이 17명이 배출됐다.[7]

애터미는 구성원들이 목적으로 일으켜 세워진 상태를 자유라고 표현한다. 회사가 규정하는 성공자도 자유의 수준에 따라 세 단계로 구분된다. 가장 낮은 수준의 자유는 경제적으로 독립할 수준에 도달한 경제적 성공을 의미한다. 둘째 수준의 자유는 사회적 주체로

---

7   2021년 애터미 글로벌 결산 참조. https://www.youtube.com/watch?v=sjtZxPlEjQA&t=3s

독립해 사회적 자유를 성취한 단계를 말한다. 사회적 자유란 많은 사람을 리더로 성장시켰기 때문에 사회적 영향력을 누리는 자유다. 리더를 많이 길러낸 결과로 많은 이들로부터 사회적으로 존경받기 때문에 누리는 자유다. 남들의 눈치나 기대에 갇혀 사는 삶에서 독립해서 스스로 주인공이 되어 사회적 영향력을 행사해가며 사는 자유다. 애터미 직급상으로는 리더스 클럽에 들어 있는 성공자들이 경제적 자유를 넘어서 사회적 자유를 성취한 사람들이다.

애터미에서 가장 높은 수준의 자유는 윤리적 주체로 거듭날 때 체험하는 자유다. 리더십 클럽에 입성해 경제적·사회적 자유를 누리는 사업자들이 경제적 주체와 사회적 주체로서의 자유를 지렛대로 자신만의 존재목적을 세우고 자신을 일으켜 세워준 사람들을 위해 노블레스 오블리주의 책무를 마무리했을 때 주어지는 자유다. 자신이 설정한 더 높은 곳에 자신의 이름으로 더 평평한 운동장을 세워줌으로 불행한 처지를 벗어나지 못하고 있는 사람들도 고통에서 해방되어 마음껏 주인공의 삶을 살도록 독자적 운동장을 설계하는 자유다.

윤리적 자유는 성공을 위해 세상을 빌려 쓴 임대료에 대한 책무를 완납한 사람이 체험한다. 책무를 완수해 유산을 만든 사람들만 언제든지 훌훌 털고 세상을 떠날 수 있는 자유를 얻는다. 애터미에서 진정한 온팽이가 되었다는 것은 경제적·사회적 자유를 넘어 윤리적 주체로 태어난 것을 의미한다.

애터미에서 성공은 최고리더 직급에 도달했다는 것을 의미하지 않는다. 직급에 도달한 사람이 아니라 직급에 도달하는 성공체험을 통해 진정한 자유를 구가하는 사람이 진정한 성공자다. 애터미 사업자의 마지막 직급인 임페리얼마스터도 백조로 인증되었다는 것을 의미할 뿐이다. 백조가 되었어도 윤리적 주체의 삶을 선택해 백조로 날 것인지 날지 못하는 백조로 남아 있을 것인지는 선택의 문제다. 윤리적 주체로서 날아오르는 백조의 삶을 선택한 사람이 애터미에서 이야기하는 온전한 성공자다.

백조가 우아하고 자유롭게 날 수 있는 이유는 자신도 이롭게 하고 남들도 이롭게 하는 양 날개 원리를 터득했기 때문이다. 애터미는 양 날개의 균형을 강조한다. 애터미에서는 자신의 이득만 생각하는 성공자는 한 날개로 비상을 시도하는 백조다. 윤리적 주체가 되어 양 날개로 날아오르는 자유로운 백조의 모습을 보여줄 때 애터미에서 성공자로서 임무가 완결된다.

애터미의 상징 몽상백조

성공을 통한 자유에 대한 체험이라는 애터미의 존재목적은 사업자를 넘어 애터미 생태계에 참여하는 종업원, 협력업체, 고객을 포함한 모든 동행자에게 공통으로 적용된다. 애터미의 존재목적은 동반자들에게도 경제적·사회적·윤리적 주체로 일으켜 세워지는 체험을 제공하는 것이다. 이런 성공과 자유에 대한 체험을 위해 더 높은 곳에 더 평평한 운동장을 만들어 애터미 생태계의 동행들이 올라올 수 있도록 사다리를 제공하고 이들이 이곳에서 삶의 주인공으로서 살도록 돕는 것이 애터미의 존재목적이다.

애터미가 이런 공의의 운동장을 계획하게 된 것은 설립자 박한길 회장이 직접 경험한 각성을 통해서다.[8] 어느 날 박한길 회장은 고등학교 재학 중인 아들의 학부모 면담으로 학교를 방문했을 때 자신의 직업을 묻는 선생님의 질문에 '네트워크 마케팅 사업합니다'라고 대답하는 대신 얼버무리고 도망치듯 학교를 빠져나왔다. 자신처럼 생계 때문에 고통받는 사람들의 경제적 자유를 위해서 사업을 시작했음에도 무슨 일을 하는지 주변 사람에게조차 이야기하지 못하는 사업자의 통증이 심장에 전해왔다. 학교를 나오면서 박한길 회장은 '애터미를 통해서 반드시 다단계의 역사를 다시 쓰겠다'라고 결심했다. 적어도 아들이 결혼해서 손주가 생기고 손주가 학교에 입학할 즈음에는 손주의 학교를 방문해 선생님들에게 '애터미라는 네트워크 마케팅하는 회사를 경영한다'고 당당하게 이야기할 수 있는 상태를 만들겠다고 다짐한다. 아직도 네트워크 마케팅에 대한 부정적

---

8   애터미 주식회사, 『애터미 DNA』, 중앙books, 2021, pp. 75-76.

인식이 사라진 것은 아니지만, 지금 애터미의 성장한 모습을 바라보면 이 약속은 어느 정도 지켜진 셈이다.

애터미의 경영철학에는 공의기업의 3대 요소가 들어 있다. 첫째로 경제적 고통과 편견이라는 사회적 고통에 시달리는 사람들에 대한 긍휼함이다. 둘째, 애터미 생태계에 몸담은 사람들에게 고통에서 해방된 자유의 체험을 제공한다는 존재목적을 가지고 있다. 마지막으로 이 고통을 자선이나 영성으로 해결하는 차원을 넘어서 원인(코즈)의 수준에서 혁신적으로 해결한다. 절대품질, 절대가격이라는 대중명품이 애터미가 원인의 수준에서 문제를 혁신적으로 해결하는 방식이다.[9]

핵심가치의 울타리

애터미 생태계에 참여하는 주체들이 심리적 안정감을 가지고 문제를 혁신적으로 해결할 수 있도록 사업에 둘러놓은 울타리는 사훈으로 명시되어 있다.

애터미의 사훈에 담겨 있는 핵심가치는 "영혼을 소중히 여기며, 생각을 경영한다. 믿음에 굳게 서며 겸손히 섬긴다"로 표현되어 있다.

---

9   고객에게 절대품질 절대가격으로 대중명품을 제공한다는 경영철학은 유통기업으로서 애터미가 유통을 민주화하는 방식으로 혁신하겠다는 의지를 표명한 것이다. 유통의 민주화란 유통채널의 후방을 구성하는 주체인 생산자가 소비자에게 직접 파는 가격보다 싼 가격에 전달하는 것과 유통채널의 전방을 구성하는 소비자에게도 이익의 일부를 돌려주어 이들을 소비의 적극적 주체로 일으켜 세우는 것을 의미한다. 유통의 민주화란 즉 생산자, 유통자, 소비자가 모두 주인이 되는 상태를 뜻한다.

영혼을 소중히 여기며
생각을 경영한다
믿음에 굳게 서며
겸손히 섬긴다

애터미

애터미의 사훈

첫째, 영혼을 소중히 여긴다는 것은 애터미 생태계에 참여하는 모든 주체를 수단으로 생각하지 않고 그 자체로 목적으로 생각한다는 의미다. 애터미에서 첫 번째 핵심가치를 잘 표현하는 우화는 '아기 철학'과 '젖소 철학'이다. 젖소가 사랑받는 이유는 소를 건강하게 키워서 좋은 우유를 생산하기 위함이지만, 부모가 아이를 사랑하는 이유는 이런 목적을 초월한 사랑 때문이다. 부모는 아이가 온전하게 성장해서 자기 삶의 주체로 우뚝 설 수 있도록 온전하게 사랑한다. 애터미의 모든 동행과는 영혼을 앞세워 관계적 투명성을 실현하겠다는 뜻이다.

둘째, 생각을 경영한다는 것은 무에서 유가 만들어지는 원리에 대한 지침이다. 세상에 존재하는 것은 원래 누군가의 상상 속에 존재했던 것이고 이 상상을 현재화하는 작업을 통해 현실을 만든다는 구성주의적 사고에 대한 주문이다. 목적지가 정해지지 않은 배로 풍랑을 만나 난파선이 되는 삶을 벗어나 미래의 목적을 정하고 이 목적을 현재의 일과 업으로 가져와서 현재화할 수 있을 때 미래의 가치를 만든다는 믿음이다. 미래로 먼저 가서 현재로 가져올 수 있도록 상상하고 실험하는 방식으로 일하라는 주문이다. 박한길 회장의 호 몽상夢想에도 이 두 번째 가치가 반영되어 있다. 몽상이란 비몽사몽으로 밤에 꾸는 꿈이 아닌 낮에 의도적으로 꾸는 지극히 현실적인 꿈이다.[10]

셋째, 믿음에 굳게 선다는 지침은 미래의 비전에 대한 새로운 해석이다. 애터미에서 비전은 믿음의 눈을 떴을 때 못 보던 것을 보게 되는 경험을 뜻한다. 믿음의 눈으로 찾아낸 미래에 대한 약속을 실현함으로 믿음을 현실로 만들라는 주문이다. 진정한 비전이란 믿음을 회복했을 때 보이지 않는 미래를 통찰할 수 있는 안경이다. 우리는 과거, 현재가 아닌 미래만 유일하게 선택할 수 있다. 이러한 미래를 선택하고 생생하게 그려내고 실제로 실현해서 신뢰를 만들어내자는 것이다.

마지막 가치는 겸손한 섬김이다. 애터미의 핵심가치 중 가장 중요한 가치다. 사업을 하다 실수하더라도 몸을 낮춰 겸허하게 실수를 인정하고 배움의 끈을 놓치지 않은 채 100년 공의기업 애터미로 공진화시키겠다는 의지다. 생각은 하늘같이 높지만 자세는 한없이 낮은 자세로 애터미 생태계에 참여하는 주체들의 집사가 되어 애터미의 성품을 완성하겠다는 다짐이다. 유통 서비스업의 본질인 서번트

---

10   알프레드 아들러, 『아들러 심리학』, 스마트북, 2015. 5장 참조.

리더십에 대한 약속이기도 하다.

애터미에서는 이런 네 가지 핵심가치에 헌신하는 사람들을 실제 중요한 동행이자 가족으로 규정하고 있다. 혈연이라도 이 가치에 헌신하지 않는다면 애터미에서 중요한 가족은 아니다. 혈연, 지연, 학연이라는 연고가 없어도 정체성을 구성하는 핵심가치를 지키기 위해 헌신한다면 누구나 애터미 생태계를 구성하는 가족이고 핵심인재인 셈이다. 설사 어떤 구성원이 능력이나 역량이 평균 수준보다 떨어져도 가치에 헌신하고 능력을 키우려고 시도하고 있다면 애터미는 실제 성취한 능력 수준과 상관없이 이들을 다 가족으로 대우한다.

협업의 운동장

목적의 성소가 세워지고 이 성소에 새겨진 목적에 헌신할 가족의 울타리의 핵심가치가 설정되면 경영철학 아키텍처의 골격이 만들어진 것이다. 이 골격이 작동되게 만드는 경영철학의 원리가 협업 운동장이다.

애터미에서도 회사를 시작할 때부터 협업의 운동장을 공들여 설계하려 시도하고 있다. 아무리 목적이 좋고 훌륭한 구성원들이 울타리 안에 모여 있어도 이들이 협업해 목적을 현실로 만들지 못한다면 목적의 성소와 핵심가치의 울타리는 모래성처럼 무너질 수 있다.

협업의 운동장을 운용하는 원리로 애터미가 제시하는 원칙은 제심합력齊心合力과 합력성선合力成善이다. 제심합력이란 황제가 가진 큰 마음으로 모든 사람이 힘을 합한다는 의미다. 애터미에서 황제는 창업자를 의미하지 않는다. 애터미에서 황제는 목적의 성소에 새긴 존재목적에 대한 구성원의 서약을 의미한다. 제심합력은 경쟁과 협동의 원리가 아니라 목적을 위해서 모두가 힘을 합하는 협업의 원리다. 애터미는 제심합력이라는 협업의 원리를 기반으로 목적이 실현되는 행복한 상태를 의미하는 합력성선을 지향한다. 이렇게 되면 사람들이 열망하는 신뢰, 화합, 협동은 자연스럽게 따라온다. 신뢰, 화합, 협동을 못 만드는 이유는 공동의 목적을 위해 협업하지 못하기 때문이다.

회사는 제심합력을 통한 협업의 힘에 대해 다음과 같이 설명하고 있다.

"꿀벌이 자기보다 500배나 강한 독성을 지닌 말벌과의 싸움에서 이기는 유일한 방법은 뭉쳐서 싸우는 것입니다. 말벌이 침입하면 꿀벌들은 한 덩어리로 뭉쳐 자신들의 온도를 47도까지 높입니다. 말벌의 치사온도는 46도, 꿀벌의 치사온도는 48도여서 열에 말벌이 견디지 못하고 죽게 되는 것입니다. 말벌을 이기는 꿀벌의 강력한 연대가 바로 애터미의 제심합력입니다. 아무리 작은 힘이라도 제심합력을 통하면 무한대가 됩니다. 같은 목소리로 힘을 합치는 것은 아무도 모를 엄청난 힘을 만듭니다."[11]

회사는 지극히 평범한 사람들이 모여서 사업을 시작했고 구성원의 제심합력으로 사업이 이렇게 커지게 되었다고 설명하고 있다. 애터미 제심합력의 DNA 속에는 '평범한 사람들이 모여서 비범함을

[11]   애터미 주식회사, 앞의 책, p. 112.

만드는 원리'로 협업을 설명하는 드러커^{Peter Ferdinand Drucker}의 혜안이 담겨 있다.[12] 애터미는 사업의 앞단과 뒷단을 구성하는 계열사나 협력업체를 협력사라고 부르지 않고 합력사라고 부른다. 애터미는 이들과의 비즈니스 계약에서도 애터미와 협력사가 협업을 통해 공동의 선을 실현하는 합력성선^{合力成善}을 위한 동행임을 강조한다. 애터미에게 제2의 중흥기를 마련해준 글로벌 사업의 돌파구도 사업자, 합력사, 회사와의 협업을 통해 마련했다. 특히, 미국과 캐나다에 처음 진출했을 때 상위 사업자들은 라인에 상관하지 않고 애터미를 위해 나서 제심합력으로 사업을 성공시켰다.

실제로 애터미에는 다른 일반 회사에서 이해하기 힘든 좋은 의미의 특이 관행^{idiosyncratic practice}이 많다. 한 가지만 소개한다면 회사는 직원이 명함에 자신의 직급을 마음대로 정해서 사용하게 한다. 회사는 자신을 회장이라고 명함에 새기는 구성원이 나오기를 기대한다. 제심합력에서 제^齊가 뜻하는 바가 황제라는 직급이 아니라 회사가 세상에 내놓은 목적에 대한 서약이라는 것을 구성원들이 이해하기 때문에 내걸 수 있었던 정책이다.

공주에 소재한 애터미 파크 본사를 방문해보면 회사인지 체육관인지 구별이 안 가게 디자인되어 있다. 애터미 파크의 콘셉트가 체육관 안으로 들어간 사무실이기 때문이다. 체육시설뿐 아니라 애터미 파크에는 공동의 놀이시설이 많다. 그네 형 의자로 꾸며진 회의실, 캠핑장처럼 꾸며진 회의실, 변기 모양의 의자로 만들어진 회

---

12   피터 드러커, 『피터 드러커의 경영을 읽다』, 하버드 비즈니스 리뷰 출판부(엮음), 처음북스, 2021.

의실, 개인들이 숨어서 업무를 볼 수 있는 아지트 공간도 있다.

이런 실험이 애터미에서 작동되는 이유는 구성원들이 이 공간을 회사의 존재목적을 실현하기 위해 협업하기 위한 놀이터로 사용한다는 믿음 때문이다. 회사는 구성원을 어른으로 존경하기 때문에 근무시간을 통제하지 않는다. 회사는 시간이라는 양적 가치에 따라 임금을 지급하기보다는 구성원이 창안해낸 전문적 생각이라는 질적 가치에 임금을 지급한다는 철학을 가지고 있다.

6

비즈니스

신뢰는 만들기 위해 20년이 걸리지만,
잃는 데는 5분이면 충분하다.
- 워런 버핏 -

이용당할 처지에 노출되어 있어도 이용당하지 않은 사람이
진짜 신뢰를 쌓은 사람이다.
- 밥 바누레크 -

기업가는 미래에 대한 약속을 판다

2018년 3월 초, 시애틀에 본사가 있는 아마존이 제2의 본사를
짓는 도시를 유치하는 경쟁에 50개의 주에서 238개의 도시가 입찰
에 뛰어들었다. 238대 1이다. 워싱턴DC, 뉴욕, 로스앤젤레스, 시카
고, 포틀랜드, 하버드와 MIT가 있는 보스턴 등 내로라하는 모든 도
시가 참여했다. 심지어는 미국령 푸에르토리코도 입찰에 참여했다.
입찰경쟁은 버지니아주 알링턴의 승리로 귀결됐다. 경쟁에 떨어진
도시들의 후유증도 만만치 않다.[1]

---

1   https://www.donga.com/news/Inter/article/all/20181113/92845320/1

아마존 제2본사의 나선형 메인 빌딩(왼쪽)과 아마존 초기 사무실(오른쪽)

　유치로 인한 경제적 효과는 상상을 초월한다. 2010년 아마존이 시애틀시 도심으로 본사를 옮긴 뒤 시애틀 인구가 11만 명 증가했고 미국에서 가장 잘사는 도시가 되었다. 본사를 유치한 알링턴은 5만 3,000명의 신규고용, 380억 달러에 해당하는 직·간접 투자라는 황금알을 낳는 거위를 얻었다.

　자본주의 본산인 미국에서 고작 한 기업을 놓고 왜 이런 일이 벌어지는 것일까? 아마존이 미래를 가져오는 기업이라는 인식 때문이다. 아마존이 당장 가져오는 고용이나 투자의 현금성 보상 때문만이라면 큰 도시들이 자존심을 내놓고 경쟁하지 않았을 것이다. 아마존이 이전함으로 디지털 메타 플랫폼이 지배하는 미래가 도시 전체에 새로운 지형으로 전개되어 도시 전체가 가장 높은 수준으로 업그레이드된다. 본사를 유치한 알링턴과 인근 도시들은 당분간은 미래를 따라잡기 위해 불안에 떨며 고군분투하지 않아도 된다.

　시간을 돈에 비유하면 과거는 저축해놓은 돈이고, 현재는 현금이고, 미래는 당겨서 쓰는 차입금인 셈이다. 저축해놓은 돈도 없고, 현금도 없을 때 사업가가 유일하게 사업을 벌일 방법은 미래에 대한 약속을 팔아서 현금화하는 것이다. 지금까지 무에서 유를 만든 큰 사업가들은 대부분 미래를 담보로 현재 사업을 집행할 수 있는 현금화에 성공한 사람이다.

공의기업을 이끄는 경영자는 미래에 대한 약속을 파는 사람들이다. 구성원이 이 약속을 굳게 믿고 있다면 담보 없이 찾아 쓸 수 있는 신뢰라는 은행을 가지고 있는 셈이다. 약속어음을 통해 조달한 신뢰잔고는 리더가 약속한 미래를 실행하는 데 필요한 현금성 차입금이 된다. 신뢰잔고에서 인출된 무담보 차입금은 상대가 반환을 요구하지 않는 한 기간을 정하지 않고 쓸 수 있는 현금과 같다. 재무제표상으로는 적자임에도 엄청난 기업가치를 보유하고 있는 테슬라 같은 회사가 생기는 이유다. 실제 가치가 떨어지면 언제든지 증발할 수 있는 돈이지만 이 회사의 주식을 산 사람들이 이 회사가 만들 미래에 대한 약속을 신뢰하여 미래가치를 현금화한 것이다.

공의기업에서 진행되는 경영자 프로그램의 공통점은 프로그램 참여자들에게 미래를 현금화할 수 있는 무담보 약속어음을 설계하고 구성원들에게 이 약속어음을 팔 수 있는지를 상상적으로 실험하도록 한다는 점이다. 리더로서 약속어음에 담길 미래의 내용과 구성원들에게 동원할 수 있는 신뢰자본의 현실적 크기를 가늠해볼 수 있게 시뮬레이션한다. 실제로 록펠러, 카네기, 잡스, 버핏 등 황금알을 낳는 거위를 만든 경영자들은 부모로부터 엄청난 재산을 물려받은 사람이 아니라 미래를 담보로 무담보 약속어음을 발행하는 데 성공

한 사람들이다.[2]

구성원은 경영자가 약속한 미래가 실현되었을 때 이 무담보 약속어음을 현금으로 실현한다. 이 약속이 지켜지지 않았을 경우 약속어음은 부도 상태가 된다. 부도가 예상되면 구성원들은 만기가 도래하지 않았음에도 약속어음을 현금화하려고 한다. 이런 사태가 번지면 경영자의 신뢰는 파산선고에 직면한다.

신뢰잔고는 미래를 실현하는 프로젝트를 위해 현금처럼 동원된다. 경영자에게 무담보 약속어음으로 만들어낸 신뢰잔고가 없다면 경영자가 집행하는 거래에 요구되는 비용은 모두 현금으로 지급되어야 한다. 거래에서 약정된 결과도 현금으로 치러야 하지만 거래를 성사시키기 위한 거래비용도 모두 현금으로 지급해야 한다. 거래와 거래를 전부 성사시키기 위해 사용되는 비용은 천문학적이다. 이런 현금거래 방식으로 경영자가 미래 실현에 요구되는 프로젝트를 성공시킬 확률은 제로에 가깝다. 모든 거래를 현금으로 조달할 능력이 있는 사람은 인간이라기보다는 신에 가깝다.

자신의 미래를 팔아 무담보 약속어음을 발행할 수 없는 경영자는 아무리 능력과 재능이 뛰어나도 자신이 가진 현금의 범위 내에서 가능한 단발성 프로젝트에 집중할 수밖에 없다. 이런 경영자 밑에 있는 구성원들은 모두 현금 박치기 단발성 프로젝트에 동원되고 결

---

2 유교에서도 세상을 움직이는 토대가 신뢰임을 강조한다. 『논어』에는 신뢰가 없다면 누구도 일어설 수 없다는 무신불립(無信不立)이라는 사자성어가 있다. 공자(孔子)의 제자 자공(子貢)이 나라를 다스리는 리더에게 가장 중요한 것이 무엇이냐고 물었을 때, 공자는 먹고사는 경제문제, 나라의 울타리를 만드는 군사력, 신뢰라는 3요소를 거론한다. 신뢰가 없다면 먹고사는 운동장을 만드는 경제와 군사력으로 울타리를 세우는 것도 불가능하다는 점을 설명한다.

국 여기에 동원된 직원들은 시시포스 돌 굴리기 식의 직장생활을 벗어나지 못한다. 회사가 책정한 월급이라는 현금의 범위에서 벗어나는 미래를 위한 과제를 수행하지 못한다. 미래를 담보로 잡아 발행한 약속어음에 배서를 이끌지 못하는 회사는 아무리 현금을 많이 쌓아놓고 있어도 파산 위험을 벗어나지 못한다.

신뢰란 손실을 전제로 하고 상대에게 현금화해준 금액이다. 친구가 못 받을 것을 전제로 나에게 5,000만 원을 담보 없이 빌려줄 수 있다면 친구와 나의 신뢰잔고는 5,000만 원이다. 경영자가 동원할 수 있는 사업자금의 크기는 현금성 자산 플러스 이렇게 동원한 신뢰자산의 합이다.

구성원이 이 약속어음에 배서하는 이유는 경영자가 약속한 비전과 사명에 대한 믿음 때문이다. 이 믿음에 대한 신뢰잔고가 없는 회사에서 수행하는 모든 일에는 현금 결제가 요구된다. 약속어음이 결제될 것이라는 믿음이 흔들리면 기간이 도래되지 않았음에도 구성원들은 계산기를 두드리며 결제를 요구한다.

구성원들이 회사가 발행한 약속어음에 대해 믿음을 상실하면 현금보상인 성과급에 논란이 생긴다. 성과급에 대한 논란 자체가 이 약속어음에 대한 현금결제를 요구하는 행위다. 종업원은 회사의 미래가 부도날 것을 우려해서 매일 계산기를 두드린다. 대한민국 젊은이들 사이에 번지는 공정성 이슈도 마찬가지다. 젊은이들이 공정성에 대해 이의를 제기하는 것은 정치가나 국가가 약속한 미래의 약속어음이 제대로 결제하지 못할 거라고 믿을 정도로 신뢰잔고가 고갈된 것이다. 공정성 논란이나 성과급 논란은 회사의 불공정한 제도에도 문제가 있지만, 본질적 문제는 회사, 사회, 국가가 약속한 미래에 대해 신뢰잔고가 빈 것이다. 미래에 대한 신뢰가 흔들리면 각자도생을 위해 받을 수 있는 모든 것을 당장 현금화하려고 계산기를 두드린다. 성과급 논란이나 공정성 이슈는 성과급이나 공정한 제도만으로 해결할 수 있는 문제가 아니다. 경영자나 지도자가 발행한 약속어음에 대해 구성원의 신뢰를 잃은 것이다.

경영자가 회사를 100년 공의기업으로 키우는 원리는 현금이 아니라 미래를 담보로 잡은 무담보 약속어음이다. 현금으로는 단기적으로 구성원들의 몸을 움직일 수 있지만 마음을 움직이지는 못한다. 장기간 구성원의 마음마저 빌릴 수 있는 유일한 방법은 약속어음이다. 이 약속어음에 구성원들이 배서하는 이유는 회사의 미래 존재이유인 목적을 향해 보여준 경영자의 진정성 때문이다. 목적의 진정성과 목적을 실현할 수 있는 경영자의 능력이 경영자가 제공할 수 있는 약속어음의 담보물이다. 경영자는 자신이 약속한 미래의 믿음에 부도만 내지 않는다면 미래를 담보로 현금화하는 일에 성공해 결국 약속한 미래를 남보다 먼저 가져온다.

쌀시장과 고무시장

동남아시아 국가에 가면 목격할 수 있는 경제의 두 축을 구성하는 시장이 쌀시장과 고무시장이다. 이 둘이 운영되는 거버넌스 구조

는 천지 차이다.[3]

　동남아 국가에서 쌀은 3모작 4모작이 가능하므로 가격탄력성
이 높다. 반면 고무나무를 길러서 고무를 생산하기까지는 적어도
4~5년이 걸리기 때문에 가격탄력성이 떨어진다. 쌀시장은 쌀의 품
질에 따라 즉각적으로 가격이 책정된다. 농부가 쌀의 품질을 속이는
것도 불가능하다. 품질에 대한 불확실성이 없으니 흥정이라는 것도
없다. 가격흥정이 없는 경매와 비슷하게 즉각적 거래가 이뤄진다.
품질에 따른 가격이 모든 것을 결정하는 현금시장 거버넌스다.

　고무시장은 다르다. 고무를 생산하기까지 시간이 오래 걸리고
좋은 고무를 생산하는 것도 태풍 등 기후에 따라 변동이 심하므로
예측할 수 없다. 좋은 고무를 공급받기 위해서는 고무 농가와 고무
가공업자들 사이에 시장가격을 넘어서 상대를 믿고 거래하는 신뢰
가 필수적이다. 이들이 장기적 신뢰를 유지하기 위해 쓰는 거버넌스
전략이 '신뢰계좌trust account'다. 실제로 고무시장에서는 농가가 태풍
등으로 큰 피해를 봤을 때 복구를 위해 판매업자가 자신의 현금을
신용으로 대여해준다.

　서로 신뢰를 주고받는 사람들은 '주머닛돈이 쌈짓돈'이라고 말
한다. 경제 공동체인 부부 사이에서는 남편의 돈이 부인의 돈이고
부인의 돈이 남편의 돈인 것처럼 계좌를 터서 운영한다. 부부 사이
에 독자적 계좌를 가지고 서로가 상대에게 돈을 융통할 때 은행이자

3　Peter Kollock, "The Emergence of Exchange Structures: An Experimental Study of Uncer-
　tainty, Commitment, and Trust", *American Journal of Sociology 100*, 1994, pp. 313-345.

보다 비싼 이자를 청구한다면 굳이 가족을 만들어 경영하는 부부라고 볼 수 없을 것이다. 부부 사이에 이런 공동계좌가 가능한 것은 부부관계에 신뢰가 존재하기 때문이다. 신뢰가 깨져 이혼에 직면한 부부가 가장 먼저 하는 일은 계산기를 두드리는 일이다.

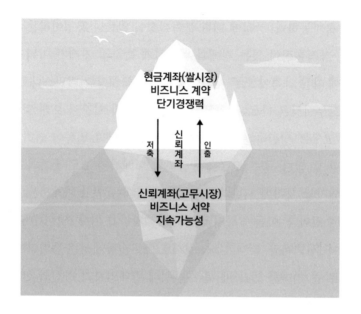

신뢰계좌와 현금계좌

100년 공의기업을 열망하고 있는 기업이 있다면 어떤 방식으로 거래와 계좌를 운영할까? 비즈니스 거래는 쌀시장의 모형을 따라 거래하겠지만 고무시장의 신뢰잔고가 없다면 어떤 기업도 예측 불가능한 경영환경에서 견디지 못한다.

공의기업이 비즈니스를 성공시키는 원리는 빙산에 비유해볼 수 있다. 종업원과 경영진 간 근로계약에 의해 월급을 주는 현금거래는 빙산의 일각이다. 이런 현금거래를 가능하게 해주는 것은 빙산의 일각을 떠받쳐주는 빙산의 밑둥이 존재하기 때문이다. 빙산의 밑둥을 받쳐주는 거래는 오랜 시간 공동체 구성원으로 같이 살 것을 염두에 두고 만든 신용이다. 신용계좌에 잔고가 충분해 불확실성이 덮쳐 단기적 현금거래에 문제가 생겨도 거래를 충당할 수 있는 회사는 침몰하지 않는다.

유기농 식품업계의 대표적 공의기업이었던 홀푸드 마켓이 1980년 초 텍사스에서 사업을 시작할 때 역사상 최악의 홍수가 나서 큰 타격을 입었다.[4] 설비와 상품이 망가졌고 50만 달러의 적자가 났지만 끝내 파산하지 않았다. 홀푸드 마켓이 공의를 통해 저축한 신뢰계좌의 잔고 덕택이다. 고객과 주민들이 와서 매장을 청소했고 직원들은 월급에 대한 보장이 없는데도 매일 나와서 일했다. 납품업체도 손실분의 상당 부분을 스스로 감수하고 기한도 정하지 않고 외상으로 물건을 공급했다. 이런 소문을 듣고 은행도 움직였다. 담보가 없었음에도 여신을 확대했다. 사업기금을 모으기 위해 주민들은 콘서트와 바자회를 열어 홀푸드 마켓을 정상으로 살려냈다.

홀푸드 마켓이 침몰하지 않았던 이유는 회사 구성원 간 신용계좌에 잔고가 있기 때문이었다. 이 신용계좌의 금액이 모두 인출되어

---

4   모니카 월라인 & 제인 더튼, 『컴패션 경영』, 김영사, 2021, pp. 12-13. 비슷한 일이 사우스웨스트 항공에서도 벌어졌다. 911사태로 미국인들이 비행기를 타지 않을 때 회사가 도산할지도 모른다는 뉴스를 듣고 사우스웨스트 항공의 단골 고객들이 나서서 1천 불, 2천 불어치 가계수표를 보내 도산을 막았다.

텅 비면 빙산은 물속으로 가라앉는다.

경영진이 구성원에게 현금을 결제해줄 때 기여에 따라 공정하게 보상해주는 것은 경영의 기본이다. 그러나 이런 공정성 문제가 눈에 보이는 제도적인 문제를 넘어서 경영진에 대한 불신으로 구성원이 항의하는 것이라면 심각하다. 빙산의 밑동에 해당하는 신뢰계좌의 잔고가 바닥이 나고 있다는 신호이기 때문이다. 조만간 신뢰잔고가 부도날 사태에 대비해 구성원들이 회사에 찾아와서 자신의 돈을 현금으로 찾아달라고 항의하는 형국이기 때문이다.

공의기업 경영자가 눈으로 확인할 수 있는 현금계좌에만 신경을 쓰고 눈에 보이지 않는 신용계좌의 잔고를 점검하는 것을 게을리한다면 큰 파국을 맞을 수 있다. 신뢰를 연구해온 레이첼 보츠먼은 '신뢰'란 아는 것과 모르는 것을 연결해주는 다리라고 정의한다.[5] 무슨 이유로든 모르는 것, 즉 미지의 대상에 대한 불확실성이 제거되는 것이 신뢰다. 신뢰를 기반으로 새로운 가능성과 새로운 관계가 형성되며, 새로운 시장과 네트워크가 가능해진다. 대기업을 중심으로 번진 성과급 이슈가 공정성에 대한 제도적 문제로 해결할 수 있다면 큰 이슈는 아니다. 이슈가 경영진이 고무시장의 존재를 무시하고 쌀시장 장사꾼 방식만으로 기업을 운영하는 것에서 생긴 문제라면 상황은 심각하다. 이런 기업들이 공의기업의 책무를 완성해 백년 기업으로 탄생하는 것은 낙타가 바늘구멍을 통과하는 것보다 힘들 것이다.

---

5   레이첼 보츠먼, 앞의 책, p. 47.

기업의 지속가능성은 현금계좌^{cash account}의 잔액^{balance}을 넘어서 신뢰계좌에 해당하는 빙산의 밑동의 크기에 의해서 결정된다. 신뢰계좌는 기업이 존재목적으로 약속한 것을 회사와 경영진이 어떤 일이 있어도 지키리라는 믿음으로 채워진다. 신뢰가 빵이라면 목적은 빵을 부풀려 만들어내는 이스트에 해당된다. 이스트 없이 빵을 만들 수는 없다. 일단 신뢰계좌에 잔고가 축적되면 경영진은 계좌를 통해 무담보 약속어음을 인출해 예측 불가능한 상황에서 오는 다양한 문제와 미래를 위한 과제를 해결한다. 실제 비즈니스를 성공시켜 이익을 만들어 약속어음에 대한 투자금을 공정하게 갚는 일이 일어난다면 회사에는 현금도 쌓이지만, 회사의 경영행위에 대한 명성이 신뢰성^{credibility}으로 축적된다. 이 신뢰성은 누적되면 신뢰계좌로 다시 저축된다. 현금을 많이 가지고 있어서 외형상 대기업처럼 보여도 미래가치를 결정하는 신뢰계좌가 비어 있다면 공의기업은 아니다. 공의기업의 경영자들은 신뢰^{trust}가 저축된 신뢰계좌와 현금계좌에서 만들어진 신뢰성이 선순환구조를 만들도록 노력한다.

건설이 업인 회사의 연이은 붕괴사고

최근 연이은 아파트 붕괴사고로 H사는 회사의 존망이 문제가 되는 상태에 도달했다. 어떻게 이런 상태에 도달했을까? 파국의 원인 중 가장 큰 원인으로 브레이크가 작동하지 않는 상태에서 앞만 보고 달리는 무분별한 경영혁신기법이 지목되고 있다. 아파트 붕괴사고는 회사가 존재해야 하는 이유인 존재목적이 없는 상태에서 생존을 위해 경영혁신이라는 이름으로 특정한 경영기법에 집중할 때 어떤 파국을 불러올 수 있는지를 보여주는 사례다.

H사는 최근 수년간 애자일 경영을 경영혁신전략으로 삼고 여기에 회사의 사활을 걸었던 것으로 알려졌다. 애자일 경영에 제대로 집중하기 위해 H사 회장은 지난 5년간 무려 네 차례 조직개편을 단행했다.

실제 애자일 경영 도입 후 H사의 단기 영업이익은 극대화되었다. 2018년 3,179억 원, 2019년 5,514억 원, 2020년 5,857억 원을 기록했다. 직원 수는 계속 감소해서 2019년 1,769명이던 인원이 2020년 1,591명으로 줄었다. 평균급여액도 업계 평균보다 현저히 낮다. 효율성과 신속에 방점을 두고 시장에서 소요 인력을 조달해 와서 임금수준도 업계 평균에 비해 낮다. 실제 다른 회사에 비해 현장인력도 정규직보다는 계약직 비율이 월등히 높다. 당연히 직원 1인당 영업이익은 업계 최고다.

기업이 세상에 존재해야 하는 이유를 상실하고 생존과 이윤만을 목표로 추구할 때 기업의 모든 경영활동은 부분 최적화를 통해 쇠퇴하기 시작한다. 경영을 통해 세상에 왜 존재해야 하는지 이유를 설명하지 못하면 결국 구성원들은 자신이 몸담은 기업의 목적함수는 이윤추구라고 가정해가며 부분 최적화에 몰입한다.

지속가능성은 참여하는 모든 구성원이 목적을 중심으로 전체 최적화를 위해 정렬된 상태로 업무에 몰입할 수 있을 때 실현된다. 경영의 전체 최적화를 방해하는 가장 큰 요인은 회사에서는 지속가능성이라는 목적의 수단으로 제시되었던 것들이 구성원들에게는 시시각각 목적으로 전치되어 생존을 위해 개인적 이득을 취하게 되는 것이다. 회사가 설정한 목적은 홈페이지에만 존재하는 실체가 없는 가짜 목적이기 때문에 구성원들은 이 플라스틱 목적을 무시해도 아무런 죄의식을 느끼지 못한다. 브레이크가 작동하지 않고 파국을 향해 달리는 '설국열차'를 운행한 것이다.

요즈음 회사들이 도입하는 KPI, OKRs, 인게이지먼트, GWP, 애자일, 다양성, 워라벨, 52시간 근무제도, DT, '님'으로 부르는 호칭 등도 다 마찬가지다. 이들은 조직의 지속가능성이라는 목적을 달성하는 수단이지 목적이 될 수는 없다. 하지만 목적을 상실한 회사가 이런 수단적 도구에 집중하다 보면 이것이 조직의 목적인 것처럼 전치된다. 직원들에게 KPI나 OKR이 할당되면 이것은 회사의 성과를 달성하는 수단이 아니라 자신의 생계와 직접 연관된 목적으로 둔갑한다. 자신의 밥그릇을 위해 회사의 목표를 침해하는 방식을 동원해서라도 자신의 성과목표를 채운다. 구성원들은 성과목표에 쪼들리면 회사가 황금알을 낳는 거위일 경우에도 회사 몰래 이 거위의 배를 갈라서라도 자신의 성과를 채운다.

애자일 경영도 마찬가지다. 애자일의 본질은 변화가 상수가 된 시대에 지도가 바뀌어 길을 잃어버리는 회사들이 자신들이 길을 잃은 지점을 찾아내 지도를 최대한 빨리 복원해내는 것이다. 나침반에 해당하는 목적을 잃은 회사가 애자일 경영에 치중하다 보면 순간에 집착해서 잘못된 지도를 빨리 그려내는 효율성의 함정에 빠져 결국 자신의 발에 걸려 무너진다.

수도 없이 많은 혁신적 실험들이 대부분 실패하는 이유는 회사가 이들 실험을 달성해서 실현해야 하는 공유된 목적이 없기 때문이다. 이런 회사에서 일어나는 혁신은 모두 밑 빠진 독이 되어 소진된다. 아파트 붕괴는 목적에 대한 서약이 지켜지지 않아 빙산의 밑동이 부하를 견디지 못하고 가라앉은 경우다.

혁신에 많은 시간과 자원을 투입하기 전에 우리 회사는 이런 혁신을 담아낼 목적의 성소가 있는지를 먼저 점검해야 할 것이다. 목적에 대한 구성원의 믿음이 만들어낸 신뢰계좌 잔고를 점검해야 한다. 어떤 상황이 오더라도 종업원이 먼저 개인의 생존을 위해 조직의 목적을 희생하는 일이 없도록 지속해서 신뢰계좌의 잔고를 점검해야 한다. 신뢰잔고가 비어 있는 회사가 붕괴사고로 비즈니스의 신뢰성조차 바닥을 치면 회사 전체가 붕괴된다.

애터미의 신뢰잔고

애터미 비즈니스 모형이 어떻게 왜 성장했는지에 대한 단면은 2009년 창업 후 8년 만에 애터미에서 최초로 최고 직급자가 된 P 임페리얼의 《포춘Fortune》지 인터뷰 기사에 잘 드러나 있다.[6] 2009년 P

---

6   http://www.fortunekorea.co.kr/news/articleView.html?idxno=422

임페리얼은 망해가던 오리탕 식당 주인이었고 박한길 회장도 신용불량자였다. 초기 참여 회원 17명 중 13명이 신용불량자였다.

Q   박한길 회장이 창업 당시 회원 17명을 모아놓고 회사의 비전을 설명했다고 들었습니다.

A   회원 17명이 제가 전북 익산시에서 운영하던 오리탕 가게에 모였었죠. 박한길 회장이 중고 카니발을 타고 와 우리에게 사업비전을 설명해줬어요. 당시 모인 회원 17명 중 대부분이 신용불량자였고요. 몇몇은 신용불량자로 전락하기 직전이었습니다. 박한길 회장은 헤모힘과 스킨케어 제품에 대해 설명하면서 애터미를 세계적인 유통기업으로 성장시키겠다고 말했습니다. 그때 박 회장이 임페리얼마스터가 되면 현금으로 10억 원을 주겠다고 약속했습니다. 저희에게 가장 좋은 아파트에서 살 수 있게 해준다고도 하시더군요.

Q   당시 박 회장의 설명을 들으면서 어떤 생각을 했는지 궁금합니다.

A   액면 그대로 믿지는 않았습니다. 다 낡은 중고차를 타고 와서, 그것도 아무 가진 게 없다는 사람이 '10억 원을 주겠다, 익산에서 가장 좋은 아파트에 살게 해주겠다'고 하는데, 누가 그 말을 쉽게 믿겠어요. 하지만 제품은 괜찮아 보였습니다. 그리고 당시엔 제가 하던 오리탕 집이 잘 안 되고 있었어요. 가게를 폐업하면 생계가 막막해지는데 뭐라도 일을 해야 했습니다. 다른 장사를 시작할 여유는 없었고요. 애터미 사업은 돈이 없어도 시작할 수 있었기 때문에 제품을 팔면 생활비 정도는 벌 수 있을 거라 생각했습니다.

P 임페리얼이 이야기하는 약속이 박한길 회장의 《주간동아》와의 인터뷰를 통해서도 그대로 확인된다.[7]

"애터미 첫 세미나에 17명이 모였어요. 그때 제가 이렇게 말했죠. 여러분, 이 사업 같이해야 합니다, 같이해서 '스타마스터'가 되면 1천만 원을 드리겠습니다, '로열마스터'가 되면 5천만 원을 드리겠습니다. 다들 눈이 커져요. 그 위 '크라운마스터'가 되면 3억 원을 드리고 에쿠스 한 대도 줄 겁니다. 당시 제가 세미나장에 타고 간 차는 280만 원짜리 중고 카니발이었어요. 폐차 직전 그 차가 전 재산이었죠. 그런 제가 에쿠스를 주겠다고 큰소리를 친 겁니다. 최고직급인 '임페리얼마스터'에게는 10억 원을 주겠다고 했어요. 앞으로 여러분은 매달 5천만 원, 7천만 원씩 받는 사업자가 되고, 전 세계로 뻗어가는 글로벌 사업자가 될 거라고도 했습니다. 그때 우리 회사는 1천만 원이 없어 사무실을 얻지 못했어요. 3개월간 카니발이 사무실이고 차 트렁크가 제품 창고였죠. 직원이라고는 회장과 부사장 달랑 두 명. 부사장은 친동생이었죠. 대표이사도 없었어요. 둘 다 신용불량자라 대표이사를 할 수 없었거든요. 그래도 저는 어차피 회장 될 거니까 처음부터 회장이라 하고, 이 회사로 전 세계를 석권하겠다고 당당히 얘기했습니다."

애터미 사업자들을 위한 콘퍼런스인 2017년 10월, 석세스아카

7   https://weekly.donga.com/List/3/all/11/1103559/1

데미에서 박한길 회장은 최고직급을 달성한 P 임페리얼에게 지게차로 10억 원의 현금을 전달해 10년 전 약속을 지켰다.

2021년 말 기준 애터미는 글로벌 포함 매출 2조 2,000억, 회원 수 1,600만 명, 23개의 해외법인을 거느린 회사로 성장했다. 글로벌 매출이 국내매출을 초과했다. 이런 글로벌 성장세에 힘입어 2021년에만 연봉 1억 원 이상을 버는 사업자가 247명, 2억 원 이상을 버는 사업자가 82명, 4억 원 이상을 버는 사업자 17명이 신규로 등록되었다. 2021년 《포춘》지가 평가하는 '일하기 좋은 기업' 순위에서 아시아 5위다.[8] 애터미는 기업문화적으로도 충분한 가치를 인정받는 기업으로 정착한 것으로 보인다.

설립자나 처음 사업자들이나 대부분 신용불량자였던 이들이 망해가는 오리탕 집에서 모여 어떻게 무에서 유를 만들어낼 수 있었을까?

P 임페리얼의 증언 속에 비밀이 담겨 있었다. "회장님은 망하기 직전의 제 오리탕 집에서 황당무계한 약속을 남발해가면서 한 가지 말씀을 하셨습니다. '나는 가진 게 아무것도 없고 종이 네 장 써온 게 재산이다.'"[9]

4페이지의 종이에는 회사가 존재하는 이유인 목적의 성소, 울타리를 구성할 핵심가치에 대한 서약과 이 서약을 실현하기 위한 비즈니스 전략과 보상플랜이 담겨 있었다.

---

8   애터미 2021년 경영 리뷰. https://www.youtube.com/watch?v=yqJEtEXuvMM
9   애터미 스토리. https://atomybong.tistory.com/9

말로 끝날 수 있는 서약이라도 기업을 하기 위한 신뢰잔고를 창출하기 위해서는 이 서약에 대한 진정성이 검증되어야 한다. 진정성에 대한 검증은 서약에 참여한 당사자들이 서약 주체의 행동과 태도를 보고 결정한다. 박한길 회장이 무의 상태에서 신뢰잔고를 만들어낸 것은 회사의 목적에 대한 진정성 검증과정을 통과했기 때문이다. 애터미 초기 사업자인 P 임페리얼의 증언이다.[10]

"본인은 가진 것이 아무것도 없다고 그렇게 당당하게 말씀하셨고, 그런데도 아무것도 없는 회장님께서는 몸소 보여준 사랑이 있었습니다. 정말 힘든 와중에도 저희가 세미나를 하게 되면 '멀리서 온다고, 밥을 굶고 올 거라'고 그러면서 밤늦게까지 일하시고도 떡, 빵, 음료수를 사서 세미나장에 가지고 왔습니다. 차가 없는 파트너들을 위해 직접 운전하셔서 차에 태우고 오셨습니다. 우리 사업자들 정말로 성공해야 한다고 땀범벅이 되어 강의를 정말 열정적으로 하셨습니다. 한 명이라도 더 성공시키겠다고 피를 토하는 회장님을 보면서 감동이 되었습니다. 실제 수당이 발생하면 일일이 전화해서 수고했다고 반드시 성공하라고 격려하셨습니다. 평소 이런 모습을 지켜봐가며 '이런 회장님이라면 한번 해봐야겠다', '회사가 망해도 해봐야겠다', '끝까지 가봐야겠다'고 결심을 해서 지금까지 오게 되었던 것 같습니다."

---

10   애터미 스토리. https://atomybong.tistory.com/9

한 번은 암 선고를 받은 파트너(산하 회원)가 병원비도 없이 어려운 상황에 처한 적이 있다. 생활이 어려운 사업자들임에도 십시일반으로 돈을 모아서 갔더니 병원비가 납부되어 있었다. 박한길 회장이 납부했다는 것을 알았다. 그 당시 박한길 회장도 형편이 좋지 않은 것을 다 알고 있었기에 이해할 수 없는 상황이었다. 한 명의 사업자라도 아기처럼 보듬어야 한다는 긍휼감 때문에 그렇게 행동해야만 했다는 것을 다들 나중에야 알았다.

요컨대 은행은 이들 설립자와 초기 사업자들에게 대부분 파산을 선고했지만, 설립자와 초기 사업자들 사이의 신뢰계좌는 채워지고 있었다. 미래를 걸고 일을 벌이기에 충분한 금액이 충전되자 이들은 필요할 때마다 서로의 신뢰계좌에서 신뢰를 인출해 현금으로 채울 수 없는 일들을 하나씩 해결해갔다.

사우스웨스트 항공 허브 켈러허 회장

사우스웨스트 항공^{Southwest Airlines}의 창립자 허브 켈러허 ^{Herbert D.} ^{Kelleher}는 법학을 공부해 변호사로 일한다. 켈러허 회장은 성격이 낙천적이고 오지랖이 넓기로 유명한 사람이다. 변호사로 고객의 분쟁을 해결해주다 선천적 오지랖이 발동해서 사업에 뛰어든다.

이들의 사업계획서는 대화를 나누다가 냅킨 뒷면에 그려낸 아이디어다. 그 당시 항공업은 지방공항과 허브를 연결하는 시스템이었다. 다른 지방공항을 가려면 반드시 허브공항을 경유해야 했다. 이들이 냅킨에 그려낸 아이디어는 허브를 이용하지 않고 텍사스의 세 도시 댈러스, 휴스턴, 샌안토니오를 직접 연결하는 저가항공 비즈니스였다. 가족을 보고 싶어도 비행기를 탈 여력이 안되어 못 보는 사람들이 부담 없이 항공기를 탈 수 있는 최저가격을 만들어 사랑의 가교가 되어주는 것을 회사의 목적으로 정했다. 기상천외한 방법을 동원해 가격을 최대한 낮추는 대신 사우스웨스트 항공에서만 가능한 사랑과 여행의 자유에 대한 최고로 즐거운 체험을 제공했다. 사우스웨스트 항공은 회사가 약속한 가치를 위해 비용 절감을 예술의 경지까지 끌어올렸다는 평가를 듣는다.

냅킨 한 장에 그려진 보잘것없는 사업구상으로 미미하게 시작했지만, 켈러허 회장과 초기에 동행했던 사람들은 냅킨에 담긴 설립자의 목적에 대한 약속을 믿었다. 켈러허 회장은 헌신적으로 약속을 실천해 믿음의 잔고를 키웠고 지금과 같은 공의기업을 만들어냈다. 켈러허 회장의 성공을 목격한 학자들은 충격을 받았고 결국 경영학 교과서를 다시 썼다.

켈러허 회장은 사랑과 자유에 대한 말을 많이 남겼다.[11] "공포가 아니라 사랑으로 묶이면 기업은 더 강해진다." "직원을 주인으로 세워 맨 앞에 두라. 직원들과 함께 시작하면 나머지는 저절로 따라온다." "우리가 약속한 사랑은 경쟁자가 모방하기 가장 어렵다." "돈으로는 가장 중요한 것을 살 수 없다." "서비스의 성공은 동원한 기계나 사물이 아니라 정신, 마음, 영혼에 달려 있다." "나는 병적인 자기중심과 가식만 없으면 모든 인간적 약점을 용서한다." "비즈니스의 비즈니스는 사람이다." "조직을 이끄는 일은 시스템이 아니라 인간 영혼에 관한 것이다."

켈러허 회장은 2001년 20년간 맡았던 회사대표의 직책을 오랫동안 자신의 비서로 근무했던 콜린 바렛Colleen Barrett에게 물려준다. 사람들이 반대했다. 특별히 재무나 전략에 대해서 훈련받은 것도 아닌 개인비서인데, 과연 지금까지 성공적으로 운영해온 항공사를 경영할 역량이 되는지가 논란이 되었다. 콜린이 여성인 것과 56세라는 적지 않은 나이도 논란거리였다.

켈러허 회장은 논란을 제기하는 주주들을 이렇게 설득했다. "우리 회사의 사명, 즉 존재이유는 가족 간에만 느낄 수 있는 사랑을 우리 항공을 이용하는 고객에게도 느끼게 하는 것입니다." "콜

---

11   Jody Hoffer Gittell, (2003), "The Southwest Airlines Way", McGraw-Hill; 장박원, "허브 켈러허 회장의 인간존중", 2019년 1월 10일 매일경제 기사.(https://www.mk.co.kr/opinion/columnists/view/2019/01/19291)

린은 나와 오랫동안 같이 일했는데 내가 만난 사람 중 나에게 이런 가족과 같은 깊은 사랑을 가장 많이 체험하게 한 사람은 없었습니다." "이제는 콜린의 사랑을 나만 독점하는 것을 넘어서 사우스웨스트 직원들도 체험하고 더 나아가서 고객들도 체험하게 해야 할 시점입니다."

콜린 바렛은 주변 사람들의 우려를 뒤로하고 2001년 대표가 되어 2008년 은퇴할 때까지 회사를 설립한 후 한 번도 적자를 보지 않은 사우스웨스트 항공의 경영 전통을 이어갔다. 어떤 측면에서는 켈러허 회장이 만든 재무성과보다 더 큰 성과를 만들어냈다.

콜린 바렛이 비서로서 경영에 대한 훈련을 체계적으로 받지 못했음에도 이런 큰 경영성과를 낸 것에 대한 분석 중 학자들이 가장 많이 인용하는 분석은 켈러허 회장과 콜린의 서번트 리더십에서 찾는다.

콜린은 CEO로 임명되어서도 비서의 역할을 포기하지 않았다. 자신이 솔선수범해 더 낮은 자세로 구성원들과 고객을 사랑으로 대하고, 자신의 사랑에 대한 대가로 경영진이나 관리자들도 사랑으로 종업원을 대하고 고객을 대할 것을 요구했다. CEO인 자신에 충성하지 말고 회사의 사명인 사랑을 실현하는 일에 충성해달라고 공개적으로 요구했다. 회사가 설정한 목적이 서약으로 굳건하게 뿌리내려 신뢰잔고를 만들어냈다. 회사는 이 서약을 실현하는 일에 구성원들이 전문성을 발휘할 수 있도록 플랫폼을 제공했다.

사우스웨스트 항공의 성공에는 설립자와 경영자들의 사랑에 대한 더 깊이 있는 철학적 태도가 숨겨져 있다. 켈러허 회장이나 바렛이 생각하는 사랑은 남녀 간, 혈연적 가족 간 사랑을 뛰어넘는, 고객과 구성원의 고통을 해결하기 위해 행동으로 나서는 긍휼을 실천하는 모든 동행이다. 긍휼은 상대의 아름다움을 넘어 상대의 고통까지 사랑하는 가장 숭고한 도덕적 형태의 사랑이다. 사우스웨스트 항공의 사랑은 긍휼함이고, 이 회사가 남다른 이유는 경영을 통해 긍휼함을 실천하기 때문이다.

사우스웨스트 항공사의 종업원들이 자랑스러워하는 더 높은 곳에 세워진 평평한 운동장은 긍휼을 통해 만들어졌다. 사우스웨스트 항공에 참여하는 동행자를 고통을 지닌, 성장을 열망하는 인간으로 사랑한 것이 긍휼의 본질이다. 이런 사랑의 울타리를 가진 사우스웨스트 항공에는 나이와 성별과 위력과 직책이 비집고 들어올 틈이 없다. 이런 사랑을 위해서라면 여성이 리더로 세워지고 남성이 비서가 된다고 해도 문제가 되지 않았다.

각성사건과 고난사건

리더가 서약한 목적이 신뢰잔고로 바뀌는 과정에는 각성사건과 고난사건^{crucible}이 개입한다. 각성사건은 존재목적에 대한 각성이 찾아오는 사건이고 고난사건은 목적에 대한 서약의 진정성을 검증하는 사건이다. 애터미 사업자이면서 『아름다운 마케팅을 찾아서』라는 책을 저술한 유광남 작가는 자신의 책에서 박한길 회장이 경험

한 각성사건과 고난사건을 다음과 같이 증언하고 있다.[12]

박한길 회장은 강연할 때마다 열변을 토한다. 그의 몸짓은 가난한 사업자를 구제하고자 하는 절규에 가깝다. 요즈음에는 100분 내외로 강의하지만, 초기에는 열 시간을 혼자서 강연했다. 그 당시 박한길 회장은 건강상태가 매우 좋지 않았다. 그런데도 정신력 하나로 사업자들을 대상으로 무리한 일정을 매일매일 소화해냈다. 어느 날인가 박한길 회장이 진땀을 흘리면서 기어코 의식을 잃고 쓰러지고 말았다. 사업자들은 놀란 나머지 새파랗게 질려서 허둥거렸다.

"회장님 이렇게 무리하시다가 큰일 납니다." "만일 불상사라도 일어나면 우리는 어떻게 합니까? 제발 건강 좀 챙기세요."

사업자들의 걱정에 박한길 회장은 이렇게 답했다.

"만일 내가 강연을 하다가 죽어 넘어가면 아마 우리 애터미는 더 잘될 겁니다. 여러분의 사업은 더 번창합니다. 회장이란 사람이 애터미 사업을 위해 이렇게 몸 바쳐서 죽을 각오로 열심히 하다가 쓰러졌다면 그런 회사는 신뢰할 수 있어서 더 잘될 겁니다. 여러분은 걱정하지 않아도 됩니다."

실제로 사업 초기에 박한길 회장은 생사의 갈림길에 서 있었던 것으로 보인다. 그 당시 의사들은 중환자실 입원을 권했지만 입원비를 감당할 수 없어서 통원치료를 고집했다. 입원비를 낼 돈이 있다

---

12   유광남, 『아름다운 마케팅을 찾아서: 애터미 그리고 박한길』, 티브이펀, 2018, pp. 89-90.

면 빚을 먼저 갚아야 한다는 생각이었다.

허약한 몸으로 통원치료를 지속했지만 버티지 못해 하루는 혼절해서 죽음과 만났다. 박한길 회장은 독실한 기독교신자다. 하늘나라에 가기 전에 아이들과 마지막 기도는 해야겠다는 생각으로 두 아들의 손을 잡고 기도한다. 이 기도문이 박한길 회장의 가족들에게는 영혼의 작문 soul writing 으로 남아 있다.[13] 마지막 기도는 박한길 회장이 경험한 각성사건이다.

"하나님, 저는 이제 이 세상을 떠납니다. 이 아이들이 학교를 다 마치지 못해도 괜찮습니다. 부자로 살지 않아도 괜찮습니다. 건강하게 오래 살지 않아도 괜찮습니다. 다만 주님의 말씀 가운데서 주님과 동행하다가 하늘나라에서 만날 수 있었으면 좋겠습니다. 주님의 은혜를 간구합니다."

이렇게 병원과 집을 오가며 간신히 고난의 시간을 버텨내던 중에 희망의 서광이 찾아온다. 우연히 한국원자력연구원에서 헤모힘과 천연신소재 화장품을 개발했다는 TV 뉴스를 접한다. 당시 연구원장이던 장인순 박사를 알고 있던 초등학교 교사이자 애터미 1호 사업자 윤영성 선생을 통해 만남이 성사되어 오늘의 애터미를 세우는 기반을 마련한다.[14]

---

13   유광남, 앞의 책, p. 225.
14   윤영성 선생과 박한길 회장과의 첫 만남은 1973년으로 거슬러 올라간다. 당시 초등학교에 재직하고 있었던 윤영성 선생은 교육계 개혁을 내건 학교 '소금운동'을 펼치고 있었고, 고등학생이었던 박

박한길 회장이 영혼의 작문과 이를 통해 절망을 이겨낸 이야기는 고스란히 세미나장에 모인 사업자들에게 '눈물주머니'로 부활했다. 박한길 회장도 울고, 이야기를 듣는 사업자들도 울었다.[15] 영혼의 작문 이후 며칠간 죽음과 마주하며 삶에 대해 성찰한 내용이, 지금 박한길 회장이 비즈니스를 해가면서도 놓치지 않아야 할 가장 중요한 신조와 애터미 비전을 구성한 것으로 추정된다. 죽음 앞에서 다시 살아난 사람이 눈물로 하는 절절한 간증을 진심으로 받아들이지 않는 사람은 없었다.

"사랑하는 사람들을 위해서, 마지막 죽을힘을 다해 희망을 잡으세요. 용기를 내야 합니다. 사랑하는 사람들을 위해 용기를 내어 두려움과 정면으로 맞서 싸워야 합니다. 용기가 없는 사람은 사랑하는 사람이 없는 사람입니다. 용기란 두려움을 모르는 게 아니라 그 두려움과 정면으로 맞서는 것입니다. 희망이 없을 때 유일한 희망은 희망을 갖는 것입니다."

박한길 회장의 피를 토하는 심정으로 쏟아내는 강연의 맥락을 알고 있는 사업자들은 이 이야기에 마음을 내어놓는다. 그리고 박한길 회장이 하는 약속은 모두 그냥 믿고 받아들이기로 작정한다. 자신들처럼 철저하게 바닥을 경험한 사람들이 진심을 가질 때 할 수

한길 회장은 교육계 자정 운동에 관심이 있어 윤영성 선생을 도와주고 있던 학생이었다.

15   유광남, 앞의 책, p. 225.

있는 약속이라는 것을 알기 때문이다.

진정성의 핵심은 검증이다. 검증을 통과했을 때만 진정성은 신뢰잔고를 쏟아낸다. 사람들이 놓치는 사실은 진정성은 좋은 시기에는 검증되지 않는다는 것이다. 진정성은 좋지 않은 시기에 주로 약속의 당사자가 어떤 모습을 보였는지에 의해서 검증된다. 초기 사업자들은 박한길 회장이 자신의 목숨보다 소중하게 여기는 애터미와 애터미의 서약에 대한 진정성을 확신하고 박한길 회장에게 담보 없이 믿고 맡기는 약속어음을 발행했다. 신뢰잔고가 채워지기 시작한 것이다. 어려운 시기를 통해서 약속이 검증되었기 때문이다.

애터미에 대한 신뢰는 믿음에서 파생되었다. 회사의 경영원칙 중 하나인 '믿음 위에 굳건하게 선다'는 약속을 애터미 생태계의 동행자들은 믿기 때문이다. 고객이 애터미 제품을 따져보지 않고 구매하는 이유는 절대품질 절대가격에 대한 믿음이 있기 때문이다. 종업원 각자가 회사의 일을 처리하는 데도, 효율적으로 수행해내는 이유도 서로의 역할의 접점이 되는 부분에서 신뢰잔고가 윤활유로 기름칠을 해주기 때문이다.

실제로 《포춘》지와 협업으로 진행되는 GPTW^{great place to work} 평가에서 2020년 일하기 좋은 한국 최우수기업, 2021년 일하기 좋은 아시아 기업 5위, 2022년 일하기 좋은 기업 대상을 차지한 애터미가 다른 기업들보다 월등한 점수를 보이는 지표는 경영진에 대한 신뢰점수였다.[16] 애터미가 비즈니스를 잘할 수밖에 없는 근본적 이유는

---

16   김지원 기자, "2021년 아시아 일하기 좋은 기업", 한국경제, 2021년 7월 27일. https://www.

애터미의 차별적 비즈니스 전략이 작동하는 것도 있지만 애터미를 떠받쳐주고 있는 빙산의 밑동에 신뢰잔고가 채워져 있기 때문이다. 애터미의 신뢰잔고 수준을 볼 때 애터미에서 벌이는 사업이 지지부진해지는 것이 오히려 불가사의가 될 것이다.

계기비행

박한길 회장은 회사를 설립한 지금까지 13년 동안 경영철학의 서약에 따라 비즈니스를 하겠다는 약속을 한결같은 마음으로 일관되게 지키고 있다. 신뢰잔고가 불어나고 있는 셈이다.

회사를 시작한 지 3년쯤 지나서 P 임페리얼이 먹고 살만큼의 소득을 올리게 되었을 때 박한길 회장에게 회사를 정말 믿고 사업을 계속해도 되는지를 묻는다. 물음에 대한 박한길 회장의 답변이 '계기비행'이라는 제목으로 애터미 구성원들에게 자주 인용되고 있다. P 임페리얼의 입장에서는 초기의 서약이 지켜지지 않는 다른 네트워크 마케팅 사업자들을 많이 목격했기 때문에 불안한 마음에 이메일을 보낸다.[17]

회장님! 정말 이 회사를 믿고 올인해도 될까요?

hankyung.com/economy/article/2021072707041
17 유광남, 앞의 책, pp. 90-92.

가족의 생계를 걸어도 될까요?

'계기비행'이라는 제목이 붙여진 박한길 회장의 답장 내용이다.

오늘의 삶이 만족스럽다면 우리는 길을 떠나지 않아도 됩니다.
우리는 지금 가보지 않은 길을 가려고 합니다.
미래의 불확실이 두려워서 미래를 향해 발을 내딛지 않는다면
내일도 오늘과 비슷한 삶이 전개될 것입니다.
우리가 불안한 것은 새로운 길을 향해서 떠나기 때문입니다.
길을 떠나는 사람만이 목적지에 도달할 수 있습니다.
그래서 지금의 불안은 성공자라면 누구나 겪었던 일이며,
성공의 필수 요건이라 할 수 있겠죠.
도리어 우리는 현실에 안주하려는 자신을 경계해야 합니다.
계기비행은 아무것도 보이지 않는 안개 속에서 계기판만 보고
비행기를 조종하는 것입니다. 초보 비행사는 눈으로 직접 산과
들을 보고 비행을 해야만 안심이 되지만, 경험 많은 비행사는 안
개 속에서, 시계비행이 불가능한 상황에서도 계기판의 수치만
보고 편안히 비행할 수 있지요.
구름 위로 높이 떠서 푸르른 창공을 바라보면 불안은 금방 탄성
으로 바뀝니다.
지금 애터미호 비행 계기판의 수치는 양호합니다.
— 조종사 박한길로부터

박한길 회장에게도 비행과 관련한 각성 체험이 있었다. 과거 우면산 산사태 당시 과천 쪽에 살던 그의 집 거실로 통나무가 뚫고 들어왔다고 한다. 차들이 담벼락에 휴지처럼 구겨졌고 가구 가전제품이 다 물에 잠겼다. 다행히 그곳에서 가족들과 함께 빠져나왔는데 다음날 캐나다에서 세미나가 있어 어쩔 수 없이 비행기를 탔다. 토론토 공항에 착륙하려는 순간 비행기가 심하게 흔들리면서 갑작스러운 토네이도로 착륙을 못하고 몬트리올 공항으로 간다는 소식이 전해졌다. 비행기에 앉아서 생각했다. 어제는 산이 무너지더니 오늘은 비행기까지 흔들리고, 이게 과연 뭘까? 그때 회사가 잘되고 있으니 만일 망하더라도 몇백억이 남지 않겠는가라는 생각으로 계산기를 두드렸다. 돈이 자신을 뭉게구름처럼 안아주는 느낌, 자신과 가족이 먹고사는 데는 문제없겠다고 안도했다. 순간 하나님 품에서 안식해야 할 자신이 돈의 품을 더 포근하게 느꼈다는 사실에 소스라치게 놀랐다. 각성이 눈물주머니를 터뜨렸다. 몬트리올 공항에 내려 돌고 돌아 토론토 공항으로 여덟 시간 만에 도착하면서 그는 다짐했다. 하나님, 세상 것에 절대 마음 두지 않겠습니다. 자신의 삶이 코람데오의 삶이 아니었다는 회개의 기도로 그의 눈이 퉁퉁 부었다.

각성사건 이후로 박한길 회장이 언급하는 계기비행의 계기판은 애터미의 신뢰잔고를 보여주는 계기판으로 튼튼하게 자리잡았다. 애터미 비즈니스 현금계좌에 얼마가 들어 있는지는 모두가 눈으로 확인할 수 있지만, 신뢰잔고에 얼마가 들어 있는지는 애터미 경영철학에 믿음이 있는 동행들을 통해서만 확인할 수 있다.

2021년 현재 애터미 생태계의 동행자들은 박한길 회장이 확인해주지 않아도 신뢰계좌에 충분한 잔고가 채워 있는 것을 안다. 애터미를 구성하는 빙산의 밑둥이 충분히 커서 미래에 어떤 불확실성이 닥쳐도 당분간은 빙산의 드러난 부분을 지탱하고도 남는다. 빙산 위에 어렵게 구축한 비즈니스 모형도 잘 작동해 사업에 대한 신뢰도가 점점 커지고 있다. 이 신뢰도에 대한 명성은 빙산의 아래를 구성한 신뢰잔고에 계속 누적되어 불확실성이 커지는 미래를 위한 거래의 재원으로 사용될 것이다.

애터미의 경영진들도 구성원과의 관계에서 계산기를 두드리기 시작한다는 것은 이미 신뢰잔고가 바닥이 난 상황이라고 경고하고 있다. 직원들에게 회사가 서약으로 약속한 것이 지켜지지 않는 조짐이 있으면 이런 상황에 도달하기 전에 회사와 싸워 신뢰잔고를 확보하라고 주문하고 있다.[18]

애터미 비즈니스의 전략적 목표는 유통의 허브가 되는 것이다. 애터미가 유통업계에서 경쟁하는 대상은 홈쇼핑, 할인매장, 온라인 인터넷 쇼핑, 백화점, 프랜차이즈 매장이다. 다른 네트워크 마케팅 사업자를 애터미는 경쟁자가 아니라 서로를 튼튼하게 키우는 스파링 파트너로 생각한다.

애터미는 일반 소비자가 아닌 회원들에게 대중명품에 해당하는 매스티지 masstege 제품을 전달하고, 회원들로부터는 애터미의 제품으로만 가능한 정체성 체험을 통해 애터미에 대한 팬덤을 만들어내는 것을 비즈니스 모형으로 한다. 회원들이 다른 유통채널로 이동

---

18   애터미 주식회사, 앞의 책, p. 45.

하지 않는 이유는 대체품이 없는 대중명품을 저렴한 가격에 이용할
수 있기 때문이다. 회사가 일반 고객에게 같은 제품을 판매하지 않
는 이유는 단기적 시장거래보다는 팬덤에 기반한 구독거래가 회사
의 지속가능성을 실현해주기 때문이다. 회사가 일반 고객을 포기하
거나 회원들이 일반 유통채널을 포기하는 기회비용보다 서로에게
서 얻을 수 있는 상호호혜적 혜택이 더 크다.

애터미 비즈니스 모형

매스티지 제품을 구성하기 위해서는 기본적으로 가격, 품질, 이
야기라는 세 요소를 모두 갖추어야 한다. 가격과 품질을 모두 갖춘
가성비가 매스티지 제품의 필요조건이라면 이야기는 충분조건이다.
가격과 품질은 다른 회사도 따라잡을 수 있지만 이야기의 요소는 다
른 회사가 따라잡기 어렵기 때문이다.[19] 이야기까지 따라 하는 회사

---

19   바니는 차별적 경쟁력을 구축하기 위한 네 가지 요소를 VRIN이라는 약자로 표기했다. 가치 있고
      (Valuable), 드물고(Rare), 모방이 불가능하고(Imperfectly Imitable), 대체 불가능하다는(Not
      Substitutable) 것이 그것이다. 싼 가격과 좋은 품질은 가치 있지만 그 경우의 숫자가 적지 않고, 모

는 단순 밈^{meme}으로 전락해 원조회사의 광고대행사가 될 뿐이다.

세상에 대중명품으로 인지되고 있는 모든 카테고리 킬러^{category} ^{killer} 제품이나 카테고리 킬러 서비스에는 회사가 고객의 아픔을 어떤 긍휼함으로 접근했는지, 실제 아픔을 해결하기 위해 이 제품을 어떻게 혁신해서 치유체험을 제공할 수 있었는지를 보여주는 영웅적 힐러^{healer} 이야기가 있다. 아픔, 혁신에 대한 회사의 철학이 플롯으로 작용해서 이 제품과 서비스 속에서 이야기를 만들어내기 때문에 철학적 플롯이 없는 회사의 브랜드는 꾸며낸 이야기일 뿐이다. 포장으로 그럴듯하게 지어낸 브랜드 이야기는 고객에게 진정성 있는 체험을 창출하지 못한다. 이런 브랜드는 카테고리 킬러는 고사하고 아무리 멋진 이야기로 포장해도 지속가능성이 없다. 전문 스토리텔러가 스토리를 만든다고 카테고리 킬러 제품의 이야기가 만들어지는 것은 아니다.

초우량기업이란 가성비 있는 제품을 파는 것을 넘어서 다른 회사 제품과 서비스에서는 불가능한 체험을 파는 회사다. 말하자면 회사의 철학과 문화를 팔 수 있는 기업이다. 애터미가 파는 제품은 가격과 품질에서는 일단 믿고 쓸 수 있는 제품이라는 브랜드 평판이 형성되어 있다. 품질을 핑계로 책정한 높은 가격 거품이나 낮은 가격 속에 숨어 있는 저품질의 제품을 아무런 죄의식 없이 유통해 고

방이 가능하고, 대체가 가능하다. 하지만 어떤 제품에 내재화된 스토리는 가치 있을 뿐 아니라 하나밖에 존재하지 않고, 모방 불가능하고, 다른 스토리에 의해서 대체될 수 없다. 제품의 최종적인 경쟁력을 결정해주는 것은 결국 내재된 스토리가 만들어낸 브랜드 가치다. Barney, J. B., "Firm Resources and Sustained Competitive Advantage", *Journal Of Management*, 17, 1991, pp. 99-120.

객에게 가한 아픔을 절대품질 절대가격이라는 혁신적 노력으로 해결한 이야기가 애터미의 제품 속에 담겨 있다. 절대품질 절대가격은 품질과 가격을 선택으로 생각하지 않고 직각으로 교차시켜 낮은 가격과 높은 품질을 모두 잡으려는 애터미의 혁신에 대한 노력을 보여준다.

기능성 건강보조제의 카테고리 킬러에 해당하는 헤모힘과 화장품의 카테고리 킬러인 디페임과 앱솔루트 속에는 애터미 동행들이 합력해서 절대품질 절대가격을 만들어내는 이야기가 녹아 있다.[20]

헤모힘은 한국원자력연구원과 한국콜마가 출자한 대한민국 최초의 연구소기업 콜마 BNH의 작품이다. 한방의 3대 약재인 천궁, 당귀, 백작약 사이에서 최적의 조합을 찾아내 신물질로 특허를 내서 상품으로 개발했다. 1997년 개발을 시작해서 시중 판매하기까지 10년이 걸렸다. 개발의 동기는 원자력연구원 직원들의 면역력을 회복시키기 위한 것이었고 효과가 입증되면 일반에게도 판매할 계획이었다. 문제는 한 달 분량인 60포에 77만 원이라는 비싼 가격이었다. 성능은 이미 입증되었지만 원자력연구원 직원들의 월급으로도 부담스러운 가격으로 사장될 위기에 처했다. 헤모힘은 애터미의 절대가격, 절대품질이라는 고통스러운 혁신과정을 거쳐 마침내 가격을 10분의 1 수준으로 인하시켰다. 현재까지 7년 연속 업계 1위, 누적 판매고 1조 7,000억 원이며 여전히 매년 역사를 새롭게 쓰고 있다.

----

20   애터미 주식회사, 앞의 책, pp. 84-87. 애터미 헤모힘 팩트체크 영상 참조. https://www.youtube.com/watch?v=nlYzrXTpQhA

기초화장품 업계의 대중명품이자 또 다른 카테고리 킬러인 앱솔루트 셀렉티브 스킨케어에도 고객의 고통을 해결하기 위한 애터미의 혁신과정에 관한 이야기가 담겨 있다. 이 앱솔루트 셀렉티브 스킨케어 화장품은 한국원자력연구원의 '고순도 정제기술', 흡수율을 높여주는 선바이오텍의 '한방발효기술,' 한국콜마의 '다중액정캡슐기술'이라는 3중 특허 기술이 만나 만들어진 명품이다. 여기에 진짜 기능성으로 품질을 차별화한 화장품도 가능하다는 생각으로 미백에 관련된 세포에는 미백 성분을, 재생 세포에는 재생 성분을, 피부장벽 세포에는 장벽을 강화하는 성분을 각각 표적화해 전달하는 표적기술을 적용했다. 세상에 존재하지 않는 최고 품질을 갖춘 기적의 표적 화장품selective skincare이 탄생한 것이다.

문제는 이 정도라면 50만 원 혹은 100만 원에 팔아야만 하는 품질이었다는 것이다. 그러나 절대가격, 절대품질이라는 쉽지 않은 혁신의 과정을 거쳐서 6종 세트 기준 198,000원, 개당 33,000원에 팔리고 있다. 한 인터뷰에서 개발을 진두지휘했던 이현숙 한국콜마 종합기술원 상무는 "처음에는 탈진할 정도로 영혼을 갈아넣어 만든 화장품 가격이 너무 저렴하게 책정돼 올 뻔했지만, 절대품질 절대가격이라는 애터미의 철학이 있었기 때문에 감내했다"고 개발 당시의 소회를 털어놓았다.[21] 이 제품의 표적전달 기술은 2020년 과학상인 장영실상, 2021년 한국화장품업계 최초로 기술특허대상인 세종대

왕상을 수상했다.

경쟁사가 헤모힘에 더 나은 성분을 첨가해서 같은 가격에 제공하거나 화장품에 다른 생약 성분을 첨가해서 같은 가격에 제공해도 헤모힘과 앱솔루트 스킨케어를 넘어서지는 못한다. 가격과 품질에서는 유사품의 상태를 만들어낼 수 있어도 협력사와 힘을 합해 절대품질 절대가격을 만들어내는 고통과 혁신에 대한 브랜드 체험을 만들어낼 수 없기 때문이다.

애터미 비즈니스의 지속가능성은 다른 상품 범주에서도 제심합력으로 뭉친 동행들이 고통과 혁신을 통해 영웅적 힐러의 스토리가 담긴 카테고리 킬러급 대중명품을 얼마나 더 만들어낼 수 있는지에 달려 있다. 이야기가 브랜드에 녹기 위해서는 마케팅 기획자인 스토리텔러가 멋지게 꾸며낸 이야기가 아니라 애터미 고객이 겪고 있는 고통에 대한 긍휼함과 이것을 혁신을 통해 풀어내는 동행들의 진정성 있는 이야기가 담겨야 한다. 제품이나 서비스에 새로운 혁신이 담긴 내러티브narrative를 생성하지 못하는 브랜드가 남발되는 것은 회사 자체가 죽어가고 있는 증거이다.

최근 애터미는 22개 글로벌 법인을 통해 글로벌 소싱 글로벌 세일global sourcing, global sales, GSGS 전략으로 전 세계 소비자를 상대로 전 세계의 절대품질 절대가격 제품을 공급하고 있다. 애터미가 진출한 지역에서 생산되는 제품 중 절대품질 절대가격을 충족하는 제품을 애터미 유통망에 실어 전 세계 소비자에게 공급한다는 것이다. GSGS 전략이 가동되어 수많은 소비자들이 일본의 아이루테인과 고탄력 스타킹, 캄보디아의 캄폿 흑후추, 대만 샌드위치 김과 아로마 파스, 멕

시코의 아보카도 오일 등을 체험하고 있다.

사과팔기 실험[22]

사과 두 개씩을 묶어서 쌍으로 파는 실험에서 한 실험자는 "금방 따온 맛 좋고 싱싱한 꿀 사과가 두 개에 천 원이요"라고 말하며 팔았고, 다른 실험자는 "둘이 먹으면 사랑이 돈독해지는 커플 사과가 천 원이요"라고 말하며 팔았을 때, 사랑의 커플 사과의 스토리로 프레임을 지은 사과 장수 실험자가 첫 번째 사과 장수보다 주어진 시간에 매출을 여섯 배 더 올렸다. 광고를 위한 글자 수는 두 실험에서 똑같이 25자였다.

스토리의 힘은 생생하게 장면을 연출해서 사람들에게 상상적 체험을 가능하게 한다. 첫 번째 실험처럼 논리적으로 가치를 산출하도록 했을 때 고객에게 사과 구매행위는 머릿속에 머물렀지만, 둘째 실험처럼 상상적 체험을 가능하게 한다면 고객에게 구매행위는 가슴에서 결정된다.

두 판매방식의 차이는 방문판매 방식과 네트워크 마케팅 방식의 차이다. 방문판매는 물건의 품질을 강조해서 팔지만, 네트워크

---

22   Arch G. Woodside & Suresh Sood, "When consumers and brands talk: Storytelling theory and research in psychology and marketing", *Psychology and Marketing*, 25, 2008, 97-145.

마케팅은 이야기를 통해서 판매한다.

미래의 사회에선 어떤 상품이나 서비스가 일정 수준의 가격과 품질에 도달했을 경우 이를 넘어서 가치에 대한 체험까지 팔 수 있어야 한다. 가치에 대한 스토리는 사람들에게 상상적 체험을 가능하게 해준다. 깊은 철학이나 존재목적과 연관된 진정성 있는 스토리일 경우 사람들에게 더 진한 감동적 체험을 전한다. 그런 스토리는 연기나 광고 문구에서 나오는 것이 아니라 실제로 살고 있는 삶에서 나온다.

기업이나 리더가 천명한 목적에 대한 서약과 이 서약이 진정성 있게 지켜지는 모습은 이들이 제공하는 물건이나 서비스의 내러티브를 구성한다. 기업과 리더의 목적에 대한 서약은 이야기의 플롯 상자다. 플롯 상자에서 생성되는 스토리는 상상적 체험을 구성해서 기업이나 리더가 서비스나 상품을 넘어 체험을 파는 한 차원 높은 상태를 구현한다.

초우량기업은 가성비를 넘어서 자신의 존재이유에 대한 체험을 파는 기업이다. 지금과 같은 초연결, 초지능, 초융합 시대에 회자하는 초우량기업의 원리도 마찬가지다. 이들은 서비스와 제품을 넘어 체험을 파는 기업으로 가치를 창출하는 데 성공했다.

글로벌 유통의 허브를 지향하는 애터미가 협력업체의 동행들과 절대품질 절대가격이라는 쉽지 않은 혁신을 지속하는 이유는 원칙, 동반, 나눔의 가치를 실현해 더 높은 곳에 더 편안하고 평평한 운동장을 만든다는 공의기업의 철학 때문이다.

애터미가 지향하는 글로벌 유통의 허브는 애터미가 구축한 생태계의 플랫폼에서 전 세계 생산자와 소비자가 주인공으로 자유롭게 뛰어놀 수 있는 운동장을 의미한다. 애터미는 생산자의 좋은 제품을 찾아서 소비자에게 전달하는 수동적 전달자를 넘어서 생산자와의 협업을 통해 절대품질 절대가격 혁신의 공동주체로 참여해왔다. 국내에서도 중소기업들을 찾아서 제심합력의 주인공으로 일으켜 세우는 작업을 진행해왔다. 한 제품은 한 중소기업을 통해서만 조달하는 일품일사 정책을 고수하고 있다.[23] 회원과 사업자들에게도 수동적인 소비자를 넘어 다양한 경로를 통해 애터미 유통 생태계의 동행이자 주인공으로 일어설 기회를 제공하고 있다.

애터미가 지금의 혁신을 지속해서 애터미의 유통 생태계에 참여하는 세계 모든 주체가 주인공이자 가족이 되어 참여하는 상태가 만들어지면 공의기업으로서의 책무가 완성될 것이다. 유통에 참여하는 모든 주체가 공동의 플랫폼 안에서 동행이자 주인으로 일으켜

---

23 애터미는 협력사가 협업의 파트너로 동반 성장할 수 있도록 납품 후 일주일 이내 현금결제, 운영자금 무이자 지원, 공동의 품질관리 시스템 등 다양한 지원 프로그램을 운영하고 있다. 애터미 주식회사, 앞의 책, pp. 116-139.

세워지는 자기 조직화가 완성된 모습이 '유통의 민주화'다. 네트워크 마케팅의 역사를 새롭게 쓰겠다는 애터미의 약속이 지켜진다면 대한민국에서도 유통의 민주화에 대한 새 표준이 마련될 것이다.

애터미가 한 공의기업 서약이 실제로 지켜져 민주화된 유통의 표준이 세워진다면 서두에서 소개한 아마존 제2본사 경쟁이 한국에서도 일어날 것이라고 상상해볼 수 있다. 애터미가 창출하는 경제적 가치가 상당할 것은 물론이고, 초뷰카 시대 모든 주체가 길을 잃고 불안에 떨고 있을 때 애터미가 미래를 앞당겨 세운 비즈니스 생태계, 유통 플랫폼, 전문가의 놀이터를 배울 기회를 애터미 제2본사를 유치하는 지역사회에 선물할 것이기 때문이다.

7
복제의 동학

공진화

복제는 살아 있는 모든 생명체가 변화하는 생태계에서 자신의 유전자를 진화시키는 원리다. 어떤 복제의 원리를 쓰고 있는지에 따라 진화 주체의 생존과 번성이 결정된다. 인간과 기업이 지금과 같은 상태를 성취할 수 있었던 이유도 결국은 자연 유기체와는 차별적으로 다른 복제의 동학을 터득했기 때문이다. 인간과 조직은 자연생물이 생존을 위한 자연선택에 적응해서 살아남는 진화론 원리가 아닌 공존, 공생, 공영을 염두에 두고 더 높고 더 평평한 곳에 새 운동장을 만들어 옮겨가는 생태계의 공진화의 원리에 따라 생존과 번성을 누렸다.

공진화론과 비교했을 때 진화론은 자신의 씨앗을 숙주를 통해 널리 퍼뜨리는 단순복제를 강조한다. 진화론이 적자생존의 원리에 따라 적자가 자신의 씨줄로 세상을 지배하고 피지배자를 자신에게 종속시키는 약육강식 전쟁터로 만드는 이원론에 기반하고 있다면, 공진화에서는 변화의 주체가 존재하고 이 주체가 세상을 날줄로 자신을 씨줄로 서로 직각으로 교차시켜서 새로운 고유의 문양을 만들어 생태계의 다양성을 증진하는 직조복제를 강조한다. 인간은 이기적 유전자를 퍼뜨리는 것이 목적인 동물과는 달리 근원적 변화의 주체로서 더 높은 곳에 기울어지지 않은 운동장을 만드는 공진화 의도를 실현하기 위한 직조복제를 고안해냈다. 진화론의 적자생존 가설과는 달리 공진화 가설은 인간은 누군가가 운동장을 만들어내면 누군가는 다시 이 운동장을 날줄로 자신의 씨줄을 직조복제해서 더 높은 장소에 더 제약이 없는 운동장을 만들어낸다. 이기적 유전자의 단순복제 방식과 달리 공진화는 직조복제를 통해 지속가능성을 실현하려는 인간의 의도를 담고 있다.

인간은 일찍이 사회 문화라는 환경을 의도적으로 만들어 자연환경의 직접적인 영향력에서 벗어난 삶을 영위했다. 자연환경에 그대로 노출된 생물처럼 자연환경이 유전자의 선택에 직접 작용하는 대신 인간에게는 사회 문화적 환경에서 오는 압력이 유전자 선택에 영향을 미친다. 자연환경은 인간 유기체에 부차적 환경이고 실제 더 중요한 환경은 사회 문화적 환경이다. 자연선택을 주장하는 진화론을 사회 문화적 환경을 통해 공진화의 의도를 실현해온 인간에게 적용하는 것은 전제가 잘못된 것이다. 인간은 자연환경에 적응하지 못해서 죽는 것이 아니라 사회 문화적 환경에 적응하지 못해서 소멸된다.

인간은 수억 년 전 생물학적으로도 자연선택의 압력에서 졸업했다. 지금은 자연선택의 무자비한 톱날보다는 사회 문화적 환경에 의해 매개된 선택에 종속된 삶을 살고 있다. 사회 문화적 환경이 지향하는 공진화를 향한 압력이 생물학적 유전자에 돌연변이 압력을 일으켜 지금 상태인 호모사피엔스를 만들어왔다.[1] 인간이 자연선택으로 운명이 결정되는 원숭이와 다른 계보의 삶을 살게 된 것은 자연환경과 독립적인 문화 환경을 만들어냈고 이것을 인류생태계에 맞게 공진화시켜왔기 때문이다.

동물과 자연에 작용하는 진화론과 독립적으로 인간과 조직의 역사를 발전시켜온 원리인 공진화는 생태계에 존재하는 씨줄과 날줄의 직조복제를 통해 노멀 normal: 현실 과 뉴노멀 new normal: 상상한 현실 을 반복해가며 더 높은 곳에 지평을 세우고 이 지평을 평평한 운동장으로

---

1   올해 1월 12일에 《네이처(Nature)》에 다윈의 진화론을 뒤집은 연구 논문 한 편이 발표되었다. 「애기장대에 일어나는 돌연변이에 대한 자연선택이론의 문제점(Mutation bias reflects natural selection in Arabidopsis thaliana)」이라는 제목의 이 논문의 주 저자는 UC 데이비스 식물과학과 교수인 그레이 먼로(Grey Monroe)다. 생물학적 복제의 동학과 달리 조직과 사회의 복제 동학을 문화적 유전자인 밈으로 설명하기도 한다. 밈은 인간의 유전원리라기보다는 인간이 만들어낸 사회 문화적 환경에 대한 설명이다(리처드 도킨스, 『이기적 유전자』, 홍영남, 이상임 역, 2018, 을유문화사). 도킨스는 유전자와 밈을 분리해 설명하고 있으나 위에 언급된 논문처럼 밈은 문화적 환경만을 만들어내는 게 아니다. 인류는 자연환경에 적응하지 못해서 죽는 게 아니라 문화적 환경에 적응하지 못해서 죽는다. 밈을 통해 만든 문화 속에는 인류의 공진화라는 의도가 개입되어 있다. 문화는 인류에게 새로운 유전압을 제공해 생물학적 유전자가 공진화의 방향에 따라 진화하도록 개입해왔다. 진화론의 주장처럼 자연이 유전자 진화에 영향을 미치는 것이 아니라 고도로 발전한 문화가 생물학적 DNA에 돌연변이 압력을 일으켜 진화에 영향을 미친다는 가설이 공진화의 가설이다. 최근에 출간된 연구들을 보면 돌연변이는 진화론자들이 생각하는 것보다 자주 발생한다. 아직 둘 다 가설이기는 하지만 최근의 연구들은 자연생태계의 진화를 설명하는 진화론과 공진화하려는 문화적 압력에 의한 돌연변이로 인간의 진화를 설명하는 공진화론을 구별한다.

실현하는 원리다. 공진화를 추동하는 직조복제에서 현실은 날줄이고 미래는 씨줄이다.

새로운 세상이 전개되는 방식은 인프라가 깔리고 여기에 기간망이 깔리고 건물이 들어서는 방식이 아니다. 세상은 건물이나 제도가 들어오기 전에 누군가의 머릿속 상상을 통해 더 높은 곳의 더 평평한 운동장을 만드는 뉴노멀 비전에서 시작된다. 이 뉴노멀 세상이 더 나은 세상이라는 비전을 초기 25~30% 정도의 사람들이 받아들이게 되면 임계점을 넘는다.[2] 임계점에 도달하면 이 세상을 건설할 전문성과 재원과 노동력을 가진 사람들이 협업으로 모여 뉴노멀의 설계에 따라 새로운 세상을 창출한다. 새로운 질서인 뉴노멀에 따라 건물도 생기고 제도도 탄생한다. 미래의 상상 속에 존재하던 말랑말랑한 뉴노멀이 딱딱한 현실로 자기 조직화한 것이다. 공진화는 자연선택에 의한 단순복제 원리를 주장하는 진화론과는 달리 상상의 씨줄과 현실의 날줄을 결합해 새로운 무늬를 가진 더 나은 현실을 만들어가는 직조복제 능력을 실행하는 인간만이 보유한 자기 조직화 원리다.

지금 인류는 휴대전화를 아주 당연한 현실로 받아들이고 있다. 애플의 스티브 잡스가 무선으로 연결되는 손안에 든 슈퍼컴퓨터라는 휴대전화 개념을 뉴노멀의 씨줄로 제시하는 데 성공했기 때문이

---

2 세상의 모든 결과의 80%는 초기에 개입한 상위 20%의 노력으로 결정된다는 이론이 파레토 법칙이다. 이런 방식으로 부의 80%도 상위 20%가 독점하고, 회사의 성과의 80%도 상위 20%의 초기 노력의 결과라고 설명한다. 파레토 법칙은 미래를 현재로 가져와서 선택할 수 있게 만드는 초깃값과 이 초깃값을 이용한 초반기 20-30%의 희생이 성공을 결정한다고 본다.

다. 휴대전화가 만드는 새로운 비전에 동의하는 재정과 기술과 인력을 가진 인재들이 협업으로 붙어서 실제로 휴대전화를 만들어냈고, 대부분의 사람이 휴대전화가 없으면 살 수 없는 현실이라는 노멀을 만들어냈다. 스티브 잡스는 사람들의 마음을 날줄로 삼아 자신이 개념화한 휴대전화를 씨줄로 제공해 뉴노멀의 직조에 성공했다. 스티브 잡스는 세상을 더 높고 평평한 운동장으로 공진화시킨 공의의 사람이 되었다.

요즈음 기업생태계를 달구는 이슈도 공진화다. 미국 전경련인 비즈니스 라운드테이블의 목적경영 선언, 이해관계자 자본주의 운동, 의식 있는 기업 운동, 《파이낸셜타임스》의 자본주의 리셋^{Reset for Capitalism} 운동, 다보스 포럼 운동, 유엔의 캠페인이 공진화를 지향하는 구심점을 향해 달리고 있다. 이들의 주장은 공의기업, 목적경영, ESG, 지속가능성 등으로 다양하지만 공통된 지향점은 인류와 지구의 지속가능성을 위한 공진화다.

공진화 가설에 따르면 사회 문화적 압력을 앞세운 공진화와 다른 방향을 선택한 인간, 조직, 사회는 공동체 생태계에서 지속가능성을 상실하여 도태된다. 실제로 글로벌에서 가장 큰 자산을 운용하고 있는 블랙록^{Black Lock}의 CEO 래리 핑크^{Larry Fink}는 회사의 경영을 환경과의 공존, 사회와의 공생, 회사 구성원과의 공영이라는 ESG로 바꾸지 않으면 이사회 구성원을 바꾸는 투표에 개입해 대표이사도 교체할 수 있다는 서한을 보내고 있다.[3]

---

3   블랙록은 6조 3,000억 달러의 자산을 운용하는 세계 최대 자산운용사다. 2021년 6월 기준 KB금융,

뉴노멀로 제시된 공진화를 따르지 않는 기업들의 운명은, 새로운 길과 건물이 들어서서 많이 바뀌었음에도 10년 전 처음 달았던 내비게이션을 업데이트하지 않는 것과 비슷하다. 운전자가 차를 운전해 나들이라도 하려면 곧바로 사고 위기에 직면한다. 운전자는 내비게이션을 업데이트하는 대신 세상은 위험한 곳이라 생각하고 자신이 아는 곳으로만 다닌다. 세상의 지형이 바뀔수록 이 사람이 나갈 수 있는 곳은 점점 줄어들어 결국 자신이 만든 감옥에 갇히는 형국이 된다. 감옥에 갇혀 살고 있음에도 감옥이 더 안전하니 밖으로 나가지 말라고 자신에게 경고한다. 자신이 간수이자 죄수다. 타조가 위험 상황에 쫓기면 굴을 찾아 숨어드는 것과 같다. 그동안 세상의 지평은 계속 융기해서 어느 시점이 지나면 자신의 굴에서 나가는 것도 불가능해진다. 굴속에서 굶어죽는 운명이다. 공진화하는 새로운 지평을 무시하고 이런 토굴을 파고 숨어 있는 구성원이 많으면 이 토굴들은 외부의 조그마한 변화 충격에도 싱크홀이 되어 회사를 무너뜨린다. 뉴노멀로 융기하는 세상에 맞춰 자신의 내비게이션을 업데이트하는 일조차 게을리하는 사람들이 공통으로 경험하는 파국이다.

공의기업은 이런 뉴노멀의 운동장을 시간에 앞서서 자신의 회사 안에 먼저 직조해낸 회사들이다. 공의기업은 자신만의 씨줄을 통

신한지주, 네이버의 2대 주주다. 포스코, 카카오, HLB, 삼성전자, KT&G, 삼성엔지니어링, 삼성SDI, 현대건설기계의 5% 이상의 주식을 가지고 있다. 삼성전자뿐 아니라 SK하이닉스, LG전자, LG디스플레이, 실리콘웍스 등 반도체와 디스플레이 업종도 장악하고 있다. 대한민국 대부분 대기업의 운명을 바꿀 수 있는 재무적 힘을 지녔다. 블랙록이 제시하는 ESG라는 뉴노멀에 따르지 않는다는 것은 기업을 포기하는 것이다.

해 뉴노멀 운동장을 설계한 공진화의 주체다. 공의기업은 사람들이 딱딱한 현실이라고 받아들이는 상황에 머무는 것을 넘어서 자신이 염두에 둔 미래 운동장에 대한 설계도를 씨줄로 가져와서 새로운 미래를 직조해 자신의 회사 안에서 공의 운동장을 실험한 회사들이다.

이런 회사에 근무했던 구성원들은 회사에 대한 고마움을 다음과 같이 고백한다. "이 회사는 저에게 3~5년 먼저 미래를 경험하게 해주었습니다." "회사를 퇴사하고도 먼저 가본 미래 때문에 불안해하지 않고 내 전문성을 가지고 마음껏 일할 수 있었습니다."

단순복제와 직조복제

인간이나 조직이 공진화를 만들어가는 방식은 생존을 위해 자신의 유전자를 퍼뜨리는 단순복제 방식이 아니다. 공동의 번성을 염두에 두고 상대의 유전자와 자신의 유전자를 씨줄과 날줄로 결합하는 직조weave를 통해 의도적으로 더 나은 유전자를 만들어내는 직조복제다. 자신의 유전자를 이기적으로 퍼뜨리는 단순복제를 통해 유전자는 번식이라는 생존을 챙기지만, 이때 복제의 대상은 모두 숙주일 뿐이다. 진화론의 복제는 주체와 숙주의 이원론을 벗어나지 못한다. 인간은 이런 진화론의 논리와는 구별되는 직조복제 원리를 발전시켜 종 번식을 넘어 인류의 공존, 공생, 공영이라는 공진화를 향한 자기 조직화 원리를 실현해왔다.

단순복제 과정은 코로나바이러스가 번식하는 방식과 같다. 코로나바이러스는 인간을 감염시켜 감염자를 만들어내고 감염자가 다시 바이러스의 숙주가 되어 다른 사람을 감염시킨다. 코로나바이러스의 목적은 인간을 숙주로 자신을 퍼뜨리는 방식이다. 숙주는 바이러스 전파를 위한 매체이자 수단이다. 요즈음 인기를 끌고 있는 틱톡 마케팅에서도 소문viral 마케팅은 단순감염자를 만들어내는 방식이다. 전파력은 클지 모르나 공진화를 진화시키는 방식은 아니다.

직조복제에서는 미래에 대해 더 공진화된 의도를 가진 주체가 씨줄이 되고 다른 참여자나 배경 혹은 환경은 날줄이 되어서 뉴노멀의 지평을 자기 조직화한다. 자신의 미래에 대한 목적을 씨줄의 텍스트로 삼고 변화시켜야 할 상황을 날줄의 텍스트로 삼아서 이 두 텍스트를 교차 결합해서 새로운 맥락context: text+text을 담은 태피스트리를 직조해낸다. 상황이라는 날줄에 복제의 주체가 가져온 목적이라는 씨줄을 직각으로 교차해 새 태피스트리를 만드는 방식이다.

조직 생태계를 연구하는 학자들이 제안하는 단순복제는 대체로 세 가지 방식이다.[4] 벤치마킹 복제mimetic isomorphism, 규범적 복제normative isomorphism, 강제적 복제coercive isomorphism다. 벤치마킹 복제는 새로운 방식으로 편익을 보았다고 하는 기업이 나타나면 이 회사의 관행을 그대로 따라서 복제하는 방식이다. 이런 회사들이 많아지면 당연히 이런 관행이 오히려 정상적 관행이 된다. 규범적 복제는 이런 새

---

4   뉴노멀이 굳어지는 방식에 대해 설명을 제공하는 사회학자가 디마지오와 파웰이다. Paul J. DiMaggio & Walter W. Powell, "The Iron Cage Revisited: Institutional Isomorphism and Collective Rationality in Organizational Fields", *American Sociological Review, 48(2)*, 1983, pp. 147-160.

로운 관행이 떠오르고 많은 복제가 생성되면 학계나 이들이 모여 있는 연합체들이 나서서 이런 방식이 왜 정당한 방식인지에 대한 토의를 거쳐 올바른 규범으로 확립하는 것을 의미한다. 이런 단체들이 단순복제에 대한 평가기준을 만들면 이 기준은 특이행동을 규제하는 규범으로 정착된다. 강제적 복제는 이런 새롭게 떠오르는 규범이 일상화되고 법제화되는 상황이다. 이런 법제화에 따라 새로운 관행을 따르지 않으면 불이익을 받게 만들어 복제에 쐐기를 박는 것이 강제적 복제다.

단순복제는 유전자 복제의 실수인 돌연변이가 없다면 혁신을 만들어내지 못하지만 공진화의 방식은 직조복제를 통해 의도적으로 돌연변이를 만들어내는 방식이다. 진화론자의 주장과는 달리 인간은 의도적으로 실수와 돌연변이를 상시화시키는 혁신을 통해 지속가능성을 향한 공진화를 실현시켜왔다.

진화론자들이 주장하는 단순복제는 씨줄에 해당하는 유전자를 바꾸지 않고 감염자를 찾아가는 방식이어서 공진화를 향한 자기 조직화를 만들어내지 못한다. 단순복제로도 살아남을 수 있는 조건은 생태계에서 먹잇감이 충분할 때다. 무엇을 해도 일사불란하게 전진할 수 있고 누구든 성공을 얻을 수 있는 상황이라면 제일 좋은 관행을 만든 사람이나 기업을 따라 하는 단순복제 전략이 최고 전략이다.[5] 이 전략은 경기가 한창 좋을 때 대한민국 기업들이 성장한 비결

---

5   신뢰 연구자 보츠먼은 단순복제를 초보적 신뢰를 형성하는 전략에 비유한다. 단순복제라는 단순신
     뢰를 만들기 위한 전략은 세 가지 단계. 첫째는 복제된 상황의 어색함을 제거해주는 전략이다. 스
     시를 음식으로 생각하지 않았던 미국인에게 김과 생선을 초밥 안으로 넣는 캘리포니아 롤을 만들

이다. 진화론의 옷을 바꿔 입고 출현한 신자유주의는 먹이가 풍부한 세상에서 기업은 강자를 그대로 단순복제하는 숙주가 되는 방식을 통해 빠르게 성장할 수 있다고 가르쳤다.

다음 그래프는 먹이 양이 일정할 때 기업들이 새롭게 진입하고 퇴출당하는 과정을 시뮬레이션한 것이다.[6] 이 그래프는 조직생태의 흥망을 연구하는 조직생태학자들이 조직 흥망의 시점을 예측하기 위해 사용한다. 예를 들어 직장 조기 은퇴자들이 많이 생겨 이들이 생계를 위해 치킨 가게나 피자 가게 등의 사업에 뛰어드는 상황을 상상해볼 수 있다. 수요도 충분하고 초기 진입자의 수가 많지 않다면 다른 선도 진입자들의 성공 관행을 벤치마킹하는 단순복제로도 충분히 생계를 유지하고 성공할 수 있다. 성공했다는 소문이 퍼져 사업자들이 다수 진입하기 시작하면 생태계의 먹이사슬이 고갈되기 시작하는 고원에 도달한다. 이 고원에 도달한 이후에 새로운 사업자가 성공사업자를 단순 벤치마킹해서 사업에 뛰어들면 상투를 잡은 상황이 연출된다. 상황이 점점 어려워지면 진입했던 사업자들이 다른 사업영역으로 사업을 옮겨가는 노마드 현상이 발생한다.

어서 스시를 먹게 한 사례가 이 전략을 사용한 사례다. 둘째는 복제된 것이 상대에게 어떤 혜택을 가져다주는지 이익을 충분히 그림으로 보여주는 것이다. 마지막은 다른 영향력 있는 사람들도 복제해서 쓰고 있다는 것을 인용해서 레버리지로 이용하는 것이다(레이철 보츠먼, 앞의 책). 직조복제는 상대를 복제를 위한 숙주로 사용하는 것을 넘어 상대와 전수자가 서로에게 씨줄과 날줄이 되어서 새로운 맥락을 만들어가는 복제를 의미한다.

6   Yu Xui, *International Journal of Communication 12*, 2018, pp. 1612-1637. 논문에 표기된 그림 2를 변경한 것임.

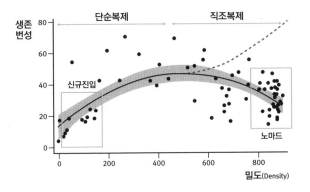

흥망의 조직생태학 원리

　　이런 어려운 상황에서도 살아남는 사업자들은 직조복제로 자신만의 차별적 사업방식을 새로운 태피스트리로 만들어낸 사람들이다. 변화가 상수가 되었고 대부분 산업이 포화상태에 도달한 지금과 같은 초뷰카 시대는 무슨 사업을 하든지 단순복제 방식만으로 생존조차 유지할 수 없다. 특정 산업군에서 성공 패턴이 상당 기간 유지되었다면 생태계가 조만간 산성화되고 고갈될 것이라는 경고다. 이런 포화상태에서 살아남기 위해서는 누구나 새로운 태피스트리를 직조해야 한다. 기업도 더 높은 장소에 더 평평한 운동장을 새 태피스트리로 만들어낼 수 있는 자기 조직화 역량을 가진 회사만 살아남는다.

벌거숭이 임금님

우화에 등장하는 벌거숭이 임금님은 유행을 아주 좋아하는 임금님이다. 이 임금님의 유행에 대한 끊임없는 욕구를 충족시킬 수 없었던 신하들은 임금님을 벌거벗겨놓고 최첨단 유행의 옷을 입고 있다고 사기를 친다. 이를 믿고 자랑스럽게 거리를 활보하던 임금님을 본 아이들이 놀라 임금님은 벌거숭이라고 소리친다. 이 우화의 이야기는 유행을 좇아서 변화를 치장하는 우리들의 일상과도 일맥상통하는 점이 많다. 기업이나 개인들이 나름대로 변화에 적응해야 한다는 생각이 있지만, 이들 스스로가 자신에 맞는 옷을 만들어본 경험을 가진 경우는 많지 않다.

어떤 새로운 변화에 대한 묘안이나 대책을 찾을 때 사람들이나 회사가 던지는 통상적 질문은 이런 혁신과 변화의 방법이 업계에서 다른 기업에 의해서 검증되었는가이다. 새롭게 검증된 관행을 경쟁사가 도입했다면 이것이 자신에게 맞는 옷인지는 불문하고 일단 도입하고 본다. 벤치마킹이라는 이름으로 다른 회사의 모든 관행을 따라 하는 전략은 자기 회사의 옷을 벗기고 벌거숭이로 만드는 전략이다. 자신을 남들의 숙주이자 짝퉁으로 만든다.

개인도 마찬가지다. 많은 젊은이가 경쟁에 이기기 위해서 소위 말하는 스펙 만들기에 몰입하기는 하지만 이 스펙이 자신이 잘하는 것인지, 전문성으로 사회에 이바지할 수 있는지는 따지지 않는다. 얼마나 많은 비슷한 처지의 다른 사람들이 이 스펙을 위해서 노력하는지가 잣대가 된다. 자신을 벌거숭이 임금님의 숙주로 만든 것이다.

벌거숭이 임금님 변화전략은 환경에서 오는 변화가 미미하고 변화의 추세가 예측 가능한 점진적 변화 시기였던 1980~90년대에 맞는 전략이지 롤러코스터를 타고 움직이는 초뷰카 시대에 변화 챔피언들이 택해야 할 전략은 아니다. 환경의 불확실성이 극대화되고 새로운 변화의 표준이 변화에 성공한 사람들에 의해서 설정되고 강요될 때 벤치마킹 전략에 올인하는 것은 자신을 이류로 고착시키는 전략이다.

시대를 선도하는 변화 챔피언으로 거듭나기 위해서는 지금까지 자신의 변화전략이 단순복제를 숭배하는 벌거숭이 임금님이 아니었는지를 반성해야 한다. 자신도 모르게 벌거숭이 임금님 전략을 따르고 있었다면, 단순히 유행을 따르는 것이 정당성의 기반이라는 생각을 넘어서서 자신만의 변화 대본을 쓰는 영웅적 여행을 시작해야 할 것이다. 유행을 넘어서 변화의 큰 흐름 속에 자신만이 잘할 수 있고 자신이 좋아하는 영역을 재발견하여 자신에게는 빵의 역할을 다른 사람들에게는 소금의 역할을 할 수 있는 자신만의 태피스트리를 준비해야 한다. 변화 챔피언이 되기 위해서는 유행을 전파하는 숙주가 아니라 유행을 창출하여 뉴노멀을 직조할 수 있는 예술가와 리더가 되어야 한다. 21세기는 공진화를 염두에 둔 직조복제 역량을 보유한 기업과 리더만 번성을 구가한다.

일류기업이 무너지는 이유

한때 일류기업이었던 기업들이 무너지는 이유도 현실의 노멀과 미래의 뉴노멀이 반복되어가며 더 높은 장소에 더 평평한 운동장이 펼쳐지는 기업생태계의 공진화 원리를 놓치고 단순복제에 머물렀기 때문이다. 무너지는 회사들은 환경이 다르게 전개됨에도 자신의 모형을 단순복제하도록 고객이나 구성원에게 강요하는 관행들이 갑질이라는 역풍을 만든 경우이다.

경기가 어려워지고 성장의 동력이 사라지는 시대가 되자 경기와 상황이 좋을 때 비저너리 회사로 등재되었던 노키아, 소니, 모토로라, 리먼 브라더스, 엔론이 연달아 무너져내렸다. 비저너리 회사로 확립했던 회사의 30%가 무너졌다. 왜 이런 현상이 생겼는지를 규명하는 책이 『위대한 기업은 다 어디로 갔을까 How the Mighty Fall 』이다.[7] 이 책에서는 최고의 기업으로 추앙받았던 기업들이 진화론의 단순복제에 집착하는 과정에서 공진화에 실패하고 몰락의 길을 걷게 되는 과정을 다섯 단계로 제시하고 있다.

첫 단계는 자신이 거둬들인 성공을 시스템의 우수성이나 종업원들의 뛰어난 협업능력, 아니면 운에 의해서라기보다 100% 자신의 우수성 때문이라고 규정하는 자만심 hubris이 작동되는 것에서 시작한다. 겸손하지 못함이 모든 몰락의 첫 단추다. 둘째로, 사업을 처음 시작했을 때 가졌던 존재목적에 자만심의 먹구름이 끼기 시작하

---

7   짐 콜린스, 『위대한 기업은 다 어디로 갔을까』, 김영사, 2010.

면 탐욕과 사욕이 살아나 목적의 자리를 채운다. 사욕과 탐욕이 목적을 대체하기 시작하면 무조건 큰 것이 위대한 것이라고 단순복제를 강요한다. 기업이나 리더들은 자신을 근시안적으로 눈이 먼 골리앗으로 만든다. 불안을 잠재우기 위해 여유 자원을 총동원해 회사의 사명, 목적, 업과는 무관한 큰 프로젝트를 여기저기 벌인다. 단순복제를 강요하는 이유는 목적을 잃은 것에 대한 불안을 큰 목표로 막아보려는 시도다. 이 단계에 진입한 회사에 다니는 구성원들은 영혼을 잃어버린 불안을 숨기기 위해 말마다 영혼을 끌어당긴다는 의미의 '영끌'이라는 단어를 자주 사용한다. 셋째로, 회사가 무너지고 있다는 객관적 자료가 여기저기 제시되고 있음에도 자기 방어시스템을 가동해서 자신들의 문제가 아니라고 적극적으로 방호하기 시작한다. 자신들이 옳다는 방어기제의 믿음에 갇히면 자신을 제외한 모든 세상을 적으로 규정한다. 자신이 믿음의 감옥에 갇혀 있음을 인정하지 않는다. 자신들이 편견의 원천으로 작용하기 시작해서 여기저기 토굴이 생기기 시작한다. 넷째 단계는 명백하게 회사가 무너지고 있다는 것을 자신들도 인정하고 큰 한 방을 찾는 단계다. 자신을 구제할 수 있는 카리스마 CEO를 외부로부터 영입하거나 모든 실패를 만회해줄 수 있는 한 방을 찾는 단계다. 한 곳에 올인하는 것은 이미 전략에서 의도가 상실되었음을 자인하는 것이다. 전략이란 여러 대안을 검토해 최선을 택하지만 최악에 대한 시나리오에 대비하는 것을 의미한다. 전략의 의도를 상실한 기업들은 모든 것이 한 방에 의해서 해결될 것이라고 믿기 시작한다.

마지막 단계는 결국 죽음 직전에 이르러 소생redemption의 기미가 안 보이는 단계다. 죽음을 기다리는 단계다. 다른 모든 대안이 사라지고 희망만이 유일한 대안으로 남은 단계다. 어렵기는 하지만 마지막 단계에서 유일하게 남은 희망인 희망을 살려내서 소생에 성공한 경우도 있다. 2차 세계대전 중 패망의 기색이 짙게 드리울 때 처칠이 영국을 소생시킨 것도 희망의 끈을 다시 움켜쥐는 것을 통해서였고, IBM이나 MS가 죽음 직전에 소생한 것도 결코 희망을 놓지 않고 겸손함을 되찾아 잃었던 목적을 향한 작지만 의미 있는 실험을 급진적인 거북이 방식으로 시작하여 자신을 일으켜 세울 수 있었기 때문이다.

한때 초일류임을 자랑하던 기업이 무너지는 이유는 진화론을 신봉해가며 생태계 참여자들에게 자신의 성공에 대한 단순복제를 강요하다 공진화하며 융기하는 새로운 세상의 직조복제 원리를 놓쳤기 때문이다.

회사의 존재목적이라는 씨줄을 잃고 성공의 자만심에 취해서 자신만의 방식을 고객, 종업원, 협력업체 등에 단순복제하도록 강요한 것이 실패의 단초가 되었다. 초뷰카 시대 더 높은 장소에 더 평평한 운동장이 이미 전개되고 있음에도 자신의 모형만 단순복제할 것을 강요하는 행위는 전형적 갑질이다. 갑질은 힘을 믿고 자신의 씨앗만을 단순복제하도록 강요하는 행동이다. 지금과 같은 초뷰카 시대에 자신의 존재목적이 새롭게 전개되는 뉴노멀에 맞춰서 자기 조직화해가며 공진화를 촉진하는 직조복제의 동학을 실행하지 못한다면 어느 기업이든 한순간에 비극의 주인공이 된다.

직조복제의 기적

예수님이 갈릴래아 호수 근처에 이르렀을 때 날이 저물기 시작했다.[8] 제자들이 날도 늦었고 하니 사람들을 돌려보내서 뭐라도 좀 먹이자고 제안했다. 독실한 기독교인들에게 오병이어의 기적은 의심의 여지가 없는 예수님의 기적이지만 기독교 신자가 아닌 사회과학자들은 다음과 같이 해석한다.

식당도 없는 갈릴래아 호숫가에서 모임이 행해졌기 때문에 아마도 오천 명의 군중 대부분은 가난한 사람들을 제외하고는 며칠 분의 먹을 것을 가지고 따라왔을 것이다. 이들 중에는 예수님을 믿지 않은 사람도 많았을 것이다. 이들은 예수님의 긍휼과 사랑을 설파하는 설교에 심취되어 운집한 이웃을 사랑을 나눈 형제자매라고 생각하게 되었을 것이다. 마침 아이가 가져온 빵과 물고기가 남을 위해 나뉘는 것을 보고 자신들이 감춰두었던 빵과 먹을 것을 기꺼이 남에게 나눠주었을 것이다. 사랑의 이름으로 남을 위해 자신의 것을 나누라는 메시지가 이들 군중의 마음속에 이입되어 차갑기만 했던 상황이 따뜻한 긍휼과 나눔의 맥락으로 새롭게 직조되었기 때문에 가능한 일이다. 맥락은 상황 속에 주체의 의도가 삽입되어 상황이 새롭게 해석되어 다시 구성된 뉴노멀을 의미한다. 이런 맥락이 새로운 태피스트리로 제시되자 참여했던 사람들이 자발적으로 자신의 것을 나누는 행동이 촉발되었고 이 나눔의 행동은 자연스럽게 모든 군중에

---

8   신약성서, 마가복음 6장 29-45절.

게 전염되었다. 갈릴래아 호수에 사람들이 가지고 왔던 마음의 날줄에 예수님의 설교가 씨줄이 되어서 새로운 태피스트리를 만들어 오병이어의 기적이 연출되었다. 일반 사회과학자의 눈에도 오병이어는 기적이다. 예수님의 믿음에 대해서는 별 관심이 없고 자기 먹을 것과 자기 생존이라는 단순복제 온 관심이 집중되었을 수천 명의 닫힌 마음을 실제로 기적처럼 열었기 때문이다. 사회과학자들은 모세가 홍해를 열었던 기적보다 사람들의 마음을 일제히 열었다는 것을 오히려 더 큰 기적이라고 생각한다. 집단동학 group dynamics 을 공부하지 않았음에도 많은 사람이 무작위로 앉으면 생길 수 있는 무임승차행위를 막기 위해 군중을 50명, 100명 단위로 쪼개서 앉도록 한 것도 일반 선지자에게는 감히 상상할 수 없는 통찰력이 발동한 것이다.

오병이어 사건의 '기적'은 사람들이 당연한 미래로 받아들이는 새로운 태피스트리가 짜여져 새로운 질서를 위한 자기 조직화가 시작되었음을 뜻한다. 이런 태피스트리를 직조하는 주체는 이야기에 의미있는 줄거리를 가져오는 사람이다. 태피스트리는 이야기와 이야기가 씨줄과 날줄로 만나는 교차를 통해 직조된다. 오병이어의 기적처럼 태피스트리 속에 담긴 의미있는 목적은 사람과 사람 사이의 관계를 통해서 자기 조직화한다.

관계를 기반으로 생성되는 현대판 오병이어를 잘 묘사하는 실화 영화가 리틀 보이 Little Boy 다.[9] 영화는 8세 소년의 이야기다. 같은 또래에 비해 키가 작아 놀림감이 된 주인공은 믿음이 강한 소년이

---

9   위키백과 <리틀 보이> 참조.

다. 2차 세계대전이 발발하자 사랑하는 아버지가 평발인 형 대신에 징집되어 전쟁터로 떠났다. 소년은 아버지를 빨리 돌아오도록 기적을 찾아 나선다. 아버지를 돌아오게 하는 방법은 전쟁이 빨리 끝나는 방법밖에 없다는 것을 알고 전쟁이 빨리 끝나게 하는 기적을 간구하다가 뭐든지 간절하게 바라면 이뤄진다는 사기꾼 마술사의 말을 믿고 간절히 기도하기 시작한다. 그러나 또래 아이들이나 어른들이 단순히 간절히 기도하는 것을 통해서는 어떤 것도 성취할 수 없다고 놀리자 소년은 믿고 따르는 신부님을 찾아가 고충을 털어놓는다. 신부님은 간절히 바라는 기도가 이뤄지는 원리를 아주 쉽게 설명한다.

기적을 보여줄 테니 아이에게 테이블에 있는 물병을 옮기는 기적이 일어나게 해달라고 간절히 기도해보라고 주문한다. 아이가 이 말을 믿고 간절히 기도하자 신부님은 기다렸다가 자신이 물병을 옮겨놓는다. 아이가 신부님이 물병을 옮기는 것을 목격하고 문제를 제기하자 신부님이 기적의 원리를 설명한다. 기적은 자기 혼자서 간절히 기도하는 것으로 이뤄지는 것이 아니라 간절히 바라는 기도가 다른 사람들의 마음을 움직였을 때 이들의 마음을 통해서 일어나는 것이라고. 아이의 간절한 기도가 신부님의 마음을 움직였기 때문에 자신이 스스로 물병을 옮겨놨다고 고백한다. 마음과 마음이 사랑으로 직조되어 새로운 태피스트리가 만들어지는 자기 조직화 원리를 설명한 것이다.

오병이어의 기적이 현대를 사는 우리에게 주는 메시지는 분명하다. 지금까지 진화론이나 신자유주의가 이끄는 세상에서 성공의

기준은 5천 명분의 식량을 남들에게 빼앗기지 않고 어떻게 혼자 다 차지할 수 있는가였다. 수많은 기업이 이런 진화론적 신자유주의 생각에 단순복제되자 세상은 소수를 제외한 모두가 피를 흘리는 양극화 지옥으로 전락했다.

공의기업이란 피 터지는 싸움터로 전락한 세상을 위해 자신의 목적을 씨줄로 세상을 날줄로 직조복제해 더 높은 장소에 더 평평한 운동장을 세우는 기업이다. 운동장 세우는 것을 기업의 존재이유로 약속하고 이 약속을 실행하는 기업이 공의기업이다. 한 개의 공의기업이 태어나서 5천 명의 고객, 종업원, 이웃에게 차별 없이 더 공평하게 뛸 수 있는 운동장을 제공한다면 공의기업은 현대판 오병이어의 기적이다.

미천한 시작에서 창대한 기적을 만든 과정을 추적해보면 항상 시작하는 시점에 아무도 알아주지 않음에도 자신이 찾아낸 목적의 씨줄을 가지고 사람들의 상식을 날줄로 엮어서 태피스트리를 직조한 사람이 있었다. 단순복제를 넘어서 직조복제의 동학을 이해한 사람들만 자기 조직화에 의해 전개되는 인간의 역사를 다시 쓴다.[10]

모든 기적을 돌아보면, 발견한 목적으로 세상의 생각과 상상을

---

10   윤정구와 Shane Thye는 직조복제가 만들어져 사회로부터 정당성을 인정받는 과정에 대한 이론을 제시하고 있다. 조직 안에서 자신만의 목적에 대한 의미의 씨줄을 만드는 것(propriety)에서 직조복제가 시작된다고 제안한다. 이 씨줄이 만들어지면 이 씨줄을 조직 구성원의 생각이나 관행이라는 날줄과 결합하는 과정인 인증(Endorsement)을 통해 새로운 태피스트리가 만들어진다고 본다. 새롭게 제시된 고유한 태피스트리가 조직의 밖을 구성하는 이해관계자들의 날줄과 결합하는 공증(authorization)을 통해 정당성이 있는 직조물이 탄생한다고 설명한다. Jeongkoo Yoon & Shane R. Thye, "A Theoretical Model and New Test of Managerial Legitimacy in Work Teams", *Social Forces, Vol. 90(2)*, 2011, pp.639-659.

초월하려는 누군가가 존재했고, 이 사람의 목적에 대한 약속에서 믿음의 실체를 본 주변인들이 협업해 태피스트리를 실제로 만들었다. 우리가 당연한 것으로 누리고 있는 오늘도 따지고 보면 먼 옛날 더 나은 미래를 간절하게 갈망하는 시인들과 몽상가들이 모여 씨줄과 날줄을 직조해 새 태피스트리를 성공적으로 만들어낸 자기 조직화의 결과다. 공진화의 책무를 이어받은 리더들이 제시한 태피스트리를 구성원들의 협업을 통해 더 높은 곳에 더 평평한 운동장을 갖춘 플랫폼으로 구현해냈다.

세상을 적응에 성공한 강자와 실패한 약자라는 이원론 프레임으로 나누고 이들 사이의 경쟁과 싸움을 부추기는 방식으로 생존을 유지해온 신자유주의자들은 진화론의 가면으로 위장한 사람들이다. 이들이 주장하는 단순복제를 통한 무한경쟁이 생태계를 산성화시켜 지속가능성을 무너뜨리고 있다. 여성과 남성, MZ와 X세대, 정규직과 비정규직이 지금처럼 서로를 적으로 규정하고 서로를 힘으로 제압하도록 단순복제하려는 진화론자들의 시도가 갈등을 키웠다. 공동운명이 걸린 미래를 염두에 두고 씨줄과 날줄로 태피스트리를 공진화시키는 직조복제 기반의 자기 조직화 패러다임이 복원되지 못한다면 우리에게 미래는 없다.

이런 점에서 지금 플랫폼 노동자를 양산해내고 있는 네트워크를 이용해 중개수수료로 생존하는 플랫폼은 직조복제와는 거리가 멀다. 제대로 된 플랫폼이란 네트워크에 참여하는 모든 사람이 주인공으로 참여하여 자신의 삶을 직조복제할 수 있도록 날줄을 제공해주는 플랫폼이다. 지금 플랫폼 기업들은 플랫폼의 탈을 쓰고 단순복제를 강요하는 신자유주의자들이다. 이들을 만들어내는 것은 더 높은 장소에 만들어지는 평평한 운동장과는 거리가 먼, 골이 깊어질 대로 깊어지고 더욱 기울어진 양극화의 운동장이다. 자기 조직화하는 세상의 복제 원리인 직조복제의 동학을 이해해 이들 유사 플랫폼을 넘어서는 공진화의 플랫폼을 만들어내는 것이 공의기업이 직면한 과제다.

애터미의 복제동학

애터미는 어떤 한국기업에 비교해도 단순복제를 넘어 직조복제를 통해 뉴노멀의 태피스트리를 만드는 데 앞장선 회사다. 회사는 직조해낸 새로운 태피스트리를 생태계에 참여하는 모든 동행들에게 날줄로 제공한다. 단순복제를 강요하기보다는 회사가 만들어낸 씨줄을 공진화를 위한 날줄로 제공한다.

애터미는 "영혼을 소중히 여기며 생각을 경영한다. 믿음에 굳게 서며 겸손히 섬긴다"라는 사훈, 자유에 대한 체험이라는 존재목적, 애터미 생태계에 참여하는 구성원들에 대한 나눔과 동반성장이라는 창업이념을 가지고 있다. 대부분 회사에서 사명의 울타리와 목적의 성소라는 씨줄이 태피스트리를 직조하는 씨줄로 작동하지 않는 이유는 이런 약속이 홈페이지에만 살아 있는 플라스틱 서약이기 때문이다. 회사의 내막을 가장 잘 알고 있는 종업원조차도 이것이 씨줄이라고 믿지 않는다. 이런 기업과 달리 애터미는 경영철학에 대한 서약을 지켜가며 네트워크 마케팅의 새로운 지평을 시도해왔다.

애터미는 새로운 지평을 공진화시키기 위해 아자몰을 통해 제품군을 확장했고, 향후 판매 범주는 생필품에서 금융, 안경과 패션, 여행과 문화예술 영역으로 확장할 것으로 보인다. 'GSGS'로 일컬어지는 '글로벌 소싱 글로벌 세일즈' 전략으로 판매망을 국내에서 글로벌로 확장했다. 생필품 중심의 국내사업이 성숙기에 도달하고 있음을 인지하고 돌파구를 글로벌에서 찾는 데 성공했다.

애터미는 자신만의 경영철학을 씨줄로 직조복제해 만든 시스템을 생태계의 구성원에게 날줄로 제공한다. 직조복제의 새 주체는 회사가 아니라 고객, 회원, 사업자들이다. 애터미에서는 사업자들에게 회사를 위해 사업하지 말고 자신의 성공을 위해 사업하라고 강조한다. 회사를 자신이 성공하기 위한 수단, 즉 날줄로 생각하고 여기에 자신만의 씨줄을 결합해 주인으로 일어서라는 주문이다. 이런 직조복제의 역량을 획득하지 못한 사업 초기에는 회사의 제품을 단순히 전달하는 단순복제에서 시작하지만 큰 사업자로 성공하기 위해서는 반드시 직조복제를 할 수 있어야 함을 누누이 강조한다. 애터미는 네트워크 마케팅 기업의 특성상 좋은 제품을 전달하는 단순복제를 넘어서 직조복제 해나갈 수 있는 역량에 따라 사업자의 미래가 갈린다는 것을 누구보다 명확하게 이해하고 있다.

이런 직조복제자를 육성하기 위해 애터미에서는 사업자뿐 아니라 구성원에게도 자신을 일으켜 세울 수 있는 인생 시나리오 작성과 작성한 시나리오를 고객에 큐레이션 할 수 있는 역량을 강조한다. 한 인터뷰에서 박한길 회장은 시나리오의 중요성에 대해서 다음

과 같이 강조했다.[11]

"인생 시나리오를 작성하라고 하면 밤새 고민하다 그냥 펜을 내려놓았다는 분들이 있어요. 정말 내가 한 달에 5천만 원을 버는 사람이 될 수 있을까, 이뤄지지 않으면 어떻게 하나, 두려워하다 그만두는 사람이 제법 많아요. 이때 용기가 필요합니다. 용기란 두려움을 느끼지 못하는 게 아니라 두려움과 맞서는 거예요. 빈털터리였던 제가 10억 원을 지게차로 떠서 주겠다고 큰소리칠 때 제 마음속에 두려움이 없었겠어요? 저도 사실 굉장히 두려웠거든요. '그래, 용기를 내야 해. 이 두려움에 내가 지면 안 돼, 이 두려움과 맞서야 해. 그렇지 않으면 나처럼 어려운 처지에 있는 사람들을 어떻게 할 것인가'라는 오직 그 생각으로 이겨낼 수 있었습니다."

애터미에서 인생 시나리오를 작성할 때 균형 잡힌 삶을 담은 플롯을 강조한다. 새가 한쪽 날개만으로는 자유를 누릴 수 없듯이 양쪽 날개로 균형을 잡아 날 수 있을 때만 회사에서 존재목적으로 구성원들에게 약속한 자유에 대한 체험을 제대로 느낄 수 있기 때문이다. 애터미의 사업자나 임직원들은 균형 잡힌 인생 시나리오라는 삶의 씨줄을 가지지 못하면 세상의 변화에 맞서 싸우기도 전에 쓰러져 있는 자신을 일으켜 세울 힘조차 얻을 수 없다고 믿고 있다.

---

11   서정보 기자, 박한길 회장 인터뷰, 주간동아. https://weekly.donga.com/3/search/11/1103559/1

네트워크 마케팅 사업에 대한 부정적 인식이 여전히 존재하는 상황에서 회사의 우수성과 제품의 가성비만으로 제품을 전달하는 단순복제는 달걀로 바위 치는 격이다. 그렇다면 직조복제자는 단순복제자와 달리 어떻게 난관을 극복할까? 상황을 날줄로 자신의 이야기를 씨줄로 직조복제해서 산성화된 상황을 보다 의미 있는 우호적 맥락으로 전환시킬 수 있는 규레이션을 통해서다.

우리말에 씨알이 안 먹힌다는 표현이 있다. 씨알은 우리 선조들이 직조기술에서 사용하던 전문용어다. 선조들은 날씨가 눅눅해서 주어진 날줄에 씨줄이 잘 먹히지 않아서 직조가 잘 안 되는 상황을 씨알이 안 먹힌다고 표현했다. 씨알이 안 먹히는 상황이 온다면 성공은 물 건너간 일이다. 씨알이 안 먹히는 근본적 이유는 날줄을 고려하지 않고 씨줄만 강요하기 때문이다. 암울한 상황에서 씨알이 먹힌다는 것은 주인공의 이야기가 상대에게 성공적으로 전달되어 태피스트리가 직조되고 있음을 뜻한다.

상황이 바위와 같이 산성화되어 있어서 아무리 시도해도 씨알조차 안 먹힐 듯한 상황에서도 직조복제의 원리는 유효하다. 문제는 씨알에 있다. 본인은 씨알이라고 생각할는지 모르지만 어디서나 볼 수 있는 평범한 날줄에 불과하다. 평범한 날줄이 달걀이 되어 바위처럼 단단한 상대의 심지를 괴롭히고 있다. 자신만의 고유한 씨줄이 없는 단순복제에 머문다면 바위에 달걀 던지기를 멈추지 않는 형국이다.

직조복제를 한다는 것은 바위에 달걀 던지기를 멈추고 바위에 난 균열을 찾아서 여기에 자기의 씨줄을 씨앗으로 끼워 넣는 것을 의미한다. 씨줄이 있는 사람들만 결국 새로운 맥락이라는 태피스트리를 만들어낸다. 씨알조차 안 먹히는 상황에서 씨알 자체를 거부당하는 이유는 상대의 날줄을 무시하고 자신의 날줄만을 강요하거나 상대보다 더 낮은 수준의 날줄을 씨줄로 강제하기 때문이다.

네트워크 사업자의 성공은 바위처럼 단단한 상황에 씨알이 먹히는 수준의 내러티브를 만들어 새로운 맥락을 자기 조직화할 수 있을 때 가능하다. 수준 높은 내러티브를 가진 사람들은 바위에 균열을 찾아 자신의 씨앗을 끼워 넣는 과정에서 당하는 거절의 숫자를 성과지표로 정한다. 바위에 씨앗을 심는 작업은 한두 번의 시도로 해낼 수 없다는 현실을 본인도 잘 알기 때문이다. 현실을 바위라고 제대로 인식하고 단순복제 방식의 달걀 던지기를 멈추고 직조복제할 수 있을 때만 생각할 수 있는 전략이다. 성공하지 못하는 사람들은 씨알이 먹히는 전략을 찾기보다는 바위에 씨알이 빠진 이야기를 달걀 던지기 하듯 던지는 행동에 몰입하다 자신이 깨지면 바위를 욕하고 발을 뺀다.

네트워크 마케팅 사업에서 직조복제를 할 수 있는 역량은 자신의 씨줄을 상황이라는 날줄에 끼워 넣어 큐레이션 할 수 있는 '끼워 넣기 능력'을 의미한다.[12] 여기서 끼워 넣기란 말은 배태^embedding란

---

12   끼워 넣기, 즉 배태는 스탠포드 대학의 그라노베터(Mark Granovetter)가 처음 쓴 개념이다. 그라
      노베터는 네트워크에서 강한 연대가 아닌 약한 연대가 어떻게 끼워 넣기에 더 유리한지를 연구했
      다. Granovetter, M., "Economic Action and Social Structure: The Problem of Embedded-

말을 전파하기 위해 쓰인 말로, 네트워크 연구자들에 의해 오랫동안 연구되어 정립된 자기 조직화 이론에서 중요한 전략이다. 세상에 놀라움을 준 모든 근원적 변화는 이 끼워 넣기를 통해서 씨줄의 직조 복제에 성공한 사람들이 만들어냈다. 지금까지 네트워크 마케팅 사업으로 성공한 사람들은 모두 끼워 넣기를 통한 직조복제의 달인이었다.

자신이 무모하게 달걀이 되겠다는 생각만 버린다면 바위 같은 상대를 만나는 것은 오히려 축복이다. 살아 있는 유기체가 돌과 같은 바위로 변한 것은 오랫동안 변화를 하지 못해 이미 임계점에 도달했기 때문이다. 변화하지 않으면 죽어버리는 임계점에 도달한 바위를 자세히 보면 엄청난 균열들이 많다. 균열은 세상과의 불협화로 바위가 견디지 못하고 갈라진 모습이다. 근원적 변화를 제대로 산출할 수 있는 안목이 있는 사업자들은 이 바위의 균열을 찾아서 자신의 씨줄을 '끼워' 넣는다.

네트워크 마케팅 사업으로 성공한다는 것은 바위같이 단단한 산성화된 세상을 비옥한 토양으로 만드는 과업에 성공하는 것을 의미한다. 이런 일이 가능하기 위해서는 바위에 달걀을 던지는 일을 중지하고 바위의 표면을 자세히 살펴서 어디에 균열이 있는지를 찾아내야 한다. 발견한 균열에 자신의 씨줄을 씨앗으로 끼워 넣어 뿌리를 내리게 하고 이 뿌리를 통해 단단한 바위를 서서히 토양으로 바꾸는 지렛대 작업을 할 수 있는 사람들만이 성공을 만들어낸다.

ness", *American Journal of Sociology Vol. 91(3)*, 1985, pp: 481–510.

세상의 모든 근원적 변화는 단단한 바위의 배경을 이해하고 이 배경의 갈라진 틈에 자신의 사업 의도를 성공적으로 끼워 넣는 일에서 시작한다.

직조복제 수준에서 자신의 씨줄을 끼워 넣기에 성공한다는 것의 전제는 전파하는 대상보다 더 높은 수준에서 자신의 사업과 상대를 이해할 수 있어야 한다는 점이다. 높은 수준에서 씨줄을 만들 수 없다면 자신보다 더 높은 수준의 태피스트리를 가진 중산층 이상을 회원이나 사업자로 영입하는 것이 불가능하다.[13]

최근에 애터미는 SNS라는 시대적 소통 채널에 맞게 사업자가 비즈니스를 직조복제할 수 있도록 돕는 전략으로 애터미 퍼스널 플랫폼atomy, personal platform, APP을 출시했다. 사업자들이 애터미 플랫폼에 자신만의 이야기가 담긴 온라인 상점을 만들 수 있도록 튼튼한 날줄을 제공한 것이다. 애터미 사업자들은 SNS 시대에 맞춰 애터미 시스템이라는 날줄에 자신만의 고유성을 씨줄로 자신의 태피스트리로 직조해서 APP에 직접 탑재할 수 있게 되었다. 애터미 플랫폼의 주인owner으로 세우는 전략이다.

다른 네트워크 마케팅 회사가 가지지 못한 애터미만의 직조복제 역량을 획득하게 만드는 것은 높은 수준의 체계적 인문학 강의다. 다른 회사들이 회사의 시스템과 제품의 우수성을 기반으로 자사

---

13   Raghuram Iyengar Sangman Han Sunil Gupta1, "Do Friends Influence Purchases in a So-cial Network?" *Harvard Business School Working Paper,* 2009, 09123. 네트워크 마케팅과 방문판매의 차이는 높은 수준의 서사를 만들어서 전달할 수 있는지에 달려 있다. 단순히 제품을 전달하는 방문판매에서는 이런 높은 수준의 직조복제가 필요하지 않다. 직조복제에 관해서 다음 책 참조. 하워드 가드너, *체인징 마인드,* 재인, 2005.

를 단순복제하는 데 치중하고 있다면 애터미는 인문학 강의로 단순 복제를 넘어 직조복제 능력의 사업자들을 키워왔다.

　인문학 강의의 커리큘럼은 애터미 경제문화연구소장인 이성연 교수가 기획하고 강의해왔다.[14] 이성연 교수는 경제학자로 육군사관학교와 3군사관학교 교수를 역임했다. 인척 관계인 창업자를 어렸을 때부터 지켜보았기에 설립자의 철학과 생각을 누구보다 정확하게 꿰뚫고 있다.

　애플을 창업한 스티브 잡스가 애플은 인문과 기술의 교차점에서 만들어졌다고 선언했듯이 애터미는 이성연 교수의 인문학과 박한길 회장의 비즈니스 역량을 직각으로 교차해 직조복제에 성공한 결과라고 봐도 과언이 아니다.

　아래 성찰의 샘의 글은 이성연 교수의 간담상조肝膽相照라는 인문학 강연에서 영감을 받아, 직조복제를 통해 변화와 성공을 만들 사람들을 위해 각색한 글이다. 애터미 사업자들의 큐레이션에는 이런 수준 높은 인문학 강의가 씨줄로 녹아 있다.

14　이성연, 『애터미 성공의 비밀 인문학에서 찾다』, 유토피아북, 2000.

간도 없고 쓸개도 없다

주변에 쓸개인 담낭을 제거한 사람들이 꽤 많이 있다. 쓸개에 담석이 생겨서 극심한 통증을 유발했기 때문이다. 간은 매일 1리터 정도의 담즙을 생산해 소화작용에 쓴다. 쓰지 못한 담즙은 다시 재생된다. 담즙의 일부는 쓸개에 여섯 배 내지는 열 배의 고농도로 비축된다. 간이 정상적으로 기능한다면 쓸개는 담즙의 재고창고이기 때문에 꼭 필요한 것은 아니다. 핵심은 담즙의 기능이다.

담즙이 없다면 무슨 일이 발생할까? 쓸개와 간이 제대로 기능하지 못하는 사람들을 비유하는 말에서 단서를 찾을 수 있다.

담즙과 관련해 '간에 붙었다 쓸개에 붙었다 한다'는 표현이 있다. 아부와 배신을 밥 먹듯이 하는 사람을 의미한다. 줏대가 없고 정신이 혼미해진 사람을 '쓸개 빠진 놈'이라고 부르기도 한다. 친한 사이여서 간이고 쓸개고 다 보여준다는 간담상조肝膽相照라는 고사성어도 있다. 토진간담吐盡肝膽은 간과 쓸개를 다 토한다는 뜻으로 내면의 모든 것을 드러내 보이며 진정성을 도모하는 행동을 의미한다. 한마디로 간과 쓸개가 없어서 담즙을 제대로 만들지 못하는 삶은 자신만의 주체성이 상실된 삶을 상징한다. 담즙이 제대로 만들어지지 않으면 자조적으로 '쓸개(게) 없다'는 말을 자주 내뱉는다. 자신의 것으로 내세울 만한 것이 없다는 것을 고백하는 말이다.

억울한 일을 당해서 이를 갈고 가슴을 두드린다는 절치부심切齒

^{腐心}이라는 행동도 담즙의 분비를 촉진하기 위한 임시처방이다. 이를 악물고 자신의 담즙을 촉진하기 위해 간과 쓸개가 있는 부위인 가슴을 두드린다는 것이다. 와신상담^{臥薪嘗膽}은 장작 침상에 불편하게 누워서 쓸개를 핥아가며 보복을 준비한다는 뜻이다. 담즙을 핥는 이유는 자신이 주인이 되고 왕이 되는 주체적 삶을 회복하기 위함이다.

실제 담즙의 역할은 음식물을 섭취했을 때 이것을 분해해서 우리 몸에 맞는 영양소로 전환하는 일과 여기서 부산물로 생긴 몸의 독소를 배출하는 일이다. 담즙이 역할을 못해 몸이 영양소를 흡수하지 못하면 몸이 붓고 노랗게 되는 황달이 생긴다. 담즙으로 소화할 수 있는 분량을 넘는 음식을 지속해서 섭취하면 콜레스테롤 찌꺼기가 모여 쓸개에 돌을 만든다. 섭취한 음식물이 내 몸을 키우기 위한 원재료, 즉 날줄이라면 담즙은 이것들을 내 몸에 필요한 영양분으로 분해, 추출, 변환하여 몸에 공급하는 씨줄의 구실을 한다. 담즙이 없다면 아무리 영양가가 많은 음식을 많이 먹어도 한 치의 몸도 키울 수 없다. 고통의 원천인 담석만 키울 뿐이다. 반대로 음식이 공급되지 못하고 담즙만 있다면 몸은 마른 장작처럼 새까맣게 타들어 갈 것이다.

우리의 삶에서 씨줄로 나의 고유성과 주체성을 만들어주는 담즙이 없다면 우리는 다른 이의 아바타이자 복제품의 삶을 사는 것이다. 그것은 대체 가능한 삶이다. 지금은 그나마 힘이 있어 온전하게 서 있지만 언제든지 상황이 바뀌면 남들에 의해서 대체품으로 전락해 쓰러질 수 있다. 항상 남들에 의해 대체될 수도 있다는 불안에서 벗어나지 못하는 삶, 한마디로 존재우위가 없는 삶을 사는 운명에 갇힌다.

당나라 선승이었던 임제 선사는 '수처작주 입처개진隨處作主 立處皆眞'이라는 교훈으로 담즙이 있는 삶을 강조했다. '어디에 가든지 자신의 담즙을 회복해 상황의 날줄에 자신의 씨줄을 끼워 넣는 주인이 되는 삶을 복원하면 하는 일 모두가 진실로 드러난다'라는 의미다. 우리가 열심히는 살지만 평생 남의 것을 단순복제하는 허구적 삶에서 벗어나지 못하는 이유를 통렬하게 지적한 것이다.

원흉은 간 때문이다. 간이 제대로 담즙을 생산해내지 못한다면 많이 먹어도 삶의 활력이 떨어져 식물인간처럼 누워 살아야 하는 상태를 면하지 못한다.

애터미는 공진화에 성공하고 있나?

기업 구성원들은 자신의 회사가 공의기업으로 공진화를 향한 직조복제를 제대로 하고 있는지를 쉽게 확인할 수 있다. 공진화 정도를 확인해보려면 회사 이름을 동사나 형용사로 사용해보면 된다.

즉 구글과 네이버의 업이 탐색이라는 전제하에 누가 업을 잘 수행하고 있는지는 '구글하다' 혹은 '네이버하다'라고 동사로 사용했을 때 어느 쪽이 더 자연스러운지를 따져보면 알 수 있다. 마찬가지로 형용사로도 확인할 수 있다. '구글답다'와 '네이버답다' 중에서 자연스럽게 입에 달라붙는 쪽의 회사가 회사의 씨줄을 고객들로 구성된 경영환경에 직조해서 태피스트리를 만들고 이것을 공진화시킨 회사다. 회사 이름이 동사나 형용사로 자연스럽게 전용되지 않는다면 '사용자 체험'을 공진화시키는 공의기업과는 거리가 먼 회사다.

'애터미하다.'

'애터미답다.'

어떤 표현이 자연스럽고 또 부자연스러운지를 애터미 생태계 참여자들은 잘 알고 있을 것이다.

동사나 형용사로 표현할 때 자연스럽게 들리는 회사만 자신이 만든 태피스트리를 참가자들에게 날줄로 제공해 참가자들이 자신을 일으켜 세우고 empowers people 자신을 자신답게 표현할 express themselves 씨줄을 만드는 일을 돕는다. 이들이 모여 씨줄과 날줄을 직조해 자기 조직화 과정을 통해 생태계를 공진화시킨다. 공진화로 파트너가 얻는 체험은 삶의 주체로 나서는 자유와 온전한 자신을 완숙시켜 얻은 아름다움이다.[15]

---

15   Collaborative Future, "Emotion at work: Empowering others to express themselves", Feb 5, 2020. https://www.collaborativefuture.co.uk/blog/emotions-at-work-empowering-others-to-express-themselves

8

네트워크

성공은 관계를 통해서 찾아온다.

– 버러바시 얼베르토라슬로 –

초연결사회의 적들

네트워크 사회는 주로 사람을 연결의 주체[node]로 하여 실제적 연결[tie]이 만들어진 사회를 말한다. 사람들은 독립적으로 행동하는 것처럼 보여도 사실은 누구와 연결되어 있는지의 네트워크의 규모와 네트워크의 다양성에 따라 행동과 태도가 영향받는다. 네트워크가 행동과 태도를 결정하는 맥락으로 작용하는 것이다. 연결사회 개념의 등장은 고전 경제학의 '사람들은 마찰력 없는 시장이라는 공간에서 자신의 의지와 욕구에 따라 자유롭게 행동한다'라는 가정을 기각시켰다.

일상의 네트워크에서 존재하는 모든 주체가 서로 연결되는 것은 아니다. 연결이 듬성듬성하기도 하고 연결과 연결 사이에 끊어진 구멍이 존재한다. 또 연결의 가장 중심에 있는 사람이라고 해서 모두에게 연결된 것은 아니다. 미국인을 대상으로 밀그램^{Stanley Milgram}의 연결 실험 결과를 보고한 '작은 사회^{small world}'에서도 연결의 핵심 노드인 사람들 사이에서 모든 사람에 이르기 위해서는 적어도 6단계의 연결 브로커를 거쳐야 하는 것으로 보고되고 있다.[1] 브로커는 연결되지 않은 사람들을 연결해준다. 브로커가 필요한 이유는 네트워크상에 직접 연결이 끊어진 공간이 존재하고 필요한 사람에 도달하기 위해서는 중개자를 거쳐야 도달할 수 있기 때문이다.

완전한 연결이 구현된 사회를 초연결사회^{hyperconnected society}라고 부른다. 초연결사회는 캐나다의 네트워크 연구자인 퀜하스와 웰먼이 학문적으로 사용하던 것을 가트너컨설팅사가 비즈니스 개념으로 유행시킨 개념이다.[2] 사람과 사람, 사람과 사물, 사물과 사물, 사물과 공간 등 모든 것들^{things}이 인터넷^{Internet}으로 서로 연결되어 모든 것에 대한 정보가 생성·수집되고 공유·활용되는 사회를 뜻한다. 네트워크 사회에서의 연결 사이에 존재하던 구멍과 연결의 듬성듬성

---

1 Milgram, Stanley, "The Small World Problem", *Psychology Today*, Ziff-Davis Publishing Company, 1967.

2 Anabel Quan-Haase & Barry Wellman, "How Computer-Mediated Hyperconnectivity and Local Virtuality Foster Social Networks of Information and Coordination in a Community of Practice", International Sunbelt Social Network Conference, Redondo Beach, California, February 2005.; Anabel Quan-Haase & Barry Wellman, "Hyperconnected Net Work: Computer-Mediated Community in a High-Tech Organization", in the Firm as a Collaborative Community: Reconstructing Trust in the Knowledge Economy, edited by Charles Heckscher and Paul Adler, New York: Oxford University Press, 2006, pp. 281-333.

함이 사라진 것이다. 모든 사물과 공간에 새로운 생명이 부여되고 이들 간 데이터의 교류로 새로운 사회가 열리는 것이다. 즉 초연결 사회는 인간 대 인간은 물론, 기기와 사물 같은 무생물 객체끼리도 네트워크를 바탕으로 상호 유기적인 소통이 가능해지는 완전히 열린 사회다.

초연결사회가 도래함으로 힘을 잃게 된 사람들은 브로커들이다. 연결사회에서 이들은 연결과 연결 사이에 생긴 구멍을 이어주는 정보의 브로커 역할을 통해서 힘을 행사했으나 이들을 통하지 않고도 모든 정보수집이 가능하므로 이들의 힘이 급격히 떨어진다. 초연결사회는 정보가 한쪽에 고이는 현상을 막는다. 갑과 을이 서로 직접 교류하지 않더라도 이들이 공동으로 이용하는 물건들에 남겨진 흔적 정보들을 통해 상대에 대한 모든 정보를 얻어낼 수 있다. 네트워크 사회에서는 상대를 자신의 편으로 포섭하여 어느 정도 비밀을 지키고 살 수 있었으나 초연결사회에서는 불가능하다. 연결된 것에 CCTV가 달려 지속해서 정보를 수집하고 공유하고 있어서 비밀이 있을 수 없는 투명한 사회로 전환되고 있다. 초연결사회에서는 정보의 완전한 민주화가 실현된다.

초연결사회는 지금 실현된 상태라기보다는 실현을 위해 진행 중인 상태다. 디지털 혁명이 성공해 특이점에 도달하는 시점이 초연결사회가 본격적으로 시작되는 시점이다. 초연결사회가 성숙하기 전까지는 브로커들이 여전히 권력을 누리는 불완전한 네트워크 사회의 형태가 유지될 것이다.

네트워크 사회에서 브로커들이 힘을 장악하는 이유는 연결망에서 연결이 끊어진 구조적 구멍 structural hole 때문이다.[3] 구조적 구멍 때문에 중요한 정보를 놓쳐서 손해를 보는 사람들에게 정보를 전달해주는 브로커가 힘을 발휘한다. 물론 선한 의도로 연결고리가 되어주고 더 크게는 허브가 되어주는 브로커도 있다. 문제는 브로커 위치에 있는 사람들이 사적 탐욕을 챙기기 위해서 자신들끼리 뭉치기 시작할 때다. 이들은 구조적 구멍이 가져다주는 정보의 비대칭성을 이용해서 권력기반을 형성한다. 네트워크는 겉으로 보면 연결을 통해 자원들이 필요한 사람에게로 동원되는 것으로 보이지만 이 흐름을 보면 항상 힘 있는 브로커에게 유리하게 동원되는 구조다. 사적 이득을 챙기기 위해 뭉친 브로커들은 연결의 힘을 강화하기 위해 혈연, 학연, 지연 등의 연줄을 동원한다. 이들은 어느 일정 시점이 되면 자신이 축적한 돈과 권력과 명예를 이용해서 자신의 연줄을 더 튼튼하게 만드는 울타리를 만들고 이 울타리 밖에 있는 사람들을 울타리 안으로 들어오지 못하게 차단막을 설치한다. 우리 사회의 고질적 병폐인 관료나 법관의 전관예우란 직업이 만들어낸 구조적 구멍을 이용해 브로커로 나서는 것을 넘어 자신들의 사적 이익을 보호하는 차단막을 만든 것이다. 자신과 연줄이 닿아 있는 사람들만 이익을 공유할 수 있도록 내집단을 만들고 외집단 사람들에게 비싼 비용을 청구한다.

브로커에게 연결되기 위해 치러야 할 비용을 거래비용이라고

---

3   구조적 구멍은 네트워크상에서 연결되지 않는 사람들 사이에 존재하는 구멍을 말한다. Burt, Ronald S., *Structural Holes: The Social Structure of Competition*, Cambridge: Harvard University Press, 1995.

통칭한다. 사회가 효율적으로 돌아간다는 것은 이 거래비용이 최소화된다는 것을 의미한다. 거래비용이란 실제 상품을 생산하기 위해 들어간 생산비용에 대해 청구한 금액이 아니라 이 물건을 취득하기 위한 거래 자체에 참여할 때 요구되는 비용이다. 부동산을 사기 위해 내는 중개료는 대표적 거래비용이다. 제대로 돌아가지 않는 사회에선 내집단에 포함되지 못할 경우 모든 거래에서 부동산 가격보다 중개료를 더 많이 지급하는 부조리한 관행이 만들어진다. 생산자와 소비자 사이에 불필요하게 구전을 챙기는 브로커의 거래비용을 줄이고 직접 유통하려는 것이 네트워크 마케팅 산업의 시작이다.

브로커가 가져가는 거래비용이 많아지면 배보다 배꼽이 더 커지는 상황이 발생한다. 혈연, 학연, 지연 등으로 내집단에 포함된 소수에게는 거래비용을 깎아주는 대신 여기에 포함되지 않은 불특정 다수에게는 더 큰 거래비용을 강제함으로써 공정성과 사회적 비효율성을 극단적으로 높이는 결과를 초래한다. 이런 고질적 연줄사회가 구조적으로 굳어지면 연줄에 손이 닿지 않는 소외된 집단에게는 기회의 문이 닫히는 양극화가 시작된다.

파레토 법칙 대 평균의 법칙

힘 있는 브로커 중심으로 정치적 내집단이 만들어지고 이들이 기회와 이익을 독점하기 시작하면 양극화가 현실이 된다. 경제학에서 양극화 현상을 처음 설명한 사람이 19세기 이탈리아의 경제학자

파레토 Vilfredo Pareto다.[4]

파레토 분포를 80/20의 법칙이라고 설명한다. 세상의 부의 분포를 추적해보면 상위 20%가 전 세계 부의 80% 정도를 독점하고 있다. 이런 현상은 부의 양극화를 넘어 다양한 양극화 현상에 적용된다. 예를 들어 한 조직에서 만들어내는 성과의 80%는 상위 20%의 뛰어난 핵심인재가 산출한 것이라거나, 80%의 중요한 결정은 회의 시간 20%에서 산출된다는 주장도 파레토 분포를 따른 것이다. 숫자는 약간 차이가 있지만, 웹페이지 연결을 추적해보면 80%의 연결이 상위 15%의 페이지에 연결되어 있고, 과학 논문의 인용 관계를 분석해보면 80%의 인용이 상위 30%의 연구자들의 연구에서 나왔다. 할리우드 인기 배우들의 친구 관계를 분석해보면 80%의 친교가 상위 30%의 스타 배우를 중심으로 분포되어 있다.

2009년 금융위기를 겪을 당시 직장인들과 젊은이들 중심으로 번졌던 '월가를 점령하라'라는 시위도 파레토 분포가 촉발했다. 미국 소득의 대부분을 독점하고 있는 이들 상위 1%를 구성하는 사람들은 리먼 브라더스와 같은 부도덕한 금융자본가들이었기 때문이다.

어떤 현상이 파레토 분포를 따르는지 정규분포를 따르는지는 인간의 의도가 개입되어 있는가에 달렸다. 인간의 의도가 개입될 수 없는 현상은 종 모양의 정규분포를 따르지만, 인간의 의도가 개입해서 사람들 사이의 반복적 상호작용을 통해 산출된 결과는 대부분

---

4 "Pareto distribution", *Encyclopedia of Mathematics*, Springer-Verlag, 2001; V. Pareto, *Cours d'Économie Politique: Nouvelle édition par G.- H. Bousquet et G*, Busino, Librairie Droz, Geneva, 1964, pp. 299-345.

멱함수Power Law Distribution의 형태를 따르는 파레토 분포를 보인다.[5] 예를 들어 인간의 의도가 개입될 수 없는 키나 몸무게, 지능 등의 분포는 정규분포다. 140cm 이하의 키를 가진 사람도 많지 않고 190cm 이상의 키를 가진 사람도 드물다. 평균인 170cm에 대부분이 모여서 종 모양의 분포를 이룬다. 하지만 인간이 의도해 만들어낸 부, 성공, 네트워크, 우량기업 등의 분포는 파레토 분포다. 의도가 없는 자연현상과 달리 사회현상에는 의도가 개입하고 이 의도가 자신과 타인의 행위를 불러일으키며 이전 행위 결과가 이후 행동에 원인이 되어 반복적으로 영향을 축적하는 패턴을 보이기 때문이다.

경영자들이 하는 대부분의 실수는 파레토 분포를 따르는 경영현상에 대한 의사를 정규분포에 가정해서 결정할 때다. 인간이 만들어낸 결과들에서는 평균이 의미가 없다. 초기 20%에 투입되는 초깃값의 내용과 이 초깃값이 누적되어 임계점까지 30% 정도의 초기 노력에 따라 80% 이상의 초깃값과 연동된 결과가 자동으로 산출된다. 경영자들은 정규분포를 가정하고 70~80%의 고객이나 종업원이 자신을 지지해야 게임이 종결된 것으로 생각하지만 파레토 분포에 따르면 초기 20~30%의 사람들이 자신을 지지하면 이미 80~90% 게임이 끝난 것이다. '젊어서 고생은 사서도 한다'는 우리 속담은 초기의 임계치까지의 드라마를 중시하는 파레토 법칙을 잘 보여준다.

---

5   정규분포는 학문적으로 푸아송 분포(poisson distribution)라고 명명되고 파레토 분포는 통상 멱함수 분포(power law distribution)라고 부른다.

그림은 미국의 주요 도시를 연결하는 정규분포 형태를 띠는 고속도로 연결망과 공항의 연결망을 비교한 것이다. 고속도로 연결망은 도시가 존재하면 필연적으로 만들어져야 하므로 도시를 중심으로 연결의 숫자를 세보면 평균 연결 숫자를 가운데 둔 종 모양 분포를 보인다. 항공망은 필연적 연결보다는 수요라는 인간의 의도가 더 개입되어 연결망이 만들어진다. 수요가 많은 허브 공항은 숫자가 많지 않지만 다른 대부분의 도시와 연결되어 있어 연결을 독점한다. 파레토 80/20의 법칙처럼 허브인 20%의 공항이 전체 연결의 80%를 독점하고 있다.

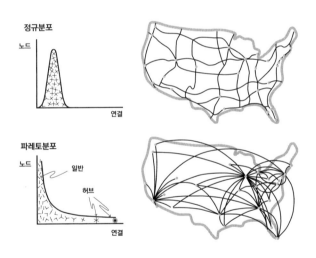

미국 고속도로와 항공망 네트워크 비교

온라인 플랫폼 비즈니스는 초연결사회로 전환되는 중간 과도기에 네트워크가 집중된 공간을 찾아 여기에 플랫폼이라는 연결이

가능한 판을 깔아놓고 사람들 사이의 거래를 중개하는 다면 시장을 만든 것이다. 온라인 플랫폼이 연결이 끊어진 네트워크의 공간을 플랫폼으로 전환해 편하게 거래하게 함으로써 거래비용을 제거해 현실적으로 가격을 낮춘 것은 사실이다. 이들이 자신의 이익만을 위해 움직이는 개별 브로커의 농간을 줄인 것은 사실이다. 문제는 이들이 거래비용을 줄인다는 명목으로 기존의 중개상을 몰아내고 거대 중개상이 된 것이다. 플랫폼 노동자들을 양산하고 착취하거나, 알고리즘을 조작해가며 고객을 플랫폼이라는 가두리 양식장에 가두고 사업한다. 이들 거대 중개상의 숨은 의도가 모습을 드러낸 것이다. 한국에서 활동하고 있는 대부분의 온라인 플랫폼 기업들은 초기에는 거래비용을 줄였다가 참여자가 플랫폼에 이입되면 거래비용을 증가시켜 이득을 챙기는 장사꾼의 방식으로 사업해왔다. 이들 소수가 거래 대부분을 독점하고 여기서 얻어낸 이익 대부분도 독점한다. 플랫폼 사업의 초기 진입장벽이 높은 점을 이용해서 자신들의 리그를 만들어 부를 독점했다.[6] 이들은 파레토 불평등의 첨병이다.

　네트워크 마케팅 사업의 이념은 이런 온라인 플랫폼 기업이나 사회적 기득권 세력들의 음모가 퍼져 사회가 상위 20%를 위한 닫힌 사회closed society로 치닫고 있는 상황에 도전을 선언하는 것이다. 선한 의도로 연결을 복원해서 불합리하고 불공정한 거래에서 해방된 열린 세상open society을 만드는 시도다. 네트워크 마케팅은 혈연, 지연,

---

6　최근 카카오뱅크 등 플랫폼을 독점 설계한 설계자들이 먹튀 등으로 자신의 탐욕에 대한 의도를 노출해가며 도를 넘은 윤리적 해이를 일으키고 있다. 이들의 탐욕을 보면 '월가를 점령하라'는 시위가 대한민국에서 벌어지지 않는 것이 이상할 정도다.

학연이라는 연줄을 동원해 차단막을 세우거나 기술적 모듈을 동원해 온라인 플랫폼에 진입장벽을 만들어 소수의 이득을 재생산하는 닫힌 세상에서 소비자가 유통의 주인이 되는 높은 장소에 더 평평하게 세워지는 공의의 운동장에 대한 선언이다. 네트워커가 꿈꾸는 열린 세상에 대한 최대의 적은 연줄이나 기술적 모듈로 폐쇄적 집단을 구성해서 자신들의 탐욕만 챙기는 기득권 세력이다.

파레토 양극화가 생기는 이유는 탐욕의 의도를 가진 사람들이 브로커로 나서서 네트워크의 끊어진 연결을 이용해 개인적 이득을 독점하기 때문이다. 네트워크 마케팅 사업의 본질은 끊어진 연결을 복원해서 네트워크의 운동장을 더 평평하게 만드는 것이다. 네트워크 마케팅의 이념은 기득권에 편입되지 못한 사람들도 연결과 직조를 통해 더 높은 장소에 세워진 더 평평한 운동장에서 유통채널의 주인이 되게 하는 것이다. 연결의 복원에는 공의의 개념이 녹아 있다. 대한민국에서도 네트워크의 본질인 연결의 이념을 제대로 이해하는 기업이 등장한다면 아마도 이 기업이 네트워크 마케팅의 역사를 다시 쓰는 공의기업이 될 것이다.

파레토 법칙은 참가자의 의도에 관해서는 언급하지 않지만 80%의 결과가 긍정적인지 부정적인지는 20% 초기 참가자의 의도와 노력으로 결정된다. 초기 20%의 사업자들이 네트워크 사업을 통해 건강한 연결을 복원하려는 의도를 성공시켜 그 결과로 유통업의 80%가 개선된다면 여기에도 파레토 법칙이 작용한 것이다. 결과가 긍정적인지 부정적인지를 결정해주는 것은 초기 20% 참여자의 선한 의도와 의도를 실현하려는 희생적 노력이다. 어떤 기업이 나서서

20%의 선한 의도를 개입시켜 80%에 해당하는 긍정성을 산출한다면 모든 참여자가 주인공으로 세워지는 유통의 민주화가 달성된다. 민주화가 달성된다면 지금처럼 대부분의 성공이 20%의 소수에게 분배되는 양극화 문제도 해소되기 시작한다. 연결의 본질과 이념을 제대로 알고 사업하는 사업자들이 많아진다면 사회적 편견으로 핍박받고 있는 네트워크 마케팅의 정당성도 자연스럽게 획득된다.

새로운 지평에서 시작되는 모든 성공은 정규분포가 아니라 파레토 멱함수의 분포를 따라 전개된다. 인간의 의도가 개입된 모든 노력은 초기 노력이 뒤의 노력을 촉발하고 이런 노력의 반복은 결과를 적분형태로 보여준다. 이 책에서 현재 제시되고 있는 공의기업 뉴노멀이 현실로 실현되는 것도 정규분포가 아니라 파레토 법칙에 따른다. 무슨 일이든 시작하는 시점에서는 20%의 공의기업의 의도를 가진 초기 경영자들과 초기 사업자들이 나서서 생태계 운동장의 80%를 공의의 운동장으로 만든다. 파레토 법칙은 선한 의도를 가지고 미미하게 시작한 초기의 일이 어떻게 창대한 결과를 가져오는 공의의 실현과 공진화의 방향으로 흐르는 양극화도 설명해준다.

정치 브로커에서 네트워크 리더로

유통의 민주화를 통해 유통에서 공의를 세우는 것으로 시작했음에도 네트워크 마케팅이 유통채널에서 미운 오리새끼로 전락한 가장 큰 이유는, 넘어서야 할 대상인 기득권 내집단이 자신들의 이익을 극대화하기 위해 사용해왔던 정치 브로커의 술수를 네트워크 사업자들이 그대로 답습하고 있기 때문이다. 초기에 참여했던 네트워크 사업자들은 사업이 고비에 처하면 절대로 답습하지 말아야 할 정치 브로커의 방식을 답습해서 사업체를 무너뜨리고 많은 참여자에게 폐해를 가했다. 초기에 네트워크 사업을 시작한 사람들이 네트워크 마케팅 이념을 실현하는 사업방식에 대한 이해가 부족했던 것으로 짐작된다.

정치 브로커의 사업방식과 네트워크 리더의 방식의 차이는 네트워크의 구조적 구멍을 건강한 연결을 통해 극복하려고 노력하는지, 다른 연결을 의도적으로 막고 자신의 연결을 이용하여 이득을 취하는지의 차이다. 정치 브로커는 이 구멍을 이용해서 사당과 파벌을 만들어 개인의 이득을 극대화하는 반면, 네트워크 리더는 연결을 복원해 구조적 구멍을 메꿔서 평평한 운동장을 만드는 작업을 한다.

아래는 구조적 구멍을 이용하는 브로커와 구조적 구멍을 극복하려고 노력하는 리더의 의도 차이를 설명하기 위해 단순한 네트워크의 구조를 그려본 것이다. 구조적 구멍의 숫자가 많으면 많을수록 네트워크의 중앙에 있는 사람이 자연히 이득을 더 얻는다. 구멍이 많을수록 브로커는 기하급수적으로 아무 일도 하지 않고 이득을 챙길 수 있지만, 네트워크의 주변부에 있는 사람들은 기하급수적으로 손해를 당한다. 구멍이 많을수록 네트워크 리더가 싱크홀로 전락하는 것을 막기 위해 취해야 할 일은 기하급수적으로 많아진다.

그림에 제시된 세 개의 네트워크 중 바퀴형 네트워크는 구조적 구멍이 없는 것으로 보이지만 실제로는 많은 구멍을 가지고 있다.

예를 들어 바퀴 네트워크에서 2번 노드는 4, 5, 6, 7, 8번째 노드와 직접 연결이 끊어져 있다. 외곽을 구성하고 있는 노드가 8개여서 구조적 구멍의 총 개수는 40(8×5)개다. 브랜치 네트워크는 바퀴에 외곽들을 연결해야 해서 총 48개의 구조적 구멍이 있다. 바이너리 네트워크는 노드가 다른 네트워크와 달리 7개라는 점을 고려해 끝에 두 노드를 더 첨가해서 9개로 만들었을 때 구조적 구멍의 개수는 28개로, 오히려 바퀴형 네트워크보다 적은 숫자다. 이런 구조 속에서 9개의 노드가 각자 개인적 이득을 챙기기 위해서 브로커로 나선다면 브랜치 〉 바퀴 〉 바이너리 순으로 상위에 있는 노드가 이익을 독점하게 된다. 이익을 독점하는 상위자가 자신의 이익을 극대화하기 위해 추종자들을 규합하여 파당을 만드는 방식이 네트워크 사업자들이 절대적으로 피해야 할 정치 브로커 방식이다.

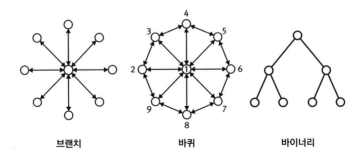

브랜치　　　　　　바퀴　　　　　　바이너리

구조적 구멍

네트워크 마케팅 사업 리더로 나선다는 것은 구조적 구멍을 찾아서 연결을 복원시키는 책무를 수행하겠다는 의도를 표명한 것이다. 네트워크에 내재한 구조적 구멍을 찾아서 이 구멍들이 토굴이나 싱크홀이 되지 않도록 서로 엮어서 개인의 이득을 공동의 이득으로 수렴시키는 운동장을 만들어내는 책무를 완성할 수 있는지가 모든 네트워크 사업에서의 성공을 가르는 열쇠다.

네트워크 리더들은 구조적 구멍을 찾아 메워서 평평한 운동장을 만드는 일에 모든 의도를 집중한다. 이런 구멍들이 모여 싱크홀을 만들고 어느 순간 외풍이 불면 구축된 사업을 무너뜨리기 때문이다. 모든 참여자가 개인의 이득만을 최우선으로 삼는다고 가정하면 구멍의 숫자가 토굴의 숫자고 토굴의 숫자가 갈등 원인의 숫자다.

브랜치 형태로 사업할 때가 바퀴형 형태로 사업할 때보다 해결해야 할 갈등의 숫자가 더 많다. 네트워커 중에는 바이너리 형태가 가장 갈등구조가 심각하다고 주장하지만 잘못된 해석이다. 위에 제시한 세 개의 네트워크 중에서 바이너리가 구조적 구멍 숫자가 가장 작다. 바이너리는 갈등이 복잡하지 않아서 도드라져 보일 뿐 실제 갈등은 가장 낮고 해결도 쉬운 구조다. 바이너리는 다른 네트워크 형태보다 구조적 구멍을 비교적 쉽게 발견할 수 있다. 의지만 있다면 누구나 쉽게 갈등을 해결할 수 있는 구조다. 최근에 만들어진 네트워크 사업체들이 대부분 바이너리를 기반으로 마케팅 계획을 만드는 이유이기도 하다.

연결이 안 된 구조적 구멍이 싱크홀로 전환되지 않게 하기 위해서는 상위직급자가 자신의 노드를 이용해서 자신의 이득을 챙기려는 정치 브로커가 되려는 의도를 포기해야 한다. 네트워크 리더는 이미 구멍에 빠진 사업자들을 구해내는 해결사가 되거나 이런 구멍이 싱크홀로 전락하기 전에 연결하고 메꾸고 평평한 공동의 운동장으로 만들어 갈등의 소지를 제거해야 한다. 파트너 사업자들이 사적 이익추구로 구멍에 빠지지 않도록 연결과 연결을 직조해 네트워크를 더 공정한 운동장으로 만드는 일에 집중해야 한다.

　　네트워크에 구조적 구멍이 제거되었다는 것은 네트워크가 더 수평적이고 평평해졌다는 것을 의미한다. 네트워크가 평평해졌다는 것은 네트워크의 활동을 통해 호혜성, 형평성, 공정성이 증진되었다는 것을 의미한다. 상호호혜성은 혜택이 오가는 문제다. 연결이 복원된 평평한 네트워크에서 상위직급자들은 자신들이 경제적 혜택을 누리는 이유가 하위직급자들의 지원과 노력 때문이라는 사실을 겸허하게 받아들이게 된다. 따라서 자신들이 누리는 혜택의 반대급부로 하위직급자들도 리더로 성장시키는 일에 헌신하는 호혜성을 실천하는 분위기가 형성된다. 연결이 복원된 건강한 네트워크의 참여자들은 형평성에 대한 믿음을 갖게 된다. 지금의 경제적 혜택의 차이가 장기적으로 계산하면 결국 무의미하다는 것을 알게 된다. 시간 차이가 있더라도 하위직급자도 리더로 성장하면 리더가 지금 누리는 수준의 경제적 혜택을 누릴 수 있다는 믿음이 있기 때문이다. 연결이 복원된 건강한 네트워크에는 능력이 있는 네트워커들 사이에 끼어 덩달아 이득을 얻는 무임승차 행위가 자연스럽게 사라진다.

네트워크의 구조적 구멍을 메우는 것은 네트워크의 규모가 작을 때는 어렵지 않게 해결할 수 있으나 규모가 커지면 구멍의 숫자도 미시적 방식으로 해결할 수 있는 수준을 넘어선다. 네트워크 사업자들이 더 높은 단계로 사업을 진입시키지 못하는 것은 이 상황을 극복하지 못하기 때문이다.

네트워크 규모가 커지는 상황에서 네트워크 마케팅 사업자로 성장하기 위해서는 구조적 구멍을 직접 찾아서 메우는 책무를 넘어서 회사의 철학과 존재목적을 날줄로 자신의 사업에 대한 철학과 목적을 씨줄로 자신만의 운동장과 울타리를 설계해내는 직조복제의 능력이 요구된다. 자신을 네트워크의 허브로 삼아 동원 가능한 모든 연결을 자신이 설계한 울타리와 운동장에 모아서 이들이 주체적으로 공동의 목적을 향해서 사업을 정렬시키게 되는 자기 조직화 능력이 요구된다.

직조복제는 회사의 철학에 공명하는 방식으로 자기 사업의 목적을 찾고, 목적을 실현할 수 있는 가치의 울타리를 세우고, 끊긴 연결을 복원해 운동장을 평평하고 고르게 만들어 참여자들이 신나게 사업할 수 있는 협업의 운동장을 만들어 제공하는 것을 의미한다. 네트워크 마케팅으로 사업을 한다는 것은 교육센터를 세우고 제품을 전달하고 발로 뛰는 단순복제만으로는 불가능하다. 셀 수 없는 숫자의 구조적 구멍이 싱크홀로 무너지는 비극을 막을 수 있는 가장 근원적인 방식은 직조복제의 원리에 따라 존재목적, 울타리, 운동장의 세 요소를 통해 동원 가능한 모든 연결을 한 방향으로 결집할 수 있을 때다. 이것은 더 높은 장소에 자신이 설계한 더 평평한 운동장을 플랫폼으로 만들어내는 것을 뜻한다.

존재목적, 울타리, 운동장을 복제해서 자신만의 고유한 협업 플랫폼을 만든다는 것은 네트워크가 능력있고 힘있는 참여자들의 리그로 변모해 쪼개지는 것을 막아준다. 네트워크 사업자가 직조해낸 숭고한 목적은 다양한 배경과 품성을 가진 파트너들을 목적을 실현하기 위한 협업의 운동장으로 모이게 한다. 구조적 구멍으로 연결이 끊어진 사람들도 목적을 매개로 한 단계로 연결되게 하여 구멍 속으로 떨어지지 못하게 막는다. 파트너들이 가지고 온 개별 목표들을 사업자가 제공한 고유 목적을 통해 수렴시켜 사업자 주위에 벌어지는 모든 목표추구 활동을 가장 높은 수준에서 최적화시킨다. 사업자가 파트너들의 개별적 목표를 수렴시킬 더 높은 수준의 공동 목적이 없다면 파트너 간 이견 조율에 너무 많은 에너지를 소진하게 된다. 매번 이견이 나올 때마다 짝을 이룬 파트너들이 합의를 위해서 순차적으로 협상해 문제를 해결해야 한다.

울타리는 참여자를 성공을 공유하는 파트너를 넘어 목적에 대한 사명을 공유한 가족으로 생각하게 하는 심리적 안전지대를 만들어준다. 심리적 안전지대를 느끼면 사람들은 누구나 주체로 참여하기 위해 자신을 일으켜 세운다.

운동장은 누구나 달리다 걸려 넘어지지 않는 환경을 제공한다. 존재목적과 울타리가 세워진 운동장은 구조적 구멍이 없는 협업을 위한 놀이터가 된다. 네트워크 사업자로서 이런 플랫폼을 구축했다면, 구조적 구멍에 빠져 성공하지 못하는 상황이 일어날 리 없다.

네트워크 사업에서 리더는 목적, 울타리, 운동장을 가진 자신만의 고유한 플랫폼을 설계해내는 설계자일 뿐 아니라 자신이 세운 플랫폼의 울타리를 수선하고 운동장의 돌과 유리 조각을 치워주는 서번트이다. 모든 일을 그냥 발로 뛰어 해결하는 수준을 넘어서 리더로 거듭나는 것이다. 최고직급의 성공자가 되었어도 자신을 세워준 파트너들에 대한 겸손함을 잃지 않고 이들을 리더로 성장할 수 있도록 코치와 슈퍼리더가 돼주어야 한다. 역할모델이 되지 못하는 사업자가 네트워크 사업기법만으로 성공한다는 것은 낙타가 바늘구멍을 통과하기보다 힘들다.

네트워크의 특이문화

네트워크에서 구조적 구멍이 체계적으로 메워지지 않으면 기득권 세력이 사용했던 브로커의 방식이 이입되기 시작하고 이들이 만든 파당은 네트워크의 특이문화를 만들어 네트워크를 싱크홀로 변모시킨다. 특이문화는 네트워크를 자신의 이득을 극대화하기 위한 사적 도구로 생각하는 정치 브로커들에 의해서 만들어진 네트워크 사업의 잘못된 방식이다.

애터미는 회사를 설립한 초기부터 브로커 정치성향이 있는 사업자들이 구조적 구멍을 이용해서 사적 이득을 극대화하는 네트워크 사유화의 위험성을 감지하고 있었다. 2015년부터는 소수의 정치 브로커 방식을 취하는 사업자들에 의해 애터미 네트워크가 파당으로 쪼개져 싱크홀이 되는 조짐을 발견하고 이들의 방식을 특이문화로 규정해 적극적으로 규제하고 있다.[7] 애터미가 규제하는 특이문화란 구조적 구멍을 극복해 유통의 민주화를 달성하려는 의도와는 거꾸로 기득권들이 연줄로 자신의 파당을 만들어 자신들의 이득만을 챙기는 정치 브로커 방식을 애터미에서의 사업방식으로 복제한 것을 의미한다. 애터미는 이런 특이문화의 예로 베팅조장 문화, 배타적 문화, 위계 문화, 노마드 문화를 거론한다.

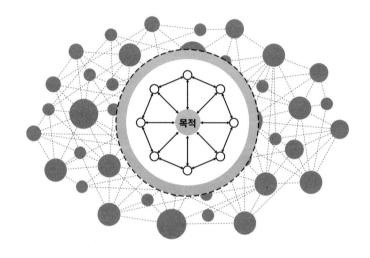

네트워크 마케팅 사업에서의 울타리, 성소, 운동장 설계도

사재기를 유도하는 '베팅 문화'는 소비와 판매가 목적이 아니라 수당을 받기 위한 또는 직급을 달성하기 위한 무리한 구매가 발생하

7   이영민 기자, "모든 애터미 회원은 출정하라", *Next Economy*, 2015년 3월 2일, http://www.nex-teconomy.co.kr/news/articleView.html?idxno=8853

는 것을 의미한다. 문제는 이런 직급 베팅으로 상위직급에 도달한 사람들이 팀워크 또는 시스템이라는 이름으로 하위 파트너에게도 베팅을 유도하는 파당 문화가 정착된다는 점이다. 파당에 포섭된 파트너들이 직급 베팅을 위해 과다 구매로 쌓인 재고를 처분하기 위해 온라인 판매 등으로 네트워크 마케팅의 근간을 뒤흔들어놓기도 한다. 직급 베팅을 통해 달성한 직급을 유지하지 못하고 자신의 실질 직급에 맞는 일을 꺼려 조직이 싱크홀로 주저앉기도 한다. 정치 브로커 방식을 탈피하지 못한 소수 사업자의 사적 욕심 때문에 파트너는 동반자가 아닌 이들의 이익을 위한 수단으로 전락한다.

두 번째 특이문화는 '배타적 조직관리'다. 라인의 경계를 구분해가며 다른 라인과는 교류하지 못하게 만드는 파당 문화다. 교류가 생기면 이탈자가 생길지 모른다는 대한 두려움 때문에 생긴 문화로, 단순히 교류를 금지하는 것을 넘어서 다른 라인을 배척하고 깎아내린다. 정치 브로커들이 쓰는 정치공작을 그대로 옮겨 쓰는 것이다. 이들이 득세할수록 회사에는 라인별로 파당이 득세하게 되고 어느 시점에서 외풍이 불면 파당이 파놓은 구멍이 무너져 싱크홀로 전락한다.

세 번째는 상위직급자를 우상시하는 '위계 문화'다. 제대로 된 네트워크는 수평적 소통이 핵심이다. 하지만 정치 브로커가 상위 사업자로 등장하면 수평적 조직이 위계로 가득한 조직으로 변모된다. 자신의 이득을 정점으로 파당을 통제하기 위해 자신을 우상화하는 작업을 한다. '스폰서는 하늘이다, 스폰서는 법이다, 스폰서의 그림자도 밟지 마라'라는 말을 유행시킨다. 이들 파당 내에서 살아남기 위해서는 이들이 해왔던 방식을 그대로 따라야 한다는 분위기를 조성한다. 상위직급자 말을 회사 규정보다 우선시하고 이들의 도움이 있어야만 성공할 수 있다고 그루밍한다. 이들이 만든 파당은 네트워크 사업의 큰 싱크홀이다.

눈앞의 이익만을 쫓는 '견리망의見利忘義 문화'는 새로운 네트워크 마케팅 기업만 나타나면 줄서기를 하고 조금이라도 더 많은 수당을 준다고 하면 미련 없이 회사를 옮기는 행태들을 말한다. 소위 말하는 떴다방이나 다단계 노마드족들이 견리망의 문화의 주범인 셈이다.

애터미에서 규정한 마지막 특이문화는 '노마드Nomad 문화'다. 노마드는 유목민을 뜻하는 말로 회사를 여기저기 옮겨 다니는 세칭 '다단계꾼'을 지칭한다. 이들은 더 이득이 되는 회사가 자신에게 더 유리한 조건을 제시하면 이득을 따라 회사를 옮겨 다닌다. 이들은 자신의 생계 유지를 위해, 전에 몸담고 있던 회사와 제품을 비판하기도 한다. 이들의 행태는 네트워크 마케팅이 그저 눈앞의 이익만을 쫓아다니는, 의리도 예의도 상도덕도 없는 판이라는 고정관념을 만들었다.

애터미가 척결하려고 시도하는 특이문화는 소수의 초기 사업자들이 네트워크의 구조적 구멍을 사적으로 편취해 자신의 이득을 극대화하는 과정에서 산출되었다. 구조적 구멍을 메우기보다는 오히려 연줄로 파당을 만들고 초기의 구멍을 키우는 과정에서 불거진 문화다.

이런 특이문화를 극복하기 위해서는 상위 사업자들이 자신의 경험치와 낡은 자기계발서에 의존해서 파트너들을 가르치는 문화가 지양되어야 한다. 한국에서 활동하고 있는 네트워크 마케팅 회사가 제공하는 세미나들의 내용을 분석해보면 상위직급자가 오히려 특이문화와 정치력을 은근히 조장하는 내용도 많다. 네트워크의 구조적 구멍이 정치적 브로커에 의해서 싱크홀로 커지는 현상을 막고, 네트워크 안에 목적의 성소, 가치의 울타리, 협업의 울타리를 구축하기 위해서는 지금과 같은 성공사업자의 개인적 경험, 시대에 맞지 않는 낡은 자기계발서 중심의 세미나의 내용이 집단 동학, 과학적 리더십 훈련, 체계적 경영자 인문학 교육으로 업그레이드될 필요가 있다. 제공되는 각종 세미나에서 특이문화의 잔재가 해결되지 않는다면 네트워크 마케팅 산업이 공의로 내세운 유통의 민주화도 요원한 문제가 될 것이다.

애터미 네트워크 문화

애터미는 2017년에 처음 임페리얼마스터가 탄생한 이래 2021년까지 총 9명의 임페리얼마스터가 배출되었다.[8] 이들 중에는 망해가던 오리탕 가게 사장도 있고, 애터미를 만나기까지 다섯 번 사업에 실패한 사람도 있고, 체육관 관장도 있고, 대리운전기사도

---

8   1호 박정수, 2호 이덕우, 3호 김성일, 4호 김연숙, 5호 김광열/김경숙, 6호 이혜정, 7호 박용옥, 8호 홍연구, 9호 박동철 임페리얼이다.

있고, 원양어선 선원, 치과재료 사업자, 노점상, 중장비 기사, 건설 업자도 있다. 직업은 다양해도 모두 실패한 아픔을 공유하고 있다. 아픔과 고통으로 쓰러져 있는 자신과 가족을 애터미가 제공하는 인생 시나리오라는 씨줄을 통해 처음으로 제대로 일으켜 세운 사람들이다.

현재 애터미로 성장하기까지 경영진과 초기 사업자들의 노력에 힘입은 바가 크다. 실제 애터미 회원들은 2021년 말을 기준으로 글로벌까지 합해서 1,600만 명에 이르지만, 이들 중 90%는 물건만 쓰는 회원이고 실제 사업자는 10% 미만이다. 인간의 의도가 개입된 현상에 적용되는 파레토 곡선에 따라 10%의 사람들의 노력으로 90%의 소비자를 만든 것이다.

사업자의 꿈을 가지고 도전하는 사람은 많지만, 애터미의 최초 직급인 오토판매사의 허들을 쉽게 넘지 못한다.[9] 경험자들의 증언에 따르면 애터미에서 도달하기 가장 어려운 직급이 오토판매사다. 오토판매사가 어려운 이유는 사업자로서의 사업 역량의 문제보다는 애터미의 경영철학과 지금까지 삶에서 성공을 위해서 써왔던 방식이 너무 다르기 때문이다. 통계를 보면 자신의 땀과 노력으로 오토판매사의 허들을 넘은 사업자들은 대부분 성공자의 대열에 올라선다.[10] 많은 사람이 이 허들을 극복하지 못해 애터미 사업시스템에

---

9   2022년에 애터미는 환차익에서 생기는 이익을 오토판매사에게 요구되는 포인트의 절반을 달성한
     회원에게도 돌려주는 수당체계의 변경을 예고했다. 이런 수당체계의 변경은 오토판매사를 염두에
     둔 사업자들에게 징검다리 역할을 할 것으로 보인다.
10   오토판매사는 가장 달성하기 어려운 직급이다. 따라서 이 현실적 어려움과 동시에 이 직급을 달성
     했을 때 갖게 되는 기회를 모두 보여주는 전략인 리얼리스틱 잡 프리뷰(Realistic Job Preview)가

들어오지 못하지만 그렇다고 애터미 제품을 포기하는 것은 아니다. 사실 애터미 시스템을 맛본 회원 사업자들은 제품을 더 신뢰하고 더 열정적인 자동 구매자로 남는다.

애터미의 최고직급인 임페리얼마스터는 높은 수준의 경제적, 사회적 자유를 누린다. 실제로 매달 1억 원 이상의 연금성 소득과 사무실과 기사 딸린 자동차를 받는다.

임페리얼마스터가 되기 위해서는 자신이 운영하는 네트워크 플랫폼을 통해서 자기 급에 해당하는 수많은 리더를 길러내야 한다. 최고직급인 임페리얼이 되기 위해서는 4명의 크라운마스터라는 리더를 길러내야 하고, 크라운마스터가 되기 위해서는 아래에 4명의 로얄마스터를, 로얄마스터가 되려면 4명의 스타마스터를, 스타마스터가 되려면 4명의 샤론로즈마스터를, 샤론로즈마스터가 되려면 4명의 다이아몬드마스터를, 다이아몬드마스터가 되려면 4명의 오토판매사급 리더를 육성해야 한다. 물론 서로 합력해서 리더를 육성하는 것이지만 애터미에서 정상적인 단계를 밟아 임페리얼이 되었다는 것은 리더를 육성하는 슈퍼리더로 올라섰음을 의미한다. 애터미에서 임페리얼이 되었다는 것은 다른 사람들의 눈치를 봐가며 사회생활을 하는 삶을 벗어나 엄청난 영향력과 존경을 획득했음을 뜻한다. 리더들에게 선한 영향력을 행사하는 사회적 주체로서의 자유를 획득했음을 뜻한다.

중요하다. 유입률에만 신경 써서 상위직급자의 화려한 혜택만 강조해 보여주고 유입할 경우 나중에 대부분 현실과 꿈의 간극을 경험하고 중도하차한다. 이직에 관한 대부분의 연구는 리얼리스틱 잡 프리뷰만이 유입된 핵심인재를 잡아놓을 수 있다는 결론을 제시하고 있다.

애터미의 존재목적은 애터미 유통 생태계에 참여하는 사람들 모두를 삶의 주인으로 세우고 이들에게 경제적, 사회적, 윤리적 자유를 누리게 함이다. 애터미의 로고이기도 한 몽상백조에 담긴 뜻이기도 하다.[11] 천덕꾸러기 오리가 우아한 백조로 태어나는 것을 뜻한다. 리더를 길러내는 임무를 완수한 임페리얼이 되었다는 것은 미운 오리새끼가 백조로 탄생했음을 뜻한다.

임페리얼들이 추구하는 마지막 자유는 사회공헌을 통해 윤리적 주체의 의무를 완성하는 것이다. 윤리적 자유란 유산을 남겨 세상을 빌려 쓴 빚을 청산하고 떠나는 자유를 의미한다. 자신만의 목적에 대한 서약을 세우고 이것을 실현해 유산으로 남기고 언제든 세상을 홀연히 떠날 수 있을 때의 자유가 윤리적 주체가 향유할 수 있는 자유다. 윤리적 주체로서 자유를 누린다는 것은 자신을 최고 성공자로 만들어준 사람들을 위해 서번트 리더로서 모범을 보이는 것을 의미한다. 온전한 서번트 리더로 탄생하기까지 백조는 백조지만 아직 자유롭게 날 수 있는 백조는 아니다. 윤리적 주체로서 책무를 완성한 임페리얼만 날 수 있는 백조로 거듭나는 것이다.

애터미에서 임페리얼로 승급하면 지게차로 10억 원의 현금을 전달하는 것은 더는 경제적 자유에 연연하지 말고 이것을 종잣돈으로 유산을 만드는 일에 매진하라는 격려다. 임페리얼 직급에서 얻을 수 있는 수당의 상한선을 만든 것도 같은 맥락이다. 리더 육성을 통

---

11 몽상백조는 숨겨진 비전도 담겼다. 자유롭게 날 수 있는 백조 1백 마리가 탄생하면 애터미도 자연스럽게 1백조의 매출을 달성하는 회사가 될 것이라는 비전이다.

해 사회적 명성을 얻으려는 사회적 자유에 더 이상 신경 쓰지 말고 과거 자신과 같은 처지에 있는 사람들을 위해 더 높은 곳에 더 평평한 운동장을 만들어 유산으로 남기라는 메시지다.

어떤 임페리얼은 공의를 주문하는 회사의 메시지를 자신의 임페리얼 승급식에서 다음과 같이 서약하고 있다. "나는 애터미를 통해서 모든 것을 해봤다. 하지만 아직 못 해본 것 하나가 있는데 그것은 '사회공헌'이다. 나는 애터미를 통해 세상에 공헌하는 임페리얼 마스터가 되도록 최선을 다할 것이다."[12]

또 다른 임페리얼은 자신의 승급식에서 받은 현금 10억 원 전액을 북한 이탈 청소년과 다문화가정을 지원하는 민들레 홀씨 사업을 위해 기부했다. 생전에 아버지로부터 세상에 유산을 남기고 떠나는 사람이 되라는 유언을 애터미를 통해 실현할 수 있었다고 그는 소회를 털어놓았다.

필리핀에 학교를 세우는 임페리얼도 있다. 7,500평 부지에 건평 800평짜리 학교다. 경제적으로 도움을 주는 것도 좋지만 어려움을 스스로 극복하게 하는 배움은 더욱 중요하다. 필리핀 학교를 시작으로 사정이 허락하는 한 계속 학교를 설립할 것이라는 포부를 밝혔다.

최초의 여성 임페리얼은 상위 사업자들을 규합해서 하위 사업자 중 어려운 상황에 부닥친 사람들을 도와주는 'SOS 나눔 법인'을 창립해 나눔을 실천하고 있다. 최근에는 건물을 회사처럼 디자인한 센

---

12   유광남, 앞의 책, pp. 163-164.

터를 개소했다. 네트워크 마케팅의 부정적 이미지 때문에 사업자가 여기저기 숨듯이 몰래 모여서 세미나를 운영하는 데 대한 안타까움이 이곳을 개소한 계기였다. 일반 회사보다 멋지게 디자인한 센터에 출근해 당당하게 사업을 벌일 수 있도록 사무실을 꾸몄다고 밝혔다.

애터미 1호 사업자이기도 한 한 크라운마스터는 아직 10억 원을 받은 것은 아니지만 이미 용처를 정해놨다. 애터미를 통해 연결된 전 세계 회원들을 찾아다니며 '영혼을 소중히 여기는' 사훈과 같이 복음을 전하는 것이다. 사업적인 어려움을 겪고 있거나, 재정적인 지원을 포함해 긴급한 도움이 필요한 사람들에게 구제 활동을 펼치며 노후를 보내는 것이 그의 계획이자 바람이다.

통찰의 창
백만장자의 비밀[13]

1960년부터 20년 동안 미국 브루클린 연구소에서 아이비리그 예비 졸업생 1,500명을 대상으로 스스로의 힘으로 백만장자가 된 사람들을 연구했다. 재벌처럼 부모가 자산을 물려주어서 백만장자가 된 사람은 연구대상이 아니다.

이 연구의 시작은 사람들이 '어떤 직업 동기를 가졌을 경우 성

---

13   차동엽, 『내 가슴을 다시 뛰게 할 잊혀진 질문』, 명진출판, 2011, Q2. 착한 사람은 부자가 될 수 없나? 파트에서 인용.

공했는지'를 밝히기 위해서다. 연구대상 1,500명의 졸업생 중 1,245명(83%)은 일반적으로 사람들이 생각하기에 '돈을 많이 버는 직업'을 선택했고, 255명(17%)은 '당장 돈이 안 되더라도 자신에게 충분히 의미 있는 직업'을 선택했다. 20년이 지난 1980년, 그 1,500명을 추적해 조사해본 결과 백만장자가 된 사람은 101명이었다. 그런데 놀라운 사실은 백만장자 101명 중 100명이 당장 돈이 안 되더라도 돈보다는 '의미 있는 일'을 선택한 사람이었고, 단 1명만이 '돈을 많이 버는 일'을 선택한 사람이었다. '돈을 많이 버는 일'을 선택한 사람보다 '의미 있는 일'을 선택한 사람이 백만장자가 될 확률이 100배나 높았다. 백만장자가 되겠다고 돈을 따라간 사람들은 백만장자가 못 되지만, 돈과 상관없이 자신과 사회에 의미 있는 일을 하겠다고 나선 사람들에게는 돈이 쫓아와 백만장자가 되었다는 것이다.

이 이야기에 숨겨진 비밀은 백만장자들에게는 무작위적으로 달아나는 성공운을 자신에게로 끌어들이는 향기가 있었다는 것이다. 이는 꿀을 따기 위해 벌들을 모으는 원리와 같다. 벌을 많이 모으기 위해서는 결국 아카시아를 많이 심어서 향기를 배출해야 한다. 죽은 아카시아라면 애써 모아온 벌들도 지켜낼 방법이 없다. 사람들에게 가장 아름다운 향기가 날 때는 자기 삶의 목적, 즉 자신이 주인공이 되는 사명에 대한 믿음을 자신의 삶에 씨앗으로 뿌려 아카시아를 키워낸 경우다.

목적이 풍기는 향기가 백만장자의 행운까지 따라오게 하는 최고의 미끼인 셈이다. 목적을 삶의 씨앗으로 뿌려 많은 사람의 성공에 도움을 줄 때 많은 사람이 도움을 받게 되고, 이 도움 받은 사람들이 십시일반으로 자신의 성공을 도운 사람을 찾아내 목적의 씨앗에 대한 은혜를 갚는다. 한두 사람의 성공을 돕는 것이 아니라 많은 사람의 성공을 도와야 찾아오는 백만장자의 행운은 목적의 크기와 성공의 네트워크 효과에 의해서 만들어진 것이다.

목적을 성공운을 끌어들이는 유인책으로 사용하기 위해서는 목적을 따라가는 것이 아니라 목적을 자신의 삶의 토양에 씨앗으로 뿌리는 의미를 이해해야 한다. 사람들은 가끔 결과와 목적을 혼동하는 삶을 산다. 목적을 삶의 씨앗으로 가져와서 묘목으로 키우는 수고를 감당한 사람들만 아카시아 꽃이라는 결실을 체감한다. 목적을 실현하기 위해서는 이 목적을 원인으로 가져와 씨로 뿌리고 향기가 번지는 아카시아 나무를 키워야 한다. 결과는 목적의 씨앗이 발화되어 만들어낸 과실이다.

백만장자가 될 수 있는 사람들은 목적을 삶의 씨앗으로 뿌려 과수원을 만드는 수고로움을 감수한 사람들이다. 과수원의 향기가 사방팔방으로 번지면 사람들이 길을 만들어서라도 과수원을 찾아온다. 사람들이 길을 만들어 찾아온다는 것은 백만장자가 아니라도 자신이 목적한 일이 실현됐음을 상징한다. 성공은 꿀벌을 끌어들이기 위해 어떤 목적을 심어 어떤 아카시아를 길러냈는지의 문제다.

날지 못하는 기러기

기러기 가족이 여행하다가 최적의 서식지를 발견했다. 어느 부유한 집에서 파놓은 연못이다. 이 집에 사는 가족들은 아침저녁으로 때가 되면 기러기 가족을 찾아와 먹이를 주었다. 기러기들은 사람들이 주는 먹이를 받아먹기만 하고 먹이활동을 안 하니 몸이 점점 비대해졌다. 짧은 거리를 나는 것도 힘들어졌다. 영원히 날지 못하는 집 기러기로 변한 것이다.

문제는 겨울이 되어 주인집 가족이 더 따뜻한 남쪽의 휴양지에 있는 별장으로 이주하면서 생겼다. 먹이의 공급이 끊긴 것이다. 며칠이 지나도 사람들이 돌아오지 않자 사랑과 행복이 넘치는 '가족'으로 지내던 기러기 가족에 작은 분란이 생기기 시작했다. 분란은 점점 커졌다. 분란이 커지자 '가족'들은 서로를 헐뜯기 시작했다. 조그만 먹이를 놓고 신경전을 벌이고 결국에는 피비린내 나는 혈투를 하다가 죽는 가족이 생겼다. 싸우던 가족들은 그해 겨울을 넘기지 못하고 차례차례 사망했고 마지막 남은 가장 힘센 기러기도 굶어 죽었다. 기러기 가족을 전멸시킨 근원은 역설적으로 호시절에 마음껏 받아먹던 풍족했던 먹이였다.

키에르케고르의 핫 버드hot bird와 쿨 버드cool bird 이야기이다.[14] 쿨 버드는 뚱뚱해져 날지 못하는 새고 핫 버드는 날 수 있는 새다. 쿨

---

14   Joakim Garff, *Siren Kierkegaard: A biography*, Princeton University Press, 2015.

버드는 야생오리로서의 본질을 잃어버렸기 때문에 열정과 본능이 식어버린 사람을 비유한다. 핫 버드는 야성野性을 잃지 않고 목적지에 도달하기 위해 끊임없이 난관에 도전하고 혁신하는 사람을 상징한다. 야생오리가 핫 버드로 남을 수 있는 것은 존재이유를 규명해주는 목적에 대한 강력한 믿음으로 혁신과 학습을 포기하지 않기 때문이다.

기러기 '가족'의 이야기는 우리들의 이야기다. 부자가 돈을 더 번다고 잘 날 수 있는 것은 아니다. 금전은 불만을 잠재우는 대신 만족스러운 돼지로 만들어 날아갈 수 있는 자유를 빼앗는다. 부자가 돈의 노예로 전락하면 나는 자유를 포기한다. 목적을 상실한 상태에서 잘 먹고 잘사는 것이 삶의 목적이라고 믿는다면 쿨 버드의 삶을 택한 것이다.

애터미 네트워크 사업의 미래

애터미의 사업자는 자신이 애터미를 경험했기 때문에 건강한 네트워크의 복원을 통해 더 행복하고, 건강하고, 깨끗해지는 세상을 만들어야겠다는 공의의 꿈을 가지고 있다. 애터미 네트워커라면 경제적 자유를 넘어서 리더를 길러내는 슈퍼리더로서 성공하는 삶을 꿈꿀 것이다. 더 나아가 세상에 발자취와 유산을 남겨서 윤리적 주체의 책무를 완성하고 온전한 백조로 날아오르는 자유를 열망할 것이다.

네트워크 마케팅 사업의 성패는 쓰러져 있던 자신을 일으켜 세워 자유를 누리는 자기 조직화의 결과에 달려 있다. 인간을 모두 해체할 때 잔여로 남는 것은 살아왔던 이야기에 대한 기억뿐이다. 초유기체인 회사도 마찬가지다. 어느 순간부터 회사 제품에서 이야기가 사라지고 사업자들로부터도 이야기가 쏟아지지 않는 것은 사업이 자기 조직화하지 못하고 쇠퇴하고 있다는 것을 의미한다.

자기 조직화하는 애터미는 매일 새로운 성공에 대한 흥미진진한 이야기가 쏟아지는 놀이공간이어야 한다. 사업자들은 '오늘은 무슨 새롭고 흥미로운 이야기를 들을 수 있을까'를 기대하며 꼭두새벽에 회사의 포털로 출근할 수 있어야 한다. 애터미가 운영하는 메타버스 속에서 경제적, 사회적, 윤리적 자유 실현에 성공한 네트워커 이야기가 게임과 놀이와 학습의 형태로 재현되고 이들과 관련된 굿즈, 학습세미나, 다양한 파생 서비스가 NFT로 판매될 수 있어야 한다.

애터미에서는 사업자들이 공의의 운동장을 자기 조직화하는 작업을 다음 그림처럼 묘사하고 있다.[15] 그림은 세 가지 의미가 있다. 첫째, 네트워크에서 정치 브로커들이 자신의 사익을 위해 구조적 구멍을 이용하는 것이 아닌, 연결을 복원해 구멍이 사라진 네트워크 사업을 하겠다는 뜻이 담겨 있다. 네트워크 사업의 본질은 연결을 복원하는 일이다. 사업자들이 구조적 구멍에 빠질 때 형성되는 특이문화의 싱크홀이 메워질 수 있게 촘촘하게 짜인 운동장을 만들겠다는 의지가 담겨 있다. 둘째, 리더 사업자들과 회사가 합심하여

---

15   그림출처 애터미 HR.

사업의 운동장을 더 높은 곳에 더 평평하게 만들어 누구나 편견이나 차별 없이 사업할 수 있는 터전을 만들겠다는 의지다. 마지막은 사업자들이 무언가를 시도하다 떨어져도 이들이 안전하게 떨어질 수 있는 안전 네트를 마련해주겠다는 의미다. 애터미 사업자 중 자신이 도달한 명목상 직급과 실제로 후원 수당으로 받는 실제 직급 간의 차이가 나는 경우가 있을 수 있는데, 이들이 명목상 직급의 가면을 용기 있게 벗어던지고 실제 직급의 현장으로 내려와서 명목상 직급이 실제 직급이 될 수 있게 도전해도 된다는 격려를 담고 있다. 진정성을 가지고 용기 있게 도전하는 사업자들에게 회사는 안전그물이 되어주겠다는 뜻이다.

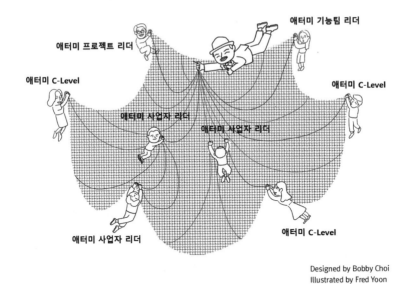

애터미 기능팀 리더

애터미 프로젝트 리더

애터미 C-Level

애터미 사업자 리더

애터미 사업자 리더

애터미 C-Level

애터미 사업자 리더

애터미 C-Level

Designed by Bobby Choi
Illustrated by Fred Yoon

애터미의 네트워크 마케팅 운동장

2022년의 애터미는 13년 전의 어렵게 첫걸음을 떼던 애터미에 비해 상상할 수 없을 정도로 높은 곳에 만들어진 베이스캠프를 구축했다. 애터미의 미래는 지금의 노멀을 이해하고 공진화하는 생태계를 따라 다시 베이스캠프를 더 높은 곳에 옮겨 세우는 자기 조직화 과정의 성공 여부에 달려 있다. 파레토 철칙에 따라 지금의 베이스캠프에서 여정을 다시 시작한 선구적 20~30%가 100년 기업 애터미 미래의 80%를 다시 자기 조직해낼 수 있는지에 애터미의 미래가 달렸다.

9

리더십

마음속 영사기가 틀어준 두 편의 영화

사람들은 자신의 눈으로 세상을 본다고 생각하지만 눈으로 볼 수 있는 세상은 빙산의 일각에 불과하다. 대부분은 자신이 그려낸 정신모형이라는 지도에 구축된 믿음대로 세상을 본다. 정신모형은 과거 경험을 통해 현재가 어떻게 돌아갈 것인지 혹은 미래가 어떻게 돌아갈 것인지에 대한 개인적 믿음의 지도다. 정신모형은 세상을 보는 숨겨진 눈이다.

다음 그림은 힉스Hicks라는 만화가의 〈젊은 부인과 장모님〉이라는 유명한 작품이다. 이 그림을 보면 어떤 사람은 노년의 여성을 먼저 보고 어떤 사람은 젊은 여성을 먼저 본다. 자신의 시력이 2.0이라 하더라도 이 그림에서 젊은 여성을 보기 시작했으면 노년의 여성을 찾아내지 못한다. 반대의 경우도 마찬가지다. 노년의 여성을 먼저 보기 시작했다면 젊은 여성을 찾기가 힘들다. 우리는 세상을 눈에 보이는 시각으로 보는 것이 아니라 자신의 머릿속 정신모형의 지도에 어떤 그림이 있는지에 따라서 본다. 자신의 정신모형에 노년의 여성이 없다면 노년의 여성을 못 보는 것이고 젊은 여성이 새겨져 있지 않다면 젊은 여성은 보지 못한다.

젊은 부인과 장모님

우리는 이 정신모형이라는 영사기를 통해 우리 내면의 극장에서 상영되고 있는 영화를 현실이라고 믿고 사는 것이다.[1] 정신모형

---

1   윤정구, 『진성리더십』, 라온북스, 2015, 5장 6장 참조; 대니얼 데닛, 『의식의 수수께끼를 풀다』, 옥당, 2013.

이 과거의 편견으로 점철되어 있다면 편견이 가득 찬 눈으로 세상을 볼 것이고, 미래에 대한 지도가 완성되어 있지 않다면 미래에 대한 불안이 가득한 영화를 틀어줄 것이다. 삶의 질과 행복과 태도는 이 영사기에서 틀어주는 내면 극장 이야기가 어떤 이야기를 상영하고 있는지에 따라 결정된다. 상영되는 이야기가 아름답고 행복하고 건강하다면 현재의 삶도 그렇게 해석되고, 일단 그 해석을 믿으면 그 해석대로 미래가 실현될 개연성이 높다. 내가 세상을 보는 실질적 비전을 결정해주는 것은 우리 눈으로 보는 세상이 아니라 우리의 정신모형에서 상연되는 세상이다.

내면 극장에서는 평소 두 개의 영사기를 통해 두 편의 영화가 동시에 상영된다. 과거의 경험을 기반으로 시나리오가 만들어진 영화와 미래가 어떻게 될 것이라 상상하는 시나리오가 틀어주는 영화다. 과거에서 틀어주는 영화와 미래에서 틀어주는 영화가 씨줄과 날줄로 현재라는 스크린에 동시에 상영되고 있는 셈이다. 뛰어난 리더로 사는 삶은 과거와 미래, 두 영화가 직조한 현실이 얼마나 행복하고 흥미진진하고 감동적인 영웅적 변화의 스토리를 담고 있느냐에 따라 결정된다. 리더는 이 두 영화의 영화감독이자, 시나리오 작가이자, 주연배우인 셈이다.

자신의 눈으로 본 세상과 영화가 틀어주는 세상에 괴리가 생길 때 이 괴리를 이어주는 다리가 필요한데, 이때의 선택이 우리가 일상에서 은연중 내보이는 삶의 태도를 드러낸다. 태도는 우리의 정신모형에서 상연되는 이야기가 바깥세상을 보며 선택하고 해석하는 과정에서 만들어진 것이다. 정신모형에서 상연되는 시나리오의 내용이 바뀌어야 태도가 바뀐다. 정신모형을 바꾸지 않고 상벌로 태도를 고칠 수 있다고 생각하는 오류가 행동주의자들의 오류다. 제도를 바꿈으로 사람을 변화시킬 수 있다는 주장도 마찬가지다. 근원적 변화란 자신의 내면 극장에 상연되는 영화의 시나리오가 바뀐 것을 말한다. 정신모형이 바뀌지 않은 근원적 변화는 없다.

그린 피크 파트너스 연구

그린 피크 파트너스Green Peak Partners는 [2] 미국 코넬대학교의 노사관계대학ILR School과 협업해서 다양한 직종의 미국 기업에 근무하고 있는 임원들을 추적 조사해 어떤 임원들이 성과도 잘 내고 CEO로까지도 무난하게 발탁될 수 있는 리더인지를 밝혔다. 이 연구가 유명해진 것은 연구의 결과가 기존에 알고 있던 리더십 이론이 예측하는 것과 달랐기 때문이다.

뛰어난 성과를 내고 CEO까지 무난하게 도달하는 임원들을 예측해주는 가장 중요한 변수는 자신에 대한 이해력self awareness이었다. 성과도 내고 CEO로 마지막 계단을 오른 사람들의 답변은 상식적이지만 심오하다. 이들은 아무리 바쁜 일이 있어도 "하루에 몇 분 정도라도 시간을 내서 자신이 누구인지를 잊지 않도록 시간을 보냈다"

---

2   https://greenpeakpartners.com/wp-content/uploads/2018/09/Green-Peak_Cornell-University-Study_What-predicts-success.pdf

고 고백했다. 뛰어난 리더들은 전문적 역량과 지식, 축적된 경험에서 차이가 없었다. 하지만 이들은 아무리 바빠도 자신이 누구인지에 대한 성찰에 시간을 쓰는 '안으로 깊이 뛰기' 할 수 있는 정체성의 근력을 가진 사람들이었다.

임원들은 누구보다 역량이나 지식이나 경험에 대한 지적자산이 많은 리더들이다. 이들의 업이나 맡겨진 임무가 이들을 '밖으로 멀리뛰기'의 명수로 만든다. 하지만 밖으로 멀리뛰기만 잘할 수 있는 근력만으로 이 저서에서 연구하고 있는 공의기업의 CEO의 지위에 오를 수 있는 것은 아니다. 세상의 선한 영향력으로 변화를 선도하는 기업의 CEO는 밖으로 멀리 뛸 수 있는 근력뿐만 아니라 안으로도 깊이 뛰기를 할 수 있는 근력도 가진 리더들이다. 이들은 평소 안으로 깊이 뛰기를 통해 회사와 자신을 담을 수 있는 정신모형이라는 큰 그릇을 준비해온 사람들이다. CEO의 문턱에서 좌절되는 임원들에게 공통으로 부족한 부분은 안으로 깊이 뛸 수 있는 성찰의 근력이다.

성찰의 근력이 부족한 사람들은 세상이 급격하게 변화해 본인이 축적한 경험과 지식이 작동되지 않게 되면 쉽게 길을 잃는다. 내가 만난 대한민국의 임원급 리더들도 변화에 적응하는 과정에서 축적한 경험과 지식이라는 밖으로 멀리뛰기 능력에서는 탁월하고 화려해 보이지만 바쁘게 사는 과정에서 자신의 정체성을 잃고 사는 이들이 상당수다. 지금처럼 변화가 상수이고 코로나 사태와 같은 쓰나미급 변화가 시시각각으로 몰려오는 세상에서 무너지는 리더는 역량이 부족한 리더가 아니라 길을 잃은 리더들이다. 길 잃음의 초뷰카 시대에 자신의 나침반인 정체성을 잃은 임원에게 지식과 경륜이 뛰어나다는 이유만으로 회사의 운명을 맡길 회사는 없다.

진정한 자기 이해는 자신이 과거 어디에서 왔고, 지금은 어디에 서 있고, 어떤 미래를 향해가고 있는 사람인지를 아는 것이다. 이처럼 정체성은 과거, 현재, 미래의 점들이 이어질 때만 완성된다. 자기 이해는 소크라테스의 '너 자신을 잘 모른다는 사실을 알라'라는 조언과 상기시킨다. 그것은 자신의 내면(과거-현재-미래)을 들여다보는 성찰의 거울을 가진다는 것을 뜻한다.

앞에서 설명한 두 가지 영화의 비유에서 언급했듯, 현재 자신이 보고 이해하는 현재 세상이 과거에서 상영한 영화와 미래에서 상영될 영화가 교차해서 나타난 것이라는 것을 객관적으로 인지해 성찰하는 것이 자기 이해다. 자신의 현재의 삶이 과거 영화와 미래 영화가 서로 교차해서 만들어진 정신모형의 작용임을 이해하고 감독이자 작가이자 주인공 자신이 영화의 시나리오에 개입해 과거, 현재, 미래가 일관되게 정렬되도록 정신모형의 스토리 전개를 고쳐가는 것이 자기 이해의 본질이다. 정신모형이 들려주는 이야기가 의도적으로 고쳐 쓰이지 않는다면 과거는 과거를 주장하고 미래는 미래를 주장해서 삶이 분절되기 시작한다.

자기 이해가 뛰어난 리더는 과거를 내비게이션으로 생각하고 미래는 나침반으로 생각한다. 내비게이션의 문제는 현재에 맞춰 업데이트되지 못함이고, 나침반의 문제는 극성이 떨어져서 세상의 변화에 맞춰 올바른 북쪽을 찾아내지 못함이다. 자기 이해력이 뛰어난 리더는 과거를 반성해가며 내비게이션을 지속해서 업데이트시킨다. 지난 실수를 통해 새 길을 만들어 과거를 현재에 접속시켜 현재의 맥락에 맞는 과거의 영화를 상영한다. 이들은 자신의 존재목적에 대한 성찰을 통해 미래의 나침반을 제대로 읽어내고 올바른 현재의 방향을 조망해낸다. 자기 이해력이 있는 리더는 존재목적이 삶에 스파크를 일으키지 못하는 경우 자신의 나침반이 죽어 있다는 것을 안다. 제대로 된 나침반을 통해 미래를 찾아내고 미래를 현재로 가져와 접속시켜 현재를 제대로 보는 영화를 상영해야 한다.

진성리더십

공의기업의 리더들이 행사하는 리더십 모형이 진성리더십 au-thentic leadership 이다.[3] 진성리더십은 참 리더로서 성품과 정서를 갖춘 리더십을 지칭한다. 우리 조직을 대표하는 여러 리더 중 우리를 참으로 대표할 수 있는 'the only one'의 리더가 누구인지 선정하는 것이 관건이다. 이런 리더가 현실에 존재하지 않는다면 이런 리더를 만들기 위해서 앞으로 무엇을 채워나가야 하는지에 대한 정체성 질문을 던진다.

진성리더의 반대는 가짜 리더가 아니라 유사리더 pseudo leader 다. 유사리더는 리더십 기술에서는 진성리더와 차이가 없더라도 리더로서의 본질을 상실한 사람이다. 유사리더는 자신에게 스스로 하

---

3   윤정구, 『진성리더십』, 라온북스, 2015.

는 이야기와 도움을 받기 위해 구성원들에게 하는 이야기가 다른 사람이다. 겉포장은 리더처럼 보이지만 포장을 뜯어보면 진짜 리더와는 차이가 있다. 이들이 포장과 속이 다른 이유는 겉으로는 리더처럼 행세하지만 속으로는 자신의 사익을 추구하기 때문이다. 제대로 된 리더라면 조직의 목적을 달성하고 이에 대한 보상으로 자신의 이익을 조직의 목적에 종속시킨다. 유사리더는 조직의 이익과 자신의 이익이 충돌하면 반드시 자신의 이익을 먼저 챙긴다. 이 사익을 추구하는 속마음이 들키는 순간 구성원들이 자신을 도와주지 않을 것이라는 점을 누구보다 잘 알기 때문에 자신의 속마음을 들키지 않기 위해 진정성을 연기한다. 유사리더의 생존전략은 연기다. 연기가 발각되는 순간 유사리더로서 생명은 끝난다.

최근에 유사리더들이 초연결시대가 도래해 정보의 비대칭이 이미 사라졌음에도 이것을 인식하지 못하고 연기하는 삶을 지속하다가 무너져 내리는 경우를 자주 목격한다. 자발적으로 커밍아웃하는 유사리더는 존재하지 않는다. 조금씩 길게 생존한다는 초심을 잃어버리고 과욕을 부리는 순간 연기가 들통난다. 연기력이 바닥에 이르렀거나 과욕이 넘쳤던 사람들이다. 이들은 하나같이 시대의 흐름을 읽지 못하고 사익에 눈이 멀어 과도하게 연기하다 발각된 사람들이다.

대부분의 유사리더는 존재목적이 사라진 조직에 기생한다. 목적과 사명이 살아 있어서 이것을 구현하기 위해 자원들을 최적화하고 있는 조직에서 유사리더는 상상할 수 없다. 조직에 유사리더가 많아졌다면 조직이 어느 순간 사명을 상실하고 생존형 조직으로 전락했는 뜻이다. 조직이 오로지 생존을 위해 전력투구할 때 유사리더가 득세하기 시작한다. 유사리더는 조직정치를 작동시켜가며 생존을 위한 토굴을 파고 이를 통해 점진적이고 서서히 조직을 왜곡시킨다. 이들이 조직에 가하는 피해는 사기꾼의 일회성 피해보다 크다. 더 심각한 문제는 조직의 리더들이 자신이 유사리더라는 사실을 자각하지 못한 채 유사리더십을 행사할 경우다. 자신도 모르게 유사리더의 행보에 뛰어드는 리더들을 돌려세우지 못한다면 조직은 이들이 파놓은 토굴이 무너져 싱크홀로 전락하는 비극을 맞는다.

진성리더십은 자신의 토양에 맞는 리더십 스타일을 디자인할 수 있는 권리를 리더십의 실무자인 리더들에게 넘겨주어야 한다고 주장한다. 리더가 자신이 처한 환경과 맥락을 가장 잘 이해하고 있기 때문이다. 진성리더십은 지금까지 리더십을 벤치마킹하고 베껴서 만들 수 있으리라는 믿음에서 벗어날 것을 요구한다. 유사리더는 새롭게 성공한 리더십이 나타날 때마다 그를 따라 배우지만 평생 주도적으로 리더십을 행사하지 못한다. 벤치마킹한 리더십이 조직에 뿌리내리는 것에 문제가 있다는 것을 감 잡을 즈음이면 새로운 리더십을 모방해 구성원의 혼을 빼놓는다. 벤치마킹을 통해 생존역량을 카피한 조직이 리더를 유사리더로 만든다. 이들 회사의 리더들은 리더십에 관해 첨단을 걷는 옷을 입고 있는 것처럼 보이지만 실상은 모두가 벌거숭이 임금님이다.

진성리더십은 리더십 민주화 운동이다. 잘 나가는 다른 회사의 리더를 단순복제하는 위험성에 대해 강력하게 경고한다. 리더십의 민주화 선언은 리더가 단순복제를 넘어 자신의 스타일을 직조복제할 수 있도록 허락하고 독려하는 리더십의 권리장전이다.

대한민국 리더십 교육의 고질적 문제는 리더의 주체성을 강조하면서 정작 리더들을 어린이 취급하고 이들에게 자신의 리더십을 만들어서 행사해볼 수 있는 직조복제 권리를 박탈한 것에 기인했다. 리더들에 대한 임파워먼트를 거부해가며 정작 리더로서 무거운 책임과 성과만을 요구해왔다. 검증되지도 않은 획일적 리더십을 억지로 주입해놓고 리더십 교육이 끝나 이제는 어른이 되었으니 리더로서 책임지고 성과를 내놓으라고 요구한다. 지금까지 대부분 회사에서 리더십 교육은 노상강도짓과 크게 다르지 않다. 리더를 물에 빠뜨려놓고 구해준 뒤 이들에게 보따리를 내놓으라고 주장하는 적반하장 교육이 대한민국의 리더십 교육의 실체다.

변화와 맥락

벤치마킹을 통해 리더십의 답을 찾을 수 있다고 주장하는 사람들이 주입한 또 하나의 잘못된 믿음은 리더십을 목적이라고 생각한다는 점이다. 좋은 리더십만 있으면 모든 문제가 해결된다는 잘못된 믿음을 심어준 것이다. 하지만 리더십은 그 자체로 조직의 목적이 될 수는 없다. 리더는 좋은 리더십 스타일을 가진 것을 넘어 이 리더십으로 더 나은 변화를 완성하는 것으로 존재이유를 드러낸다. 리더십 기술이나 훈련에서 A플러스 점수를 받았어도 이것을 통해 변화를 완성해나가지 못하면 리더로서는 낙제점을 받은 것이다. 아무리 뛰어난 리더십의 스타일을 구사하고 있어도 변화를 성취하지 못한다면 리더로서는 실패한 것이다.

진성리더는 자신의 리더십 스타일을 통해 변화를 성취하기 위해서는 리더십 스타일을 발아시키는 토양을 비옥하게 만드는 일이 중요함을 안다. 토양이 산성화되어 있을 때는 아무리 좋은 리더십 스타일도 토양이 그것을 받아들이지 못하고 뱉어낸다는 것을 안다. 리더로서 주체적 스토리를 통해 자신의 고유한 스타일을 만드는 것만큼 진성리더들이 공들이는 것은 산성화된 토양을 비옥한 토양인 맥락으로 바꾸는 일이다. 진성리더는 맥락에 치중한다. 아무리 좋은 씨앗의 리더십 스타일을 가지고 있어도 리더가 맥락을 못 만든다면 씨앗은 뿌리를 내리지 못하고 변화는 물 건너간 일이 된다. 진성리더십이 상황에 모든 답이 있다고 생각하는 상황 이론의 가정을 크게 문제 삼는 이유가 바로 상황을 숙명적으로 받아들이고 여기에 맞춰 리더십 스타일을 바꾸도록 명령하기 때문이다. 진성리더는 자신의 선한 의도를 상황에 성공적으로 개입시켜 객관적 상황을 유리한 주관적 상황으로 직조복제한다. 리더의 선한 의도가 개입해 직조복제된 상황을 진성리더십에서는 맥락이라고 한다.

고 정주영 회장의 현대조선 창업기[4]

1968년 고 정주영 회장이 조선 사업을 시작하겠다고 선언했을 때만 해도 아무도 이 말을 심각하게 받아들이지 않았다. 1971년 7월, 조선 사업계획서를 만들었지만 세계시장 점유율이 1%에도 못 미치는 한국의 상황에서 이를 실현하기 위한 외자확보는 불가능했다. 현대는 당시 영국 최고의 은행이던 바클레이 은행에 510억 원에 이르는 차관을 요청했지만 바클레이 측은 현대의 조선 능력과 기술 수준이 부족하다며 거절했다. 정주영 회장은 낙심하지 않고 차가운 현실을 바꿀 우회 전략을 구사했다. 1971년 9월, 고 정주영 회장은 바클레이에 영향력을 행사할 수 있는 선박 컨설턴트 회사 '애플도어'의 롱바텀 회장을 찾아간다. 사업계획서를 전했지만 롱바텀 회장 역시 고개를 가로저었다. 이때 정 회장은 재빨리 지갑에서 거북선이 그려진 500원짜리 지폐 한 장을 꺼내 펴보였다.

"우리는 1500년대에 이미 철갑선을 만들었습니다. 영국보다 300년이나 앞서 있었는데 산업화가 늦어져서 아이디어가 녹슬었을 뿐이오. 한번 시작하면 잠재력이 분출될 것이오."

롱바텀 회장은 현대건설 등을 직접 둘러본 뒤 추천서를 써서 바클레이에 건넸다. 나중에 현대조선은 조선업 세계 1위가 되었다.

---

4   현대중공업 홈페이지 연혁 참조. https://www.hhi.co.kr/About/about04_5

정주영 회장은 리더로서 맥락을 만드는 일에 성공한 것이다. 정주영 회장은 롱바텀 회장이 이순신 장군이 세계 해군의 역사에서 얼마나 위대한 인물인지를 알고 있을 뿐 아니라 존경하고 있다는 상황을 이용했다. 여기에 500원 지폐의 거북선 그림을 동원해 자신의 의도text를 롱바텀 회장의 마음에 끼워 넣어서 맥락context 으로 직조복제했다. 맥락이란 리더의 의도를 담고 있는 텍스트가 씨줄이 되어 상황이 담고 있는 텍스트라는 날줄에 직조되어 새로운 태피스트리를 만든 것을 의미한다.

정주영 회장의 텍스트가 맥락으로 전환되는 순간 현대조선의 운명도 바뀌었다. 현대조선은 현대중공업으로 이름을 바꿔 정주영 회장의 존재목적을 살려내 공진화시켰다. 현대중공업은 고 정주영 회장의 창조와 개척정신으로 조선 사업을 시작한 이래 세계에서 가장 많은 선박을 건조하고 있다. 조선사업을 통해 축적한 기술을 바탕으로 해양플랜트, 엔진기계 사업에 진출하여 종합중공업 기업으로 성장했다. 현대중공업은 현재 조선부문 세계 1위, 대형엔진부문 세계 1위의 글로벌 선도기업이다.

정신모형 I과 정신모형 II

아래 그림은 진성리더가 이용하는 현재에서 미래로의 여행에 필요한 지도이자 미래에서 현재를 보여주는 영화의 시나리오인 정신모형 Ⅱ다. 정신모형 Ⅱ는 과거에서 현재를 향해 틀어주는 영화 시나리오이자 지도인 정신모형 Ⅰ과 구별된다.

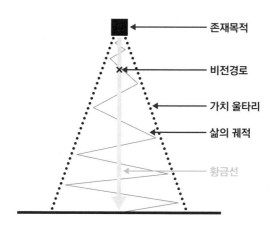

존재목적

비전경로

가치 울타리

삶의 궤적

황금선

진성리더의 정신모형 Ⅱ

　정신모형 Ⅱ는 리더가 초뷰카의 혼돈 속에서 새로운 세상의 질서를 조직해낼 때 사용하는 끌개^{attractor}다. 정신모형 Ⅱ의 핵심 변수는 존재목적, 가치 울타리, 비전경로다. 목적은 자신이 세상을 하직하기 전까지 실현해 세상에 유산으로 남길 삶의 북극성을 의미하고 삶의 나침반이라 할 수 있다. 목적을 실현한 곳에 도달하기 위해서 반드시 지켜야 할 넘지 말아야 할 기준선이 가치 울타리다. 진성리더의 삶은 부여된 과제를 통해 이 목적을 실현하기 위해 가는 여정이다. 비전은 여정 중간 기착지에 도착해 있는 자신의 모습을 생생하게 그린 것이다.

　진성리더는 연기하지 않는 삶을 산다. 이들이 연기하지 않는 이유는 미래로부터 현재에 보여주는 영화의 시나리오(정신모형 II)가 분명해서 길을 잃지 않기 때문이다. 길을 잃고도 잃지 않은 듯 연기하는 유사리더와는 다른 삶을 산다. 진성리더는 어떻게 길을 잃지 않고 궤도에서 탈선하지 않는 삶을 살까?

가장 큰 이유는 목적지에 도달하는 여정에서 반드시 벗어나선 안 될 자신만의 고유한 가치가 명료하기 때문일 것이다. 목적은 삶의 나침반이다. 설사 길을 잃었어도 나침반이 있다면 길 잃은 지점의 경도와 위도를 찾아내고 다시 지도를 그려낼 수 있다. 나침반인 목적에 대한 믿음이 지정한 가치 울타리 범위에서 여정을 계속하기 때문이다. 목적지에 제대로 도착하기 위해서는 목에 칼이 들어와도 하지 말아야 할 것이 분명하다. 위험이란 가치 라인이 지정한 울타리를 벗어난 일에서 사익을 추구할 때 발생한다. 기회란 위험을 가치의 울타리 안으로 내재화시켜 실험실에서 조련하는 것을 의미한다. 가치의 울타리가 작동하지 않는다면 기회도 위험으로 전환된다.

진성리더가 이끄는 조직은 어떻게 생존을 넘어서 지속가능한 번성을 누릴 수 있을까?

가장 큰 이유는 목적에 대한 믿음이 자기 조직화하는 방식으로 자신과 구성원을 일으켜 세우기 때문이다. 목적은 사람들을 아침에 침대에서 벌떡 일어나게 하는 힘이다. 리더가 설파하는 존재목적을 구성원들이 믿는다면 구성원은 일찍 일어날 뿐 아니라 회사의 계단을 뛰어오르며 출근하는 힘을 얻는다. 다른 이유는 효과적인 최적화를 통해 성과를 도출하여 변화를 만드는 능력 때문이다. 진성리더는 삶의 가장 높은 수준에서 설정된 목표나 일을 최적화할 수 있는 목적을 함수로 정해서 명확한 목적함수를 가지고 있다.[5] 목적이 없는 목표는 달성했다고 해도 장기적 삶의 목적을 향해 정렬되지 못한다. 목적에 정렬되지 못한 목표는 밑 빠진 독에 물 붓는 일을 반복하는 것이다.

다양하게 존재하는 단기적 목표를 자신의 존재이유인 목적으로 수렴시키는 안목이 있는 리더만 구성원을 생존을 넘어서 번성의 길로 인도한다. 삶에서 가장 장기적인 안목은 죽는 순간에 후세를 위해서 넘겨주기로 약속한 자신의 존재이유인 목적이다. 목적에서 지금 달성해야 하는 목표에 내린 줄이 우리 삶에서 가장 손실이 없는 최적화의 궤적을 나타낸다. 최적화의 지름길은 다양한 목표가 목적에서 내린 황금선을 중심으로 정렬되어 있을 때다.

삶의 번성이란 죽는 순간까지 이 황금선에 정렬된 목표를 실현해서 구슬을 만들어내고 이 구슬을 이 선에 끼워 넣어 진주목걸이를 완성하는 과정이다. 진성리더가 하는 혁신이란 모든 단기적 과제가 이 목적이 내린 황금선에 직선으로 정렬되도록 장애물을 제거하고 혁신의 터널을 뚫어주는 것을 의미한다. 죽는 순간에 후세에게 이 목걸이의 시작과 끝을 연결해 유산으로 남겨주는 것이 진성리더의 과제다. 후세는 진성리더가 남겨준 목걸이를 날줄로 삼아 자신의 삶을 씨줄로 엮어 진성리더를 죽음에서 부활시킬 것이다.

진성리더십에서 비전이란 자신에게 주어진 미래의 죽음과 직면해서 삶의 목적에 대한 믿음의 눈으로 세상을 다시 보는 것을 의

---

5   P = F(G). 목적함수에서 P는 목적(Purpose), F는 함수(Function), G는 목표(Goal).

미한다. 목적에 대한 믿음의 눈을 회복해 못 보던 것을 보게 되는 것을 뜻한다. 비전은 신자유주의자들이 주장하듯 미래의 큰 목표에 멋진 옷을 입혀놓은 것이 아니다. 비전은 미래의 끝에 존재하는 마지막 미래의 시각으로 미래도 보고, 현재도 보고, 과거도 보는 것을 의미한다. 뛰어난 비전은 미래, 현재, 과거가 서사로 연결된 스토리다. 비전이 있는 사람은 자신이 어디에서 왔고, 지금 어디에 서 있고, 어디로 향해서 가는지를 아는 정체성의 눈을 가진 사람이다. 비전이 있다고 주장하는데 자신이 누구인지도 알지 못한다면 비전에 문제가 있는 것이다. 개별적 인간이 상상할 수 있는 미래의 끝은 죽음을 의미한다. 비전은 죽음에 직면해 자신의 존재를 깨우치게 한 존재목적으로 찾아낸 세상이다. 비전이란 상상으로 죽음에 먼저 가서 자신이 이 세상에 태어난 목적을 제대로 이해하고 이 목적에 대한 믿음의 눈으로 미래, 현재, 과거의 자신을 다시 자기 조직화하는 것을 의미한다.[6]

---

6   이런 시간과 비전의 개념을 처음 제기한 철학자로 하이데거를 들 수 있다(마르틴 하이데거, 『존재와 시간』, 전양범 역, 동서문화사, 2016). 죽음에 앞서서 통찰한 비전의 개념으로 공의기업을 만든 사람으로 애플의 스티브 잡스와 넷플릭스의 리드 헤이스팅스를 들 수 있다. 헤이스팅스가 죽음을 염두에 두고 어떻게 넷플릭스를 새롭게 디자인했는지는 다음을 참고할 것. 리드 헤이스팅스 & 에린 마이어, *규칙없음*, 이경남 역, RHK, 2020.

사이렌 경고를 세이렌 노래로 듣다

살다 보면 갖가지 유혹에 직면한다. 어떤 유혹은 너무 매력적이고 고혹적이어서 거부하기 힘들다. 이런 유혹에 따라서 살게 되면 탈로가 시작된다. 탈로란 삶의 사명이자 최종 목적지에 이르는 철로를 벗어나서 유혹이 시키는 대로 엉뚱한 곳으로 내달리는 것을 말한다. 정상 궤도를 벗어나 탈선한 기차를 상상해보라. 궤도가 없는 곳을 달리기 때문에 미친듯이 널뛰다가 어느 순간 충돌해 멈추게 되는 비극을 목격할 것이다. 삶의 현장에서 생생하게 목격하게 되는 현상들이다.

세이렌은 희랍신화에 나오는 요정으로, 노래로 유혹하는 님프이다. 세이렌은 스타벅스의 로고를 이루기도 한다. 세이렌은 자신의 섬에 배가 다가오면 아름다운 노랫소리로 유혹하여 선원들을 바다에 뛰어들어 죽게 만든다. 그녀들이 특히 암초와 여울목이 많은 곳에 사는 이유도 노래로 유인할 선박들이 난파당하기 쉬운 장소이기 때문이다. 세이렌의 노래는 저항할 수 없을 정도로 매혹적이어서 많은 사람이 목숨을 바치지 않으면 안 되었다.

이런 세이렌도 두 차례에 걸쳐 목적을 달성하는 데 실패했다. 한 명은 오디세우스를 만났을 때이고 다른 한 명은 음악가이자 시인인 오르페우스를 만났을 때였다.

오디세우스가 선택한 방식은 수동적 저항의 방식이다. 항해 도중 세이렌의 유혹을 이겨내기 위해 부하들에게 자신의 몸을 돛대에 결박하고 어떤 일이 있어도 결박을 풀지 말라고 했다. 세이렌의 고혹적인 노랫소리가 들려오자 오디세우스는 결박을 풀려고 몸부림쳤다. 그러나 귀마개를 쓴 부하들은 명령에 순종하여 그를 더욱 단단히 결박했다. 선박의 항해는 계속되었고 노랫소리는 점점 약해져서 마침내 세이렌의 유혹으로부터 무사히 벗어나 섬을 지나갈 수 있었다.

다른 한 사람은 뛰어난 음악가이자 시인인 오르페우스다. 오르페우스가 문제를 해결했던 방식은 더욱 적극적이다. 황금 양털을 찾기 위해 아르고라는 선박을 타고 항해하던 도중에 세이렌의 노래를 듣게 되었는데, 오르페우스는 세이렌보다 더 아름다운 노래를 불러 맞대응한다. 세이렌들은 오르페우스에게 졌음을 알고 바다에 몸을 던져 자살한다.

정신모형 II의 그림에서 오르페우스의 방식은 존재목적이 분명한 사람들이 택하는 방식이고, 오디세우스의 방식은 가치가 분명한 사람들이 택하는 방식이다. 목적도 없고 지켜야 할 가치도 없는 사람들은 세이렌이 울려대는 경고 사이렌 소리를 고혹적인 노래로 듣고 탈로의 길을 걷는다. 가장 확실하게 유혹으로부터 탈출하기 위해서는 자신의 목적지에 대한 믿음이 누구보다 강해야 한다. 세이렌들을 만났을 때 자신의 믿음이 더 고혹적인 선율을 들려줄 수 있어야 한다.

　　진성리더가 질서를 새롭게 자기 조직화해서 공진화를 향한 근원적 변화를 완성하는 과정은 리더의 궁휼과 목적이 만들어낸 이중주다. 진성리더의 자기 조직화 여정은 그림에서처럼 5단계를 거쳐 완성된다.

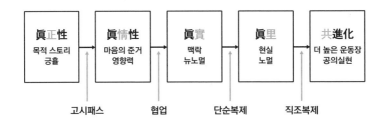

진성리더의 자기 조직화 여정

　　첫 단계는 세상의 변화를 제대로 감수하지 못해 쓰러져 있는 자신과 타인들의 아픔에 대한 각성에서 시작한다. 아무리 아파서 쓰러져 있는 자신의 고통에 공감하고 있어도 왜 자신이 일어서야만 하는지 이유를 각성하기 전까지는 자신을 일으켜 세우지 못한다. 진성리더의 첫 단계는 아파서 누워 있는 자신을 일으켜 세워야만 하는 이유인 목적을 각성하고 자신을 실제로 일으켜 세우는 단계다. 세상의 어떤 난관이 와도 살아야만 하는 이유인 목적으로 자신을 세우는 단계다. 아픔에 대한 공감을 넘어 성장의 아픔으로 쓰러진 자신을 일으켜 세우는 행동이 자기 궁휼이다. 자신을 일으켜 세워야 하는 이유가 자신의 아픔에 대한 공감을 넘어 행동까지 포함하는 것이 긍휼이다.

아파서 누워 있는 자신을 목적으로 일으켜 세우는 여정에서 끝난다면 리더가 아니다. 리더는 목적의 눈을 통해 자신과 같은 아픔으로 누워 있는 사람들이 많다는 것을 각성하고 이들을 일으켜 세우는 자기 조직화 여정을 시작한 사람이다. 자기 조직화 과정에 씨앗으로 심어진 목적이 뿌리를 내리고 묘목으로 자라게 하는 과정에서 작동하는 물과 거름이 진정성 authenticity이다. 진정성의 동학을 이용하지 못하면 리더는 무에서 유를 만들지 못한다.

진정성이란 고통으로 누워 있는 자신을 일으켜 세워야 하는 목적으로 세상을 보고 자기처럼 고통을 받는 사람들이 있음을 발견하여 이들에게 자신이 깨달은 이유를 들려주며 이들을 일으켜 세우는 단계에서 작동한다. 진정성은 목적이 같은 상태 true to oneself를 의미한다. 즉 '자신에게 진실인' 상태이다.

둘째 단계는 목적에 대한 시나리오를 비슷한 처지로 고통받고 있는 주변인들에게도 일관되고 같은 목소리로 전달해 목적에 대한 진정성이 리더를 도와줄 수 있는 다른 사람들에게 인증되는 단계다. 목적이 자신에게 진실이라고 해서 자동적으로 남들에게도 진실로 받아들여지는 건 아니다. 목적에 대한 진정성眞正性이 단순히 상황을 모면하기 위한 연기로 끝나지 않고 구성원의 마음에 심어져서 마음 심心 변이 들어간 진정성眞情性 상태에 도달할 수 있는지가 문제다. 목적이란 혼자서 실현할 수 있는 것이 아니어서 같은 처지에 있는 사람들의 도움이 필수적이다.

이 목적에 대한 진정성^{眞正性}이 구성원들의 마음에도 심어진 진정성^{眞情性}으로 전환되기 위해서는 목적에 대한 약속이 신뢰성을 지녔는지가 검증되어야 한다. 검증이 끝나기 전까지 약속은 언제든지 폐기될 수 있는 공허한 약속에 불과하다.

주변 사람들은 진성리더가 진정성^{眞情性}을 왜곡, 모함, 방해하는 사건을 만났을 때 어떤 행동과 태도를 보이는지를 보고 리더의 목적에 대한 진정성을 검증한다. 리더가 약속한 목적을 실현하기 위해 어려움 속에서도 처절하고 측은한 노력을 보일 때 사람들의 마음은 정서적 반향을 경험한다. 어려움 속에서도 목적의 진정성^{眞正性}을 지키기 위한 노력이 구성원 마음을 울리게 되면 리더의 목적에 대한 진정성^{眞正性}은 구성원이 체험하는 진정성^{眞情性}으로 전환된다. 목적에 대한 진정성^{眞情性}이란 목적이 리더의 주장을 넘어 구성원의 마음속에서 닻^{anchor}으로 태어나는 것이다. 목적에 대한 진정성이 구성원에게도 받아들여져 이들 마음속에 닻으로 작용하면 목적은 구성원들을 일으켜 세운다.

리더의 목적에 대한 진정성^{眞正性}이 구성원들이 마음으로 지지하는 진정성^{眞情性}으로 전환되기 위해서 거쳐야 하는 검증과정을 고시패스(고난과 시련을 넘어섬)로 명명해보자. 진정성은 절대로 좋은 시절 좋은 사건을 통해서는 검증되지 않는다. 고시패스를 통해 목적이 구성원의 마음에 심어져서 행동과 태도의 준거로 작용하는 상태를 리더십에서는 준거적 힘^{referent power}을 형성했다고 설명한다. 리더가 목적을 구성원의 마음에 심어 마음에 뿌리를 내린 진정성^{眞情性}이라는 준거적 힘을 획득하지 못한다면 구성원이 자발적으로 자신을 일으켜 세우지 않는다.

목적이 준거적 힘을 형성하면 리더의 생각과 구성원의 행동 사이의 틈인 지행격차知行隔差가[7] 극복된다. 구성원이 목적으로 스스로를 일으켜 세우기 때문이다. 지행격차를 극복하지 못했다면 리더는 부하의 모든 행동을 일일이 금전적으로 보상해주어야 한다. 돈으로 구성원의 몸을 일으킬 수 있는 사람을 리더라고 부르지는 않는다. 리더십의 기본은 리더가 목적에 대한 검증과정을 통과해 목적을 구성원의 마음속에 준거로 심는 것이다. 리더의 자발적 영향력은 준거적 힘에서 생긴다. 리더십에서 갑질이란 돈으로 보상해주는 것도 아닌데 리더라는 직책을 이용해서 구성원이 하기 싫어하는 행동을 억지로 하게 만드는 것이다. 리더의 갑질은 노상강도 행위다.

진성리더십의 자기조직화가 펼쳐지는 세 번째 단계는 목적에 대한 닻이 영향력을 만들어 구성원들을 보다 체계적인 협업으로 일으켜 세워 목적에 대한 약속을 실현하는 진실眞實에 도달하는 단계다. 진실은 목적에서 약속한 것이 실제 실현된 상태를 의미한다. 목적에 대한 약속이 최초로 가시화된 상태다. 이런 가시화는 리더가 제시한 목적이라는 씨줄이 구성원의 마음속 날줄과 결합해서 최초로 직조가 이뤄진 상태다. 직조되어 나타난 최초의 태피스트리는 목적과 더 체계적으로 결합해 뉴노멀에 대한 비전을 형성한다. 뉴노멀

---

7   아는 것과 행동하는 것 사이의 격차를 말한다. 리더가 전략을 만들고 실행은 부하에 의해서 행해지기 때문에 생기는 격차다. 부하의 행동을 유인하기 위해 리더는 충분한 보상을 제시해야 한다. 부하는 리더가 만든 전략에 생각을 더할 수 없어서 자발성에 제약을 받게 된다. 리더나 부하가 하는 일에서 모두 분절을 경험하게 만드는 방식이다.

은 앞으로 다가올 미래에 대한 그림이다.

이 진실로 제시된 뉴노멀을 이해하고 많은 사람이 벤치마킹 등으로 단순복제해서 이것을 기정사실로 만들어버린 상태가 진리眞理의 상태다. 자기 조직화의 씨앗인 목적이 사람들에게 진리로 받아들여지면 리더와 초기 참여자의 마음속에 있던 뉴노멀에 대한 비전은 단단한 현실로 재탄생한다.

진성리더십이 고통받는 사람들을 일으켜 세우는 자기 조직화 여정의 마지막 단계는 공진화다. 공진화 단계는 진리의 상태로 굳어진 운동장을 세상의 변화에 맞춰, 또는 변화를 선도할 수 있게 구성원에게 날줄로 제공해 완성된다. 구성원들은 이 운동장에 자신의 씨줄을 직조복제해 자신이 주인공이 되어 리더가 제공한 운동장을 더 높은 장소에 공의의 운동장으로 공진화시킨다. 운동장에서 구성원이 리더로 자신들을 일으켜 세우는 리더십의 민주화가 실현된다.

목적에 대한 약속을 처음 제시한 리더가 이 모든 과정을 완수하지 못할 수도 있다. 그러나 누군가가 나서서 운동장으로까지 발현된 목적의 씨앗을 자기 조직화해서 공진화시킬 수 있을 때 회사는 시간의 검증을 통과한 100년 공의기업의 책무를 완수하게 된다.

세상의 모든 창대한 변화는 목적이 씨앗이 되어, 아파서 쓰러져 있는 리더 자신과 사람들을 일으켜 세우는 자기 조직화 과정을 통해 발현emergence한다. 자기 조직화는 긍휼과 목적이 만들어낸 이중주 왈츠다. 자기 조직화는 리더의 긍휼에 대한 선한 의도에서, 눈에 안 드러난 채 미미하게 시작된다. 목적에 대한 작은 밀알은 진정성을 통해 진실과 진리로 동기화sycronization되고 전파된다. 그리고 이것이 다시 다수의 참여자가 직조복제로써 아픈 자신을 일으켜 세우는 과정을 통해 공진화되어 창대한 새 질서를 만드는 것이다. 자기 조직화 과정은 목적의 의도가 개입된 변화를 예측해주는 파레토 분포를 따른다. 초기 20%의 진성리더와 동행한 선한 의도가 쓰려져 있는 사람들의 삶의 장면에 개입해 80%의 창대한 결과를 만들어낸다.

애터미 리더십

박한길 회장이 실천하는 리더십의 골간은 진성리더십이다. 애터미는 국내 어떤 기업보다 목적과 사명과 가치가 분명하고 아무리 상황이 어려워도 이것을 지키는 것을 경영의 원칙으로 삼고 있다. 애터미에서 언급되는 비전의 본질도 큰 목표에 멋진 옷을 입혀놓은 것을 넘어 믿음의 눈으로 발견한 미래다.

애터미가 지금에 이를 수 있었던 것은 박한길 회장이 찾아낸 목적으로 본인을 일으켜 세우고 모두가 부정하는 냉혹한 현실을 딛고 간절함, 측은함, 처절함의 고시패스를 통해 구성원의 마음에 목적을 성공적으로 뿌리 내리게 할 수 있었기 때문이다. 가진 것 없이 희망만이 유일한 길인 상황에서 애터미의 목적 DNA가 구성원의 마음속에 성공적으로 뿌리 내려서 구성원들을 일으켜 세울 수 있었기 때문에 가능한 일이었다. 지금의 애터미는 박한길 회장이 목적으로 준거적 힘을 행사할 수 있었기 때문에 구성원들이 자발적으로 협업에 참여해서 현실로 실현된 것이다.

진성리더십의 여정으로 보면 현재의 애터미는 목적에 대한 약속이 진실로 입증된 상태에서 진리로 전환되는 과정에 있다. 아마도 완전한 전환에 성공하면 "네트워크 마케팅의 역사는 애터미가 다시 쓴다"는 약속을 애터미 생태계에 있는 사람들뿐 아니라 생태계 밖에 있는 사람들도 진리로 받아들이는 단계가 될 것이다. 이 단계는 애터미가 네트워크 마케팅 산업의 보통명사로 전환되는 단계다. 애터미가 고유명사를 넘어서 보통명사의 지위를 획득한다면 네트워크 마케팅 산업의 부정적 외재성이 극복되어 다른 네트워크 마케팅 회사들도 비즈니스의 정당성 라이선스를 획득하는 단계로 진입할 것으로 보인다.[8]

박한길 회장의 후임 경영자들의 진성리더로서의 책무도 분명해 보인다. 첫 번째 책무는 애터미의 경영철학을 진실을 넘어서 진리로 전환해 애터미를 보통명사로 만드는 책무다. 글로벌 사업과 생필품을 넘어서 금융, 패션과 안경, 여행과 문화로 확장되는 채널에서도 매스티지의 상품을 성공시켜 애터미 경영철학을 광범위하게 팔아서 애터미를 보통명사로 만드는 책무를 완성하는 것이다. 앞으로 등장할 블록체인 기반 메타 플랫폼과 메타버스에서 애터미 이야기를 상품과 서비스로 팔 수 있는 단계로까지 진입하는 것이 과제다.

두 번째 책무는 애터미의 경영철학을 더 높아지는 운동장에 맞게 공진화시키는 직조복제자로서의 책무다. 성공적으로 공진화시

---

8   직조복제를 통해서 목적이 공진화하는 과정을 설명하는 다음의 연구 참조. Jeongkoo Yoon & Shane R. Thye, "A Theoretical Model and New Test of Managerial Legitimacy in Work Teams", 앞의 책, pp. 639-659.

킨 애터미의 DNA를 100년 기업의 유산으로 넘겨주어 후세들이 애터미를 공의기업의 대명사로 진화시킬 수 있게 만드는 책무다.

애터미는 진성리더십에서 주장하는 리더십의 민주화 원칙을 살려내고 있다. 초뷰카 시대 공의기업에서 진성리더십이 리더십의 표준으로 정착되는 이유는 리더십 현장을 맡은 리더에게 자신의 리더십 모형을 스스로 만들 수 있는 권한을 넘겨줄 필요성 때문이다. 현장 리더에게 리더십을 디자인할 권리를 넘겨주는 리더십의 민주화 없이는 리더들이 자발성이 상실된 상태에서 회사가 시키는 리더십을 발휘하게 된다. 리더십이 필요한 리더십 현장에 리더십이 전파될 소지를 회사가 막는 것이다.

애터미에서는 리더십의 민주화를 살려내기 위해 자장격지自將擊之라는 리더십 원칙을 강조한다. 병졸로 기다리지 말고 목적을 실현하는 일이라면 어디든지 장수가 되어 나서라는 의미다. 목적을 실현하는 협업에 구성원을 동원할 때는 구성원을 도구로 이용하는 '젖소 철학'이 아닌 사랑해야 할 존재로 규정하고 시작하라는 '아기 철학'도 강조하고 있다. 변화하는 세상에 맞춰 자신이 상영하는 영화의 시나리오를 지속해서 업데이트시킬 것을 주문하는 일신우일신日新又日新 원칙도 모두 진성리더십의 실천원리다.[9]

---

9   일신우일신에 관한 생각은 성경에서도 자주 인용된다(고린도전서 15장 31절과 고린도후서 5장 17절). 애터미 리더십을 진성리더십 원리로 업그레이드하는 작업은 애터미 경영경제 연구소장인 이성연 교수의 인문학 연구를 통해서다.

리더십의 제심합력

공의기업에서 실제로 발휘되는 리더십은 진성리더십을 골간으로 하고 이것을 실현하기 위한 다양한 리더십 스타일들이 협업하는 형태다. 진성리더십이 리더십의 충분조건이라면 각자의 상황에 맞게 문제를 해결하는 다양한 리더십 스타일이 모여져서 전체적인 리더십의 문양을 만든다. 진성리더십이 목적에 대한 약속을 실현하는 리더십 골간을 형성하는 중심축이라면 다양한 리더십 스타일은 이약속을 실현하기 위한 기술이다.

진성리더십의 중심이 없는 상태에서 경영자들이 다른 리더십을 행사한다면 회사는 산으로 간다. 회사에 다양한 리더십 스타일이 있어도 산으로 가지 않고 배가 속도를 낼 수 있는 이유는 진성리더십이 목적으로 향하는 방향을 제시하고 있기 때문이다. 리더에게 목적은 씨줄이 되고 풀어야 할 리더십 과제는 날줄이 되어 맥락을 형성하고 리더는 이 맥락을 실현하는 맥락적 리더십을 행사한다.

애터미 경영자들이 각각 어떤 스타일의 리더십을 구사하고 있는지를 알아보기 위해 팀장급에 해당하는 애터미 관리자들을 통해서 경영자의 스타일을 잘 표현하는 단어를 수집해보았다. 애터미에는 박한길 회장, 부회장, 대표이사 D, 대표이사 S와 대표이사급 사업자 직급인 10명의 임페리얼이 있다.[10]

---

10   1호 박정수, 2호 이덕우, 3호 김성일, 4호 김연숙, 5호 김광열/김경숙, 6호 이혜정, 7호 박용옥, 8호 홍연구, 9호 박동철. 실제로 10명이지만 김광열과 김경숙은 가족으로 한 코드로 묶여 있다.

회장 겸손, 의지, 믿음, 섬김, 탁월, 전략, 안목, 사랑, 혁신, 단순명료, 유머, 몽상, 반골, 미래, 등대, 인사이트, 혁신, 꿈, 진정성, 카리스마, 영향력, 선견지명, 발상, 전환.

부회장 사랑, 긍휼, 믿음, 공감, 이해, 감성, 외유내강, 꼼꼼함, 따듯, 친근, 지지, 경청, 엄마, 독려, 친절, 디테일, 얼리어댑터.

대표 D 추진, 통찰, 강인, 경청, 편안, 배려, 권한위임, 도전, 불도저, 행동, 속도, 울타리, 감성, 집요, 개척, 진취, 돌격.

대표 S 노력, 중재, 언변, 분석, 집요, 문제해결, 습득, 디테일, 판단, 설득, 임파워먼트, 채움, 직관, 멀티, 친절, 단순, 카리스마, 데이터.

임페리얼 후원, 따라감, 역할모델, 기관차와 객차, 파트너, 성공, 장점, 인정, 배움, 성장, 학교, 강의, 세미나, 전파, 주다, 겸손, 그릇, 성공, 소통, 자존심, 감사, 가족, 사랑, 실패, 욕심, 공헌, 열정, 영향력, 몰입, 기회, 플랫폼, 주인공, 간절, 끈기, 오기, 오아시스, 백반 한 그릇, 도구, 다름.

일반화의 오류를 감수한다면, 애터미에서 경영진들이 제심합력을 위해 동원하는 리더십의 스타일은 아래 그림과 같다.

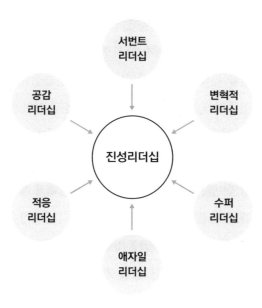

애터미 리더십의 제심합력

애터미 회장의 리더십은 서번트 리더십^{servant leadership}이다.[11] 서번트 리더십은 구성원들에게 명령하는 상머슴으로의 지위를 내려놓고 목적을 위해 희생하는 모습을 보임으로 구성원도 목적에 헌신자로 나서게 하는 리더십이다. 보이지 않는 가치인 목적을 구성원들이 마음으로 받아들이게 하기 위해서는 금전적인 것만으로 보상하는

---

11   Robert K. Greenleaf, *The Power of Servant Leadership*, Berrett-Koehler Publishers, 1988

방식은 작동하지 않는다. 금전은 목적을 실현하기 위한 간접동기이지 직접동기는 아니다. 리더가 스스로 몸을 낮추고 희생하는 모습이 구성원에게 목적에 대한 직접동기를 만들어준다. 서번트 리더는 구성원들을 목적에 대한 서약을 실현하는 주인으로 세우는 대신 자신은 직책에서 내려와 이들이 마음껏 사명을 수행할 수 있는 운동장을 설계해주는 일을 한다. 초연결 디지털 시대의 운동장은 플랫폼이다. 구성원들이 전문성을 가지고 일을 해가며 마음껏 뛰어놀 수 있는 플랫폼을 설계해주는 리더십이 현대적 의미의 서번트 리더십이다. 조직의 부문을 맡거나 팀을 맡아서 관리한다는 생각을 넘어서서 구성원들이 성공할 수 있는 전문가 운동장을 디자인해서 제공할 수 있는지가 핵심이다.

부회장의 리더십은 긍휼함에 기반한 공감 리더십^{primal leadership/ resonance leadership}이다.[12] 긍휼함은 상대의 고통을 내 고통으로 내재화하고 이를 같이 풀어나가려는 행동성향을 말한다. 긍휼함은 상대의 감정을 인지적·정서적으로 이해하는 것으로 끝내는 공감^{empathy}이나 이해를 기반으로 위로하는 동정심^{sympathy}과는 다른 사랑의 가장 깊은 감정이다. 부회장은 긍휼을 기반으로 구성원과 정서적 교감을 통해 관계적 투명성을 구축하는 리더십을 보인다. 구체적으로 자신에 대한 긍휼로 자신의 내면에 흐르는 정서적 흐름을 잘 이해하고 있

---

12   Annie McKee, Richard Boyatzis, Daniel Goleman, *Primal Leadership*, MacMillan, 2012; Richard Boyatizis & Annie McKee, *Resonant Leadership: Renewing Yourself and Connecting with Others thorough Mindfulness, Hope, Compassion*, Harvard Business School Press, 2005.

고, 구성원의 정서적 흐름을 연결해 관계를 만들어내는 능력이 있다. 스트레스를 받아도 부정 정서에 휘말리거나 정서적으로 방어적 태도를 보이지 않는다. 다른 사람들이 화를 내고 있을 때 참고 평온을 유지하는 방법을 알거나, 자신의 부정적 감정이 다른 사람들에게 전염되지 않도록 막는 능력이 뛰어나다. 한마디로 부회장은 긍휼함의 잔고를 유지해 다른 사람의 정서에 공감해주고 다른 사람들과 친밀한 대화를 이끌어 나가는 능력이 뛰어나다. 공감 리더십은 회사에 긍정적 정서의 잔고가 부족해질 때 이 잔고를 다시 채워주는 리더십이다.

대표 D의 리더십은 변혁적 리더십transformational leadership이다.[13] 변혁적 리더는 변화가 상수가 된 시대의 성공적 변화를 일궈낸 조직이나 개인들이 행사하는 리더십이다. 변혁적 리더는 목적으로부터 도출된 명확한 목표를 기반으로 변화에 대한 모범답안이 없는 세상에 모범답안을 만들어낸다. 변혁적 리더는 미래의 변화에 대해서 예측할 수 없는 상황에서 먼저 솔선수범해가며 불확실한 환경에 대해서 의미 있는 해석을 만들어내고 이를 기반으로 불확실성의 망망대해에 자신 있게 몸을 던져 성공적 범례를 만들어낸다. 변혁적 리더는 자원과 재원이 풍부할 때 구성원을 변화에 대한 실험에 동참시키기 위해서 미래에 대한 통찰력을 가지고 구성원들을 지적으로 자극하고 임파워먼트를 통해 설득한다. 경기가 좋을 때 앞으로 있을 위

---

13   Bernard M. Bass, "From transactional to transformational leadership: Learning to share the vision", *Organizational Dynamics, 18 (3)*, 1990, pp. 19–31; James Macgregor Burns, *Transformational Leadership*, Grove Press, 2004.

기를 예고하고 이에 대해서 설파하는 일은 쉬운 일도 아니고 리더가 나서서 하고 싶은 일도 아닐 것이다. 대표 D는 누구도 나서기 싫어하는 어려운 상황에서 구성원을 설득시켜 죽음의 계곡에 다리를 만드는 일에 동참시키는 능력이 뛰어나다. 대표 D가 이런 변혁적 리더십을 행사해 지금까지의 변화를 마련할 수 있는 비결은 자신이 먼저 솔선수범하고 행동력으로 돌파구를 만들어내는 능력 때문이다.

대표 S의 리더십 스타일은 적응 리더십^{adaptive leadership}이다.[14] 적응적 리더십은 공공행정대학원인 하버드 케네디 스쿨의 공식적 리더십 프로그램이다. 적응적 리더십은 리더가 해결해야 할 과제를 기술적 문제와 적응적 문제로 나눈다. 적응적 리더는 문제가 기술적 문제인지 적응적 문제인지를 잘 분별한다. 적응적 리더는 답이 있는 기술적 문제는 과학적 근거와 자료를 통해 해결한다. 정해진 답이 없는 적응적 문제를 해결하기 위해서는 답을 만들어서 이것이 답이라는 것을 구성원에게 성공적으로 설파해야 한다. 기술적 문제는 과거에 기반한 데이터와 실증의 문제고, 적응적 문제는 미래에 기반한 구성의 문제다. 대표 S는 마루가 아니라 발코니 위에 서서 적응적 문제인지 기술적인 문제인지, 무엇이 문제의 본질인지를 파악하는 능력이 뛰어나다. 문제의 본질이 파악되면 이 문제를 해결하기 위한 심리적 울타리를 갖춘 운동장을 제공한다. 이 운동장에서 구성원은 심리적 안정을 느끼며 실험과 혁신에 집중해가며 답을 만들어간다. 대표

---

14   로널드 A. 하이페츠, 알렉산더 그래쇼, 마티 린스키, 『적응 리더십: 최고의 조직은 어떻게 변화에 적응하는가』, 김충선 역, 더난출판사, 2012.

S는 심리적 울타리를 잘 디자인해서 구성원이 스트레스에 노출되지 않도록 잘 지지해준다. 적응적 과제는 그냥 쉽게 머리로 해결되는 문제가 아니어서 리더 스스로 이에 집중하고 돌파구를 마련하는 훈련된 규율과 협상 능력이 요구된다. 적응적 리더는 실험적으로 도출된 답안을 다양한 관점을 가지고 있는 구성원을 통해 검증한다.

애터미 임페리얼에서 보이는 리더십은 단연코 코칭에 기반한 슈퍼리더십super leadership이다.[15] 일반인들이 가지고 있는 리더십 이미지는 나폴레옹처럼 백마를 타고 백만 대군의 맨 앞에 서서 지휘하고 통솔하는 영웅적 장군의 이미지다. 슈퍼리더란 리더를 길러내는 리더를 의미한다. 임페리얼의 직책은 리더를 길러내는 일에서 성공한 사람을 의미한다. 앞에서도 끌어주지만 슈퍼리더십의 핵심은 뒤에서 밀어주는 리더다. 실제 애터미 임페리얼들은 자신의 성공을 넘어서 파트너를 리더로 육성하는 스폰서십을 가장 큰 책무로 생각한다. 파트너를 리더로 육성하는 과정에서 말하기보다는 듣는 역할에 더 많은 시간을 쏟는다. 이들은 답을 주기보다는 질문을 통해서 답에 이르는 길을 알려주는 코칭 방식을 택한다. 임페리얼들은 파트너가 리더로 성장하는 과정에서 많은 실수를 할 수 있다는 것을 염두에 두고 실수를 두려워하지 않도록 독려하고 실수로부터 배우는 과정을 중시한다. 슈퍼리더는 파트너들에게 스스로 목표도 설정하고 평가도 하도록 가르친다. 한마디로 고기를 직접 잡아주기보다는 고기 잡는 법을 가르쳐준다. 중요한 정보를 자신의 권위를 세우는 지

15   C. MANZ & P. SIMS JR., 『슈퍼리더십』, 김남현 역, 경문사, 2002.

렛대로 사용하기보다는 파트너들과 공유함으로써 이들이 팀워크를 형성해서 공동의 성과를 달성하도록 도와준다. 슈퍼리더십의 기반은 자기 자신을 이끌 수 있는 셀프리더십이다. 자신을 이끌 수 있는 셀프리더십의 근력이 없는 사람들이 파트너에게 리더십을 가르친다는 것은 어불성설이기 때문이다.

마지막으로 애자일 리더십은 애터미 경영진이 공통으로 보이는 자기 조직화를 위한 리더십 스타일로 전환, 혁신, 얼리어댑터, 속도, 단순, 유연성 등의 단어에서 강조되고 있다. 기업을 경영하는 것은 사막을 여행하는 것과 비슷하다. 사막에서는 어제 업데이트한 지도를 가지고 여행을 시작해도 하루만 지나면 모래바람이 불어와서 지도를 쓸모없게 만든다. 이와 같은 변화가 일상이 된 사막여행에서도 길을 잃지 않는 리더들의 비밀은 나침반에 있다. 리더는 자신의 나침반으로 길을 잃은 지점을 정확하게 찍어낼 수 있고 이 지점을 기점으로 구성원들과 협동해서 새로운 지도를 만들어낼 수 있다. 애자일하다는 것은 세상이 수시로 변화해도 언제든지 다시 지도를 만들어낼 수 있는 자기 조직화 능력을 갖추고 있음을 의미한다. 상황이 변해도 호들갑을 떨지 않고 유연하고 신속하게 대처하는 능력은 애터미 경영자들이 공동으로 보유하고 있는 역량이다.

리더십의 민주화

공진화를 향한 자기 조직화의 종착역에 도달하면 참여자들은 자기 스스로가 이 운동장에서 주체로의 자유로운 삶을 성취하는 민주화 체험을 만끽한다. 리더십도 마찬가지다. 리더십이 민주화되었다는 것은 노자가 인용한 요순시대의 백성들처럼 누구의 간섭도 받지 않고 스스로 일하고 먹고 쉬는 무위지치無爲之治가 달성된 것이다.[16] 무위지치는 백성들이 모두가 주인이 되어 생업에 종사하고 있어서 지도자가 있는지 없는지를 모를 정도로 리더십을 잘 발휘하는 상태다. 요순임금이 나라를 이런 운동장으로 설계해냈기 때문에 가능한 일이었다. 요순시대처럼 리더십이 민주화될 정도로 성숙한다면 리더십이라는 용어가 사라지는 세상이 된다.

리더십의 민주화란 참여하는 모든 사람이 자신들이 공동으로 설정한 목적에 대해 자신의 고유한 역량으로 이바지하여 집단성과를 내는 상태다. 조직의 구성원이 총 N명이라면 N명 모두가 리더인 상태다. 리더십이 민주화된 상태에서 전통적 리더는 N-1명의 구성원들 모두가 다른 구성원들을 향해 리더십을 제대로 발휘할 수 있도록 조정자가 되거나 이들이 전문성을 최대한 발휘할 수 있는 운동장을 설계해주는 역할을 한다.

애터미가 공의기업이 된다는 것은 리더십의 측면에서 민주화를 실현한 상태를 의미한다. 굳이 누가 나서서 리더십을 행사하지 않아도 목적을 염두에 두고 스스로가 장수가 되어 일을 처리하는 상태다. 진성리더십에서 주창하는 리더십의 민주화는 리더가 일인칭

---

16 가장 훌륭한 왕은 아랫사람들이 그가 있는지도 모르게 한다(太上, 下不知有之_도덕경 제17장);후웨이훙, 왕따하이, 『노자처럼 이끌고 공자처럼 행하라: 세상을 바라는 무의와 유의의 리더십』, 최인애 역, 한스미디어, 2011.

으로의 주체성을 회복해 리더십의 본질적 질서를 조직해내는 리더
십의 새로운 문법이다.

10
전문가의 놀이터

공의기업 일터의 특징은 업을 기반으로 한 전문가들의 놀이터라는 점이다. 일하는 것과 노는 것이 잘 구별되지 않는다. 다른 특징은 종업원과 회사와의 사랑이 일방적이지 않다는 점이다. 일반적으로 종업원이 회사를 사랑하도록 요청되지만 회사는 종업원을 제대로 사랑하는 방법을 모른다. 심지어 어떤 회사는 종업원의 사랑을 돈으로 살 수 있다고 믿는다. 마지막 특징은 모두가 어른이자 주인이라는 점이다. 일반 회사의 일터의 설계원리는 어린이의 놀이터다. 전문가의 놀이터와 어린이의 놀이터는 어떤 차이가 있을까?

주인의식에 대한 미신

1993년 삼성전자 임원을 태우고 프랑크푸르트로 향하는 비행기에서 이건희 회장은 후쿠다 고문의 보고서를 비롯한 삼성의 각종 문제를 보고받고 깊은 고민에 빠진다. 회장에 취임한 지 6년 동안 그렇게 질적인 경영을 호소했음에도 삼성은 전혀 변화할 기미를 보이지 않았다. 비행기 안에서 수행비서진에게 도대체 삼성의 문제가 무엇인지 생각해보라고 화두를 던진다. 비서진이 전략적 분석기법을 동원해 답을 마련해 가면 아니라고 다시 생각해보라고 돌려보낸다. 이건희 회장에게 이미 생각해놓은 답이 있었다는 소리다. 잠을 안 재워가며 답을 다시 생각해보라고 돌려보내기를 반복하는 것을 보고 같이 있던 홍라희 여사가 이러다 비서들 다 잡겠다고 성화를 보이자 이건희 회장은 마음에 담고 있던 속내를 보여준다.[1]

"우리는 자기 자신을 사랑하지 않는다."

앞서 소개한 사우스웨스트 항공사는 회사를 설립한 이후 한 번도 적자를 보지 않았다. 큰 항공사도 하루아침에 도산하는 항공업에서 설립 이래 적자를 보지 않게 한 경영의 신은 이 회사를 설립한 켈러허 회장이다. 이 회사는 911사태가 벌어져 사람들이 비행기 타기를 꺼릴 때도 적자를 보지 않았다. 심지어 어떤 고객들은 항공업계가 어렵다는 소문을 듣자 이 회사에 아무 조건 없이 1천 불, 2천 불의

---

1   손욱, 『삼성, 집요한 혁신의 역사』, 코리아닷컴, 2013; 황인혁, 이경진, 박상선 기자, "'원인이 뭐지?' 이회장, 묻고 또 묻더라", *매일경제*, 2013년 5월 29일.

수표를 끊어 보냈다.

사우스웨스트 항공이 천명하는 가치가 사랑이다. 사랑은 회사의 로고로도 새겨져 있다. 이 회사의 종업원 중에는 사랑의 로고를 문신으로 새겨서 고객과 친구들에게 자랑하고 다니는 이도 있다. 직원도 회사가 천명한 사랑을 마음으로 받아들이는 것이다. 회사가 특별히 관리하지 않음에도 직원들이 자신뿐 아니라 남의 일을 도와서 완수하는 책임감과 협업수준은 상상을 초월한다. 심지어 조종사도 시간이 남으면 티켓 카운터에 와서 짐을 나르는 것을 돕는다. 누가 시킨 것도 아니다.

사우스웨스트 항공에서는 어떤 연유로 종업원들이 몸에 회사의 마크를 문신까지 해가며 회사를 사랑하는 것일까? 회사의 복지 정책이 뛰어나서일까? 복지로 따지자면 사우스웨스트 항공보다 나은 회사가 수없이 많으므로 답이 될 수 없다. 이건희 회장도 삼성의 문제가 돈으로 해결될 수 없다는 것을 깨달았기 때문에 답을 사랑에서 찾았을 것이다.

HR^{Human Resource Management}이 돈을 주고라도 사랑을 사고 싶어 하는 이유는 사랑하는 사람들만 자신과 상대를 주인공으로 세우기 때문이다. 사랑하는 동안에는 스타탄생의 영화가 촬영된다. 만일 상대를 자기 삶의 주인공으로 세우려는 욕망이 사라졌다면 사랑이 식었다는 증거다. 자기에 대한 사랑도 마찬가지다. 자신을 진정으로 사랑하지 않는 사람들은 자신을 주인공으로 내세우지도 않고 자발적으로도 행동하지 않는다. 자신의 내면이 허구적이기 때문이다.

회사에서도 조직 구성원들이 주체적으로 책무감을 가지고 자발적으로 일하려는 성향이 떨어졌다면 자신과 구성원들을 사랑할 수 없는 사람들로 조직이 채워졌기 때문이다. 조직이 사랑 대신 눈에 드러나는 능력이나 스펙 등으로 화려하게 포장된 사람들로 가득 채워졌기 때문이다. 조직 구성원들의 책무감과 주체성이 떨어지는 이유는 이건희 회장도 진단했듯이 자신과 동료와 회사를 진정으로 사랑하지 않는 사람에 의해 조직이 장악되었기 때문이다. 진정한 사랑은 자신의 장점과 매력에 대한 편애가 아니라 아파서 쓰러져 있는 자신을 일으켜 세우는 긍휼의 사랑이다. 긍휼의 사랑이 없다면 사랑은 가식적 연기다.

자기 자신을 긍휼로 사랑하지 않는 삶은 스스로가 주인공으로 살 수 없는 노예의 삶이다. 노예에게는 스스로 애착을 가질 만한 주체적 삶이 없다. 노예는 주인의 삶의 종속물이자 주인의 성공과 부를 위한 수단이다. 노예로 산다는 것은 이런 자신의 종속적 운명을 숙명으로 받아들이고 있음을 말한다. 이런 노예에게 주인의식이 있을 리 없다. 노예에게 맡겨진 일에 대한 책임을 요구하는 것 자체가 어불성설이다. 노예의 운명을 받아들인 사람들에게 책임을 요구할 수 없으니 주인 스스로가 책임지기 위해서 동원한 수단이 결국 감시하고 관리하고 돈으로 해결하는 것이다. '관리의 삼성'은 이건희 회장이 삼성을 초일류로 만들기 위해 평생을 통해 극복하기를 원했던 골리앗이었다.

종업원이 자신을 긍휼로 사랑하지 못하는 문제의 책임은 회사에도 있다. 생존과 이윤추구라는 잘못된 목적을 앞세워 회사가 돈으로 사랑하는 법만을 가르쳤기 때문이다. 기업들이 종업원이 회사를 자발적으로 사랑할 수 있게 하려고 HR 정책과 다양한 복지정책을 시행해보지만 대부분 실패한다. 주체성과 자발성의 본질이 서로 간의 긍휼에 기반한 사랑에서 시작된다는 것을 이해하지 못하기 때문이다.

돈을 넘어서서 사랑하기 위해 기업도 사람처럼 종업원들에게 사랑의 편지로 구애할 수 있을까? 어떻게 하면 구성원들도 기업을 사랑해서 자신의 회사에 러브레터를 보낼 수 있을까? 이런 일이 현실에서도 있을까?

이 문제를 설명해주는 사람이 홀푸드마켓의 설립자 매키[John Mackey]와 이해관계자 자본주의[stakeholder capitalism]를 주장하고 있는 시소디아[Rajendra Sisodia]다. 이들은 '의식이 살아 있는 자본주의[conscious capitalism]' 운동의 창시자다.[2] 유기농 농산물 판매장인 홀푸드마켓은 아마존이 인수했다. 한 인터뷰에서 아마존의 창립자 베조스[Bezos]는 이 회사를 의식이 살아 있는 비즈니스를 배우기 위해서 인수했다고 고백했다.[3]

이들은 기업도 사람처럼 의식이 살아 있는 회사와 의식을 잃고 식물상태로 변한 회사로 구분할 수 있다고 주장한다. 회사가 구성원

---

2 John Mackey & Raj Sisodia, "Conscious Capitalism: Liberating the Heroic Spirit of Business", *Harvard Business Review Press*, 2014; 운동의 홈페이지 https://www.consciouscapitalism.org

3 베조스는 또 다른 인터뷰에서 자포스(Zappos)라는 라스베이거스의 온라인 판매점을 인수한 이유도 자포스의 문화를 배우기 위해서라고 고백했다. 시소디아와 동료들(Jagdish N. Sheth, David B. Wolfe)은 이런 사랑받는 공의기업과 전략적 목표만을 추구하는 기업들의 주식 가치의 상승분을 10년간 추적 비교했다. 사랑받는 공의기업이 전략적 목표를 추구하는 기업들보다 매년 기업가치가 3배 이상 더 상승하고 있었다.

들이나 고객들에게 러브레터를 보내고 받기 위해서는 일단 기업이 의식을 가지고 살아 있어야 한다고 주장한다. 종업원이나 고객이 회사가 의식이 없는 코마 상태인 것을 아는데 기업을 사랑하라고 주문할 수는 없다. 코마 상태에 빠진 기업이 보내는 러브레터는 기괴하기 짝이 없고 심지어는 경악할 일이다. 의식이 깨어 있는 기업들만 구성원 및 고객과 제대로 된 사랑을 나눌 수 있다. 마찬가지로 생존에 집중해가며 먹고살기에 지친 회사가 구성원에게 러브레터를 보낼 수는 없다. 종업원이나 고객은 러브레터에 진심이 들어 있지 않다는 것을 안다.

기업이 의식을 가지고 살아 있다는 것은 단순히 생존을 목표로 하지 않고 자신만의 존재이유를 각성하고 이유를 목적으로 세워 자신을 일으켜 세우는 것을 뜻한다. 존재목적이 살아서 심장을 뛰게 하는 스파크를 보낼 수 있는지의 문제다. 기업이 설정한 존재목적이 살아서 구성원에게 스파크를 보내고 스파크를 받은 종업원이 일으켜 세워진다면 기업이 살아 있다는 증거다. 살아 있는 목적을 비즈니스 모형에 녹여내 서비스와 제품으로 스파크를 보내 고객을 일으켜 세울 때 초우량기업이 된다. 살아 있는 존재목적을 각성한 기업들이 구성원과 고객을 일으켜 세우는 편지가 진짜 러브레터다. 사우스웨스트 항공 직원들의 문신은 회사 때문에 일으켜 세워진 종업원들이 회사에 보내는 러브레터다. 종업원과 회사가 서로를 일으켜 세우는 기업이 공의기업이다.

기업이 의식을 잃고 코마 상태에 빠지면 구성원들은 의미의 혼란과 부재에서 오는 아노미 상태에 시달린다. 자신의 회사를 사랑할 수 없음에 일과 역할에 열의^{engagement}가 떨어져 몸만 회사에 담고 마음은 다른 곳에서 겉돈다. 몸과 마음이 따로 노는 상태다. 구성원의 아노미는 우리나라 회사에서 지배적으로 보이는 현상이다. 자신이 일하는 조직이 살아 있지 못하고 결국 사랑할 수 없다는 허탈감에 빠져 구성원의 마음이 콩밭에 쓰러져 있는 상태가 조직의 아노미 상태다.

열의는 HR 담당자들이 생각하는 것처럼 돈이나 복지로 살 수 있는 것이 아니라 긍휼의 사랑으로 종업원을 일으켜 세우는 것이다. 인게이지먼트란 사랑에 대한 열의로 서로가 혼인을 약속하는 상태다. 목적이 사라져 코마 상태에 빠진 회사에서 돈을 줄 테니 사랑해달라고 요청하는 것은 종업원을 모독하는 것이다. 목적이 사라진 회사에서 아무리 천만금을 주어도 사랑이 살아나지 않는다. 지금처럼 L자 경기가 깊어지고 회사도 더는 종업원에게 평생을 약속할 수 없고 이전처럼 종업원에게 제공할 수 있는 인센티브도 충분하지 않지만 그래도 인게이지먼트를 유지하기 위해서는 목적의 스파크를 통해 쓰러져 있는 구성원들을 일으켜 세우는 종업원체험^{eX: employee experience}을 줄 수 있어야 한다.

종업원체험이란 회사가 종업원을 위해 지원^{candidacy}, 입사^{on boarding}, 성과^{performance}, 성장^{growth}, 퇴직^{exit}에 이르는 국면 국면마다 온전한 사람^{whole person}으로 일으켜 세우는 성장체험을 뜻한다. 글로벌 선진기업에서는 요즈음 열의를 넘어서 온전한 사람으로 일으켜 세우는 충일감^{充溢感, fulfillment}을 강조하고 있다. 한 시간을 일하더라도 충일감으로 일할 때만 자신과 고객에게 긍휼함을 가지고 고통을 해결하는 성장체험을 할 수 있다는 것을 알았기 때문이다. 어느 시점에 이르러 회사를 떠날 때 이 회사가 자신에게 긍휼의 사랑을 베풀어서 자신이 충일감으로 온전하게 성장했다고 고백하는 직원들이 많은 회사가 종업원체험을 제대로 관리하는 회사다. 살아 있음을 증명하는 존재목적으로 회사는 종업원을 일으켜 세우고 종업원은 회사를 일으켜 세우는 긍휼의 사랑을 실천하는 일터를 가진 회사가 공의기업이다. 공의기업이란 돈과 복지로 사랑하는 것을 넘어서 이런 긍휼에 기반한 사랑의 원리를 가르칠 수 있는 기업이다.

지혜의 샘
토끼 효과

'토끼 효과Rabbit Effect'는 콜롬비아 의대의 켈리 하딩Kelli Harding 박사가 출간한 책의 제목이다.[4] 임상 의사로서 긍휼에 기반한 진정한 사랑과 아침에 침대에서 벌떡 일어나게 하는 삶의 목적이 자신에게 따뜻한 담요 역할을 해서 궁극적으로 자신과 주변 사람들의 건강도 지켜간다는 가설을 임상 사례를 통해 검증했다.

하딩 박사가 긍휼과 목적에 관심을 두게 된 최초의 계기는 1978년에 보고된 토끼 실험 결과에서 시작된다. 토끼 실험은 토끼

---

4   Kelli Harding, *The Rabbit Effect: Live Longer, Happier, and Healthier with the Ground-breaking Science of Kindness*, Atria Books, 2019.

의 먹이에 따라 콜레스테롤 수치가 얼마나 증가하고 이것이 토끼의 심장질환과 관련 있는지에 관한 단순한 연구였다. 결과적으로 특정 표본의 토끼들은 먹이와 상관없이 콜레스테롤 수치도 낮았고 따라서 심장 건강도 우수했다. 왜 그런지를 추적하는 과정에서 실험을 진행하는 실험자가 동물을 좋아해서 자신이 담당했던 토끼들에게 말도 붙여주고 쓰다듬어주기도 하는 등 실험 외적 개입이 있었다는 것을 발견했다. 이 사실을 알고 연구진은 실험의 주제를 바꿔서 동물에게 베풀어주는 애정이 동물의 콜레스테롤 수치를 감소시킨다는 연구결과를 냈다.

하딩 박사는 책에서 이런 애정은 사람들에게 더 큰 건강 효과를 거둔다는 가설을 자신이 맡았던 환자들과의 임상 결과를 통해 입증했다. 사람들의 건강에 영향을 미치는 것은 평소 즐겨 먹는 음식도 있지만 주변 사람들과의 애정 어린 관계가 더 중요하다는 것이다. 직장인에게 암을 유발하는 것은 애정이 모자란 상사나 동료들과 같이 일할 경우라는 사실도 밝혔다. 하딩 박사는 진정한 사랑의 형태인 긍휼함을 가지고 자신과 상대를 대하는 행동이 암을 예방해줄 뿐 아니라 가장 효과적인 건강회복제라고 주장한다. 건강은 목숨을 바쳐 사랑할 수 있는 목적 때문에 아침에 침대에서 자신을 일으켜 세울 수 있을 때임도 밝히고 있다. 이런 목적과 긍휼에 둘러싸일 때 자신에게 따뜻한 담요를 덮어주는 효과가 일어난다는 것이다. 주변이 이런 목적과 긍휼의 애정이 넘치는 사람들로 채워졌을 때 마음의 평화를 가져다주는 담요 효과는 증폭된다고 보고하고 있다.

책에서는 하와이 카우아이섬의 종단연구 결과도 소환하고 있다. 1954년에 시작해서 40년간 진행된 카우아이섬 연구는 어려운 여건에서 성장하는 어린이들을 어떻게 돌봐야 하는지에 관한 많은 시사점을 남긴 연구다.

카우아이섬은 지금은 아름다운 휴양지로 주목받고 있지만 연구를 시작할 당시에는 미국의 식민지로, 아주 열악한 환경에서 백인들, 이주한 동양인들, 원주민들이 어울려서 살고 있었다. 연구는 1954년에 태어난 신생아 833명의 성장 과정을 40여 년간 추적했다. 생활환경은 대부분이 열악했으나 이들 중 특히 열악한 환경에서 자란 201명의 아이를 고위험군으로 분류하여 정상적인 환경에서 자란 아이들과 비교했다.

가설은 고위험군에서 비행 청소년도 많고 사회적 낙오자들도 더 많이 생길 것이라는 추측이었다. 실제 연구결과는 고위험군에서 자란 어린이 중 72명이 예상과 달리 정상적인 환경에서 자란 어린이들보다 더 훌륭하게 성장했다는 사실을 보여주었다. 이런 사실에 놀란 연구진은 연구주제를 180도 바꿔서 무엇이 이들을 어려운 환경으로부터 지켜주었나를 연구하게 되었다. 연구결과 그들 72명에게는 한 가지 공통점이 있었다.

극도로 열악한 환경 속에서도 가족이나 가까운 친지 중 누군가 적어도 한 명은 이들에 대한 기대를 포기하지 않고 긍휼함을 가지고 이들의 어려움과 고통을 극복할 수 있도록 격려하는 사랑의 끈을 놓지 않았다는 것이다. 그들의 긍휼함은 이들이 성장하는 과정에서 삶의 목적을 찾게 해주고 이 목적은 자존감의 원천이 되었다. 고통과 어려움에도 믿고 지지해주는 한 사람의 존재는 이들의 정신적 근육을 단련시켜주는 계기를 마련해주었다. 긍휼의 사랑은 이들이 커서 고향을 떠나 세상의 큰 산을 마주하고도 주눅이 들지 않는 정신모형의 근육으로 작용했다. 아무리 암울한 상황이라도 긍휼이 담긴 사랑의 줄을 놓치지 않는다면 온전한 한 편이 되어 이들의 삶을 구할 수 있다.

훌륭한 조건에서 태어났음에도 기대 이상으로 성장하지 못한 어린이들의 문제는 부모가 이들의 장점과 매력에 집중해 좋은 것만을 사랑한 경우였다. 부모의 과도한 기대에 기반한 잘못된 사랑의 편식이 자식을 망친다. 반대로 열악한 환경에서 훌륭하게 자란 아이들은 긍휼이라는 온전한 사랑을 체험했다. 긍휼은 좋은 것, 예쁜 것, 장점만 찾아서 사랑하는 사랑의 편식과는 달리 상대가 가진 아픔조차도 온전하게 자신의 것으로 사랑하는 사랑의 가장 지고지순한 형태다.

연구가 보여주듯이 긍휼로 사랑하는 온전한 내 편 한 명의 사랑이 나의 장점과 강점을 편애하는 수백 명의 사랑보다 더 큰 힘을 발휘한다. 나의 아픔조차도 사랑하는 온전한 내 편 한 사람만 있으면 아무리 힘들어도 세상은 따뜻한 담요가 된다.

긍휼과 목적이 차가운 세상에 온기를 만들어주는 담요이자, 따뜻함을 전달하는 포옹이자, 아픈 사람들을 낫게 만드는 의사인 셈이다.

미국의 브리지포트 금융그룹 Bridgeport Financial. Inc을 설립한 크리스티나 하브리지 Christina Harbridge는 대부업의 개념을 새롭게 바꿔 썼다.[5]

크리스티나가 대부업계에 발을 들여놓은 것은 시간제 일자리를 알아보기 위해서 전단지 광고를 보고 전화를 하고서였다. 처음에는 대부업체라는 것도 모르고 인터뷰에 응했고 경제적으로 사정이 안 좋았던 그녀는 이 일자리를 받아들였다.

저축은행이나 캐피털의 이름을 단 많은 회사들과 마찬가지로 이 대부업체는 직원의 월급을 돈을 얼마나 받아내는지의 추심비율로 정했다. 모든 직원들은 추심비율을 올리기 위해 고객들을 쥐 잡듯이 쥐어짜고 있었다. 하루는 직원들과 점심 식사를 같이할 기회가 있었는데, 직원들이 직장에서 일할 때와는 딴판으로 정말 인간적으로 좋은 사람들이라는 것에 크리스티나는 놀랐다. 이렇게 착하고 인간적인 사람들이 고객을 대할 때는 딴판으로 변하는 것에 의아해하던 어느 날, 자신도 다른 직원들과 똑같이 고객을 대하고 있음을 발견했다.

이런 자신에 또 놀란 크리스티나는 회사를 퇴사하고 자신이 직접 브리지포트 그룹이라는 캐피탈 회사를 설립했다. 그녀는 "따지고 보면 우리는 모두 빚을 지고 살고 있다. 단지 이 빚을 갚아야 할

---

5   Christina Harbridge, *Swayed: How to Communicate for Impact. Nothing But The Truth*, 2016.

시기가 사람마다 다를 뿐이다"라는 철학으로 회사의 사명을 '서민들에게도 또 한 번의 기회를 주는 회사'로 정했다. 이 사명을 달성하기 위해서 비즈니스를 하는 방식도 일반 캐피탈 회사와는 180도 다른 방식을 택했다. 고객을 다른 회사와 같이 막무가내로 대하면 벌점을 받고 이 벌점은 인센티브에 반영했다. 대신 고객의 사정을 충분히 들어주고 이런 소통을 기반으로 신뢰를 구축하는 경우 높은 고과를 받도록 설계했다. 직원들도 이런 소통능력이 뛰어난 이들을 채용했다. 회사에서 주는 추가 보너스도 추심비율이 아니라 고객에게 감사편지를 얼마나 받는지로 정했다.

이렇게 회사를 운영한 결과 얼마 되지 않아서 회사의 추심비율은 업계 표준보다 3배로 뛰어올랐다. 브리지포트 금융그룹은 캐피탈 회사의 최고 명성을 갖는 회사로 정착했다.

하브리지는 어떻게 이런 혁신적인 추심회사를 만들 수 있었을까? 사랑에 대한 잘못된 편애를 깨달았기 때문이다.

공의기업의 경영자들이 언급하는 사랑은 사랑의 더 심층적이고 근원적인 형태인 긍휼을 의미한다. 좋은 점만을 부각하는 사랑은 사랑이 식으면 상대와 나와의 관계를 분절시키는 원인이지만 상대의 고통까지 내 고통으로 끌어들여 사랑하는 긍휼은 문제의 근원을 찾아 상대와 자신을 지속적으로 혁신해 온전하게 성장시키는 원동력이다.

누구나 자신의 강점과 매력을 사랑하기는 쉬워도 자신의 약점과 아픔에 관심을 보이는 긍휼 차원의 깊은 사랑을 하기는 쉽지 않다. 자신의 아픔과 약점을 감추고 무시하면 상처는 곪아 구더기가 생긴다. 구더기가 생기면 사람들은 여기에 거적을 덮어놓는다. 자신의 아픔과 한계와 못난 점을 누구보다 자신이 더 잘 알고 있어서 사람들이 자신을 함부로 대하는 행동을 더 심각하게 받아들이고 자신의 강점과 매력을 포장하는 행위에 더 집착하는 것이다.

하브리지가 추심업계의 운동장을 높이는 혁신적 회사를 만들 수 있었던 것도 빚에 쪼들리는 사람들의 고통에 대한 긍휼의 사랑을 적용했기 때문이다. 이들의 고통을 진정으로 이해하게 되자 이 고통을 거적을 덮는 수준이 아니라 근원적으로 해결해서 혁신하는 방법에 몰입했고 이에 대한 솔루션으로 회사가 만들어졌다.

모든 혁신은 따지고 보면 긍휼함에서 나온다. 기업은 고객의 문제를 자신의 제품이나 서비스를 통해 해결할 수 있는 가치를 만드는 주체다. 이 가치혁신은 고객만족이나 고객감동을 넘어 고객이 겪고 있는 고통의 실체를 원인의 수준에서 이해하고 이에 대한 솔루션을 만들어 자신의 제품과 서비스에 반영할 수 있을 때 달성된다. 이런 수준의 가치혁신을 위해서는 고객이 겪고 있는 아픔의 실체를 이해하고 이것을 내 아픔으로 내재화해서 같이 풀어가려는 긍휼함이 있어야만 한다. 비를 맞고 있는 고객에게 우산을 씌워주는 것을 넘어 고객과 같이 비를 맞는 고통에 자신의 몸을 던질 때 가능해지는 것이 가치혁신이다. 사람들에게 우산을 씌워서 위로하고 시혜적으로 행동하는 것을 CSR^{Corporate Social Responsibility}(기업의 사회적 책임)이라고 잘못 이해하곤 하는데, 제대로 CSR을 하는 기업들은 이런 위로와 시혜적인 행동을 넘어서 고객의 아픔을 실질적으로 해결해주는 가치혁신을 통해서 한다.

지금까지 세상의 지형을 바꾼 혁신은 피도 눈물도 없는 사람들이 아니라 아픔에 대한 공감을 넘어 이것을 원인의 수준에서 해결하기 위해 행동으로 뛰어들게 만든 긍휼함이 기반이었다.[6]

천박하게 돈만 추구하는 광고 마케팅 기업들 때문에 고통받는 사람들의 문제를 해결하기 위해 플랫폼 비즈니스를 시작한 구글, 서버에 대한 무한독점권으로 횡포를 부리던 기업들로부터 고통받던 사람들을 구해내기 위해 클라우드의 새 표준을 설정한 아마존, 고통받는 사람들의 문제를 자유로운 소통으로 해결하기 위해 스마트폰을 만든 애플, 기본 의료보험도 없이 여러 개의 시간제 일자리를 전전하는 사람들의 고통을 본 스타벅스, 발에 장애가 있는 사람들에게 고통 없이 최고의 편안함과 균형을 누리게 해준 뉴발란스, GMO 등 변형된 농산물로 고통받는 사람들을 위해 유기농 농산물을 선별해 판매하는 홀푸드마켓, 뛰어난 아이디어는 있지만 이를 실현할 비즈니스 모델이나 자금이 없는 사람들에게 창업의 새로운 개념을 제시한 피치북데이터, 환경친화적 삶을 널리 보급하고 지속가능한 삶의 체험을 파는 유니레버, 고통받는 자연을 살려내기 위해 자사 제품을 사지 말라고 광고하는 파타고니아 등을 보면 알 수 있다. 이들이 뛰어난 사업적 통찰력을 보인 것은 모든 문제를 고통의 뿌리 수준에서 이해하고 개념화하고 행동으로 풀어낸 긍휼함을 가졌기 때문이다. 긍휼함은 근원적 변화를 이끌 미래 사업을 찾아낼 수 있는 눈물의

6   Dorothy Leonard & Jeffrey F. Rayport, "Spark innovation through empathic design", *Harvard Business Review*, November, 1997.

안경인 셈이다.

인간의 심연에 흐르는 고통의 문제를 혁신적으로 해결해주는 것은 드러난 욕구를 풀어주는 것과는 차원이 다르다. 고통의 보이지 않는 뿌리를 찾아서 해결하는 것은 마케팅이 주장하듯이 포커스 그룹 인터뷰를 진행하거나 소비자 조사를 하거나 빅데이터 분석을 통해 잡히는 대상이 아니다. 긍휼의 눈물로 세상을 보는 사람들만 고통의 근원적 원인을 이해해서 혁신적으로 해결하고 이를 통해 근원적 변화를 자기 조직화한다. 공의기업의 경영자들이 실천하는 경영이란 긍휼로 고객과 종업원의 아픔을 이해하고 이를 혁신적으로 해결하기 위해 이들의 손을 잡고 이들을 일으켜 세우는 행동이다. 공의기업의 존재이유는 살아 있는 모든 것들이 생장을 위해 필연적으로 경험해야 할 고통의 문제를 혁신적으로 해결해주는 것이다. 더 높은 장소에 더 평평한 운동장을 가진 기업을 세워 이들을 고통으로부터 해방해 진정한 자유를 체험하게 하는 것이다.

혁신적 방법을 대표하는 디자인 사고에 대한 개념도 수정되어야 한다. 우리는 잘 만들어진 공간이나 제품을 보면 자연스럽게 "디자인이 예쁘네"라고 이야기한다. 멋지고 예쁘게 꾸며진 것에 대한 편애로 디자인을 잘못 생각하는 것이다. 하지만 세상에서 가장 아름다운 디자인을 만들어낸 사람들은 고통을 아름다움으로 승화시킨 사람들이다.

왼손잡이 오른손잡이를 차별하지 않도록 편리하게 고안된 주방용품을 만드는 OXO의 설립자 샘 파버 Sam Farber가 디자이너로 공의

기업을 세운 계기도 긍휼함이다.[7] 은퇴한 후 자신과 부인이 좋아하는 요리를 통해 시간을 보내려던 파커의 계획이 아내의 심한 관절염으로 좌절당한다. 관절염이 도진 오른손이 아닌 왼손으로도 요리를 즐길 수 있게 주방용품을 디자인해낸 것이 지금의 유니버설 디자인의 개념을 탄생시킨 것이다. 고통의 문제를 원인의 수준에서 행동으로 해결하려는 긍휼이 없었다면 OXO는 지구상에 탄생하지 않았다.

GE 디자이너인 더그 디에츠 Doug Dietz 는 MRI 촬영실에 들어온 어떤 소녀와 그 가족들이 울먹이는 것을 목격하고는 충격을 받았다.[8] 자사의 기기가 환자에게 고통을 부가한다는 것을 깨달았기 때문이다. 소녀는 겁에 질려서 마취를 하고 나서야 MRI 촬영을 끝낼 수 있었다. 디에츠는 어린이들이 느끼는 공포를 이해하고 MRI를 다양하게 장식해서 아이들이 MRI를 통해 모험을 떠나는 것 같은 사용 경험을 제공할 수 있게 MRI를 만드는 데 성공했다. MRI를 우주선이나 해적선처럼 꾸몄다. MRI 촬영 기사에게는 아이들이 MRI 촬영을 여행으로 체험할 수 있도록 대본까지 만들어주었다. MRI 촬영을 위해 아이에게 진정제를 투여해야 하는 경우가 사라졌다.

디자인 사고를 한다는 것은 단순히 공감하기 위해 포커스 그룹을 만들고 이들의 삶을 관찰하고 이해하는 것에서 시작하지는 않는다. 긍휼함으로 고통의 문제를 원인의 수준에서 이해하고, 해법을 개념화해서, 프로토타이핑과 검증과정을 진행해 아픔을 치유할 수

7   OXO Good Grips. https://universaldesign.ie/what-is-universal-design
8   어린이를 위한 MRI 디자인은 GE MRI Adventure Series를 참조.

있는 서비스와 제품을 제공하는 것이다. 뛰어난 디자이너는 '사람'과 이 사람이 겪는 '아픔'에서 디자인의 모티브를 찾는다. 비즈니스의 혁신으로 주목받은 '디자인적 사고 design thinking'도 같은 맥락이다. 사용자의 아픔을 관찰하고 아픔을 해결할 수 있는 원인을 찾는 것에서 시작하여, 다양한 분야의 사람들의 생각을 모아 아이디어를 융합하고, 프로토타입을 현실화하여 사용자에게 힐링의 체험을 제공하는 작업이다.

회사를 디자인하든지 제품을 디자인하든지 뛰어난 디자인은 공감이라는 자기 중심의 역지사지의 벽을 넘어서 긍휼함을 가지고 아픈 사람들을 일으켜 세우는 혁신적 행위다.

간접동기 대 직접동기

미국 언론매체에서, 일하기 좋은 기업으로 회자되는 곳들이 사스SAS, 자포스, 구글이다. 언론은 이 세 회사를 탐방할 때 이 회사들의 복지제도가 부각되도록 한다. 예를 들어 구글에 가면 세 끼 식사가 모두 공짜이고 레스토랑 종류도 많다는 것을 언급한다. 사스에 가면 직원들 개인을 위한 심부름센터가 있고, 아이들을 직장으로 데리고 올 수 있고, 치과 의사가 있다는 식이다. 방송의 취지는 단순하다. 복지제도의 유인으로, 종업원들이 감사하는 마음으로 편하게 일하다 보니 이렇게 좋은 회사가 되었다는 것이다. 종업원들이 돈을 벌어주면 이렇게 좋은 대우를 받고 즐겁게 회사 생활을 할 수 있으

니 일단 돈을 많이 벌어야 한다고 강조한다. 이런 방송내용은 공의
기업에서 지향하는 전문가의 놀이터와 일반 기업에서 제공하는 어
린이의 놀이터를 오해하게 할 수 있다.

방송이 강조하는 요지는 신자유주의의 경영이념이기도 한 일
단 '돈을 많이 벌어라follow the money'라는 전략이다. 'Follow the Money'
전략은 1년에서 2년 단기적으로는 작동될지 모르지만 장기적으로
는 회사를 노쇠화하는 주범이라는 것이 많은 연구들의 결과다. 사
스, 자포스, 구글이 잘되는 진짜 이유는 성과의 직접동기를 자극해
종업원들이 자신의 전문성을 발휘해가며 신나게 일할 수 있는 경업
락군의 운동장을 제공해주기 때문이다.

회사의 복지나 인센티브 등은 회사가 성과를 내게 되는 직접동
기가 아닌 간접동기다. 직접동기를 간과한 채 복지나 인센티브 등
간접동기에 회사의 전략적 자산을 집중한다는 것은 실패의 지름길
이다. 간접동기만을 자극하는 회사는 단기적으로 성과를 볼지 모르
지만, 장기적 성과에는 마이너스다. 복지제도는 야생오리를 잡아서
집오리로 길들이고 심지어는 뚱뚱해서 날지도 못하는 오리로 전락
시킨다. 오리에게나 오리 주인에게나 도움이 안 되는 일이다.

성과의 직접동기는 일하는 목적, 일을 통한 성장, 일하는 즐거
움이다. 목적, 성장, 즐거움이 회사의 성과와 더 직접 연관되어 있
다. 어떤 공동의 목적을 성취할 수 있는지가 핵심이다. 목적은 종업
원이나 고객의 아픔을 긍휼함으로 대할 때 제시된다. 아픔을 원인의
수준에서 이해하고 이것을 회사가 직접 나서서 해결해야 하는 이유
가 기업의 목적이 되고, 이것이 종업원을 일으켜 세우게 하고, 고객

을 일으켜 세울 때 직접동기가 작동한다. 일을 통한 즐거움도 온전한 사람으로 일으켜 세워지는 성장체험에서 나온다. 일하다가 쌓인 불만을 무마하기 위해 일터 자체를 어린이들 달래는 놀이터 정도로 만든다면 성과는 마이너스다. 신바람 경영fun management을 한다는 명목으로 일터를 어린이들의 놀이터로 만드는 것은 치명적 오류다.

직접동기의 원천을 구성하는 것은 목적과 긍휼이다. 지속가능한 성과를 내는 공의기업은 직접동기를 자극할 수 있는 일의 목적을 명시적으로 제공해 구성원을 일으켜 세우고 구성원은 목적을 달성함으로 전문가로서의 성장체험을 하게 한다. 모든 일들이 이 목적을 달성하기 위해 업으로 정렬된다. 종업원은 목적을 통해 자신의 삶과 관련한 변화를 자기 조직화하는 체험을 한다. 회사가 목적에 대한 믿음이 없을 경우엔 직접동기를 자극해서 성과를 따라오게 할 수 없다. 성과를 통해 마련한 풍부한 재원은 분란이 생기지 않도록 최대한 공정한 평가로써 구성원들에게 사후적으로 고마움을 표현하면 된다. 전문가의 놀이터는, 직접동기를 이끄는 목적을 앞세워 드라이버driver로 끌게 하고 복지나 인센티브 등을 공정하게 평가해서 간접동기로 뒤에서 밀어주는 강화제reinforcer로 만듦으로써 설계된다. 목적이라는 드라이버가 존재하지 않는 회사는 간접동기가 앞에서 끌고 뒤에서 밀어주기도 하는 상황을 벗어나지 못한다.

평범한 사람들이 모여 비범한 조직을 만드는 원리는 스펙이나 능력, 지식, 외모 등으로 포장한 사랑이 아니라 자신의 아픔과 어려움까지도 사랑해가며 온전하게 성장시킬 수 있는 사람들로 조직을 채워 이들이 목적을 기반으로 스스로의 삶에 의미 있는 질서를 만들 수 있도록 자기 조직화의 근력을 제공하는 것이다. 이런 사람들로 채워진 조직만이 자신과 조직의 아픔과 고통을 해결하기 위해 끊임없이 학습하는 혁신의 주인공 역할에 몰입한다. 긍휼의 사랑으로 뭉친 평범한 사람들이 목적을 중심으로 업을 세우고 협업해서 조직을 비범한 조직으로 자기 조직화한다.

글로벌 공의기업이 실천하는 성장체험의 핵심 기제는 경업락군이 행해지는 '전문가의 놀이터'다. 경업락군의 놀이터 설계원리는 존재의 수준에서 자신을 차별화시키는 목적의 성소와 가치의 울타리에서 시작한다. 목적의 성소와 가치의 울타리가 성공적으로 세워진다면, 이 운동장에서 종업원이 일을 업으로 세워 경업락군 하는지, 종업원이 주체적 일인칭이 되어 역할을 써나가는 전문 선수로 일할 수 있는지, 운동장에서 열심히 일한 결과로 성장체험이라는 직접보상과 성과에 따른 공정한 보상을 얻을 수 있는지, 운동장의 리더들은 통제하기보다 종업원이 주인공이 되도록 서번트 리더십을 발휘하는지가 모두 자연스럽게 해결된다.

애터미가 구축한 전문가들의 놀이터

『Fish! 펄떡이는 물고기처럼』이라는 책이 유행한 때가 있었다. 시애틀 어시장의 떠들썩한 활기를 조직문화로 가져오자는 영감을 준 책이다. 전문가의 놀이터를 통해 이런 영감을 구현한 회사들이 공의기업이다. 대표적 공의기업인 파타고니아를 설립한 이본 쉬나드^{Yvon}

Chouinard는 공의기업 전문가 놀이터 이미지를 다음처럼 묘사한다.[9]

"구성원들이 회사에 빨리 오고 싶어서 계단을 서너 개씩 뛰어 오르게 만드는 회사."

"파도가 칠 때는 일을 제쳐두고 서핑을 먼저 하게 하는 회사."

살아 있는 공의기업이 공통으로 보여주는 이미지는 신나게 춤 추는 모습이다. 이들과는 대조적으로 서서히 죽어가는 회사의 모습 은 움직임이 멈춰가는 모습이다. 끓는 물에 들어가 서서히 죽어가는 데도 뛰쳐나올 힘조차 상실한 모습을 보이는 회사들이다. 한때 유행 한 드라마 〈회사 가기 싫어〉에 나오는 구성원들이 '회사 가기 싫어' 를 노래처럼 외치고 사는 모습이다.

춤과 멈춤, 살아 있음과 죽음을 가르는 것은 중력의 힘이다. 죽 음에 가까워진 식물인간은 더는 춤출 수 없는 인간이다. 식물이 되 었다는 것은 자연과학적으로 말한다면 중력의 힘에 완전히 굴복해 서 스스로 움직일 수 없는 상태다. 움직일 수 있는 것을 넘어서 덩실 덩실 춤출 수 있는 것은 살아 있음을 입증하는 대단한 축복이다. 춤 출 수 있다는 것은 살아 있음의 정점에 있는 사람들만 할 수 있다. 제대로 살아 있는 인간만이 죽음의 사자인 중력을 희롱해가며 제대 로 춤출 수 있는 존재다.

생계 때문에 아침에 피곤한 몸을 이끌고 회사에 가기 위해 간신 히 일어나는 정도라면 이미 죽음과 삶의 경계선을 걷고 있는 사람이

---

9   이본 쉬나드, 『파타고니아, 파도가 칠 때는 서핑을: 지구가 목적, 사업은 수단』, 이영래 역, 라이팅하 우스, 2020.

다. 안에서 일하든 밖에서 일하든, 어떤 일이고 얼마를 버는지에 상관없이, 새벽에 일어나는 어려움이 없는 이들은 중력을 이겨내는 춤추는 삶을 살고 있는 것이다.

파타고니아처럼 임파워먼트로 구성원들을 춤추게 하는 회사들은 한결같이 자신들의 목적으로 구성원들을 일깨운 회사들이다. 사람들은 자신이 왜 춤을 추며 살아야 하는지 깨달았을 때만 자발적으로 더 큰 목표를 정하고 이를 달성하기 위해 춤추는 삶을 시작한다.

회사가 구성원에게 해줄 수 있는 최고의 선물은 목적으로 임파워먼트 시켜 이들이 춤추며 일할 수 있게 전문가의 놀이터를 제공해주는 것이다. 목적으로 임파워먼트 시켜 성장체험으로 자가 발전할 수 있는 발전소를 만들어주는 회사가 죽은 자들 가운데 산 자를 구해내는 회사다. 구성원들을 죽음의 공포에서 벗어나 살아감의 의미를 알 수 있게 하는 기업은 최고의 종업원체험을 제공한 회사다. 구성원을 죽음으로부터 부활시킨 회사가 된 것이다.

박한길 회장도 이건희 회장이 언급했던 것처럼 사랑의 부재가 사람들을 춤추지 못하게 만들고 죽음에 이르게 할 수 있다고 조언한다.[10]

"만약 여러분이 균형 잡힌 삶을 하나라도 포기한다면 그건 여러분의 가슴속에 사랑이 없어서 그런 것입니다."

애터미에서 강조하는 균형 잡힌 삶은 인간을 인적 자원으로 쪼개 분절시키지 않고 영혼을 가진 온전한 인간으로 자기 조직화하는

---

10   유광남, 앞의 책, p. 128.

원리다. 분절되어 균형조차 못 잡는 사람이 좋은 춤꾼이 될 방법은 없다. 애터미는 자신을 온전한 사람으로 일으켜 세우는 방법으로 온전한 사람의 서사가 담긴 인생 시나리오를 강조한다. 직원들에게도 애터미를 위해서 희생하지 말고 애터미를 도구로 삼아 자신만의 온전한 태피스트리를 만들어 자신을 온전한 사람으로 일으켜 세우도록 격려한다.

애터미에서는 일을 현실과 비전의 차이를 메우는 업으로 규정한다.[11] 비전은 목적에 대한 믿음의 눈으로 자기 조직화한 미래다. 애터미 구성원에게 일은 목적을 실현하기 위해서 업을 수행하는 것이다. 목적 없이 같은 일을 반복하고 있다면 단순노동에 불과하다. 현실보다 높은 차원의 비전을 그려내고 현실을 비전의 위치까지 끌어올리는 것이 일이다. 현실을 비전까지 끌어올리는 일은 대부분 일을 위한 일들을 없애야 가능해진다. 회사는 종업원에게 일을 없애는 일을 하라고 조언한다. 애터미에서는 목적과 연동되어 업으로 세워지지 않은 일을 목적지 없이 출발하는 자동차에 비유한다. 달리지도 못하고 서지도 못하고 엉거주춤한 상태로 시간을 보내다 하루를 끝낸다면 일하지 않은 것이다. 어디로 갈지를 모른다면 최선을 다할 수도 전력으로 질주할 수도 없다.

애터미는 일터를 전문가의 놀이터로 설계했다. 전문가의 놀이터에서는 일과 놀이가 구분되지 않는다. 일을 통해 자신의 고통의 문제를 해결한 온전한 사람이 되는 것을 실현하는 충일감이 일터의

---

11   애터미, *Atomy Way*, 2016, pp. 43-55.

목적이다. 충일감이란 차별적 존재이유와 정체성을 가진 온전한 자신whole self을 통해서 만들어지기 때문에 분절된 자신이 아니라 온전한 자신을 일에 개입시키는 것이 핵심이다. 전문가의 놀이터를 갖춘 회사는 하루 8시간이 아닌 1시간만 일하더라도 분절된 자아가 아니라 온전한 자아를 가지고 자기 조직화를 실현하도록 격려한다. 충일감으로 일할 수 있도록 회사가 제공한 놀이터에서 충분히 놀다가 정말 일하고 싶을 때 일하라고 주문하기도 한다. 전문가의 놀이터에서는 일과 삶을 분절시키는 WLBwork life balance가 아니라 일을 삶에 통합하는 WLIwork life integration 혹은 WLCwork life collaboration HR 전략을 사용한다.[12]

애터미는 구성원들에게 실제로 "회사를 위해 희생하지 말고 회사를 활용해서 행복해지라"거나 "놀다가 지치면 일해라"라고 주문한다. "일을 없에는 게 일이다"라는 주문도 한다. 회사 업무공간도 일터인지 놀이터인지 구별되지 않는다. 놀이시설과 운동시설에 사무실이 들어와 있다. 근무시간에 이용한다고 제약이 있는 것도 아니다. 충일감을 추구하는 회사가 일과 삶을 이원론적으로 분절시키는 것은 잘못이라고 믿는다. 회사는 물리적 시간이 아닌 정신, 마음, 몸에 온전하게 개입해서 자기 조직화한 일에 돈을 지급한다는 철학을 가지고 있다.

---

12 종업원들이 온전한 자아를 가지고 일하도록 하는 조건을 만들어내는 것은 코로나로 재택근무에 의존해야 하는 회사의 시급한 과제로 떠올랐다. 직원들의 근무를 물리적으로 감시할 수 있는 방법이 없기 때문이다. William A. Kahn, "To be fully there: Psychological presence at work.", *Human Relations 45*, 1992, pp. 321-49.

애터미 일터

    회사가 종업원에게 지급하는 복지의 수준도 최상급이다. 안정
적 노후를 위해 적립하는 퇴직금도 두 배수로 적립하고 있고, 출산
장려금도 둘째 아이까지는 300만 원이고 셋째부터는 1천만 원이다.
정기적인 가족여행 프로모션과 복지카드도 있다. 연봉 수준도 다른 회사에 비해 높고, 집을 마련하기에 부족하지 않을 금액을 보너스로 책정하고 있다. 전 직원이 회사의 법인카드를 가지고 있다. 종업원과 경영진 간의 임금 격차가 다른 회사에 비해 그리 크지 않고, 경영진이나 종업원이나 같은 크기의 허먼 밀러 의자를 사용한다. 일을 너무 많이 하는 직원들에게 강제휴가를 발동하기도 한다. 지금까지 13명의 박사학위 소지자를 배출했는데 이 숫자를 늘리는 것도 경영진의 관심 사항이다.

이런 복지와 인센티브 등의 간접동기가 작동하는 이유는 구성원과 회사가 존재목적에서 약속한 것을 우선적으로 실현하리라는 믿음 때문이다. 상황이 어려워져도 서로가 온전한 존재로 거듭나는 충일감을 위해 온몸full self으로 나서리라는 믿음 때문이다. 존재목적이 죽어 있는 회사에서 이런 정책을 실행한다면 당연히 자기 조직화되지 못하고 밑 빠진 독에 물을 붓는 일이 된다. 목적이 일에 뿌리를 내려 자기 조직화하지 못하면 구성원들은 회사를 이용해서 개인적 이득만을 실현할 것이고 회사는 이들이 파놓은 구멍들이 무너져 싱크홀로 전락할 것이다.

대한민국의 대기업은 서로를 직급이 아닌 '님'이나 영어 이름으로 부르게 하거나 근무복장을 자유화하는 제도를 열풍적으로 도입했다. 수직적 위계를 해체하고 소통이 자유로운 수평조직을 만들기 위해서다. 그러나 이것은 목적을 통한 자기 조직화의 본질을 이해하지 못하고 제도로 문제를 해결할 수 있다고 생각하는 것이다. 실제로, 도입했던 기업들이 실패를 인정하고 다시 원상태로 복귀했다. 수평조직이 만들어지지 않는 이유는 회사와 종업원들 사이에 자기 조직화의 씨앗인 목적에 대한 믿음이 없기 때문이다. 목적의 부재는 종업원을 갈기갈기 쪼개어 목표를 위한 수단인 인적 자원으로 취급하는 분위기를 만든다. 목적에 대한 믿음으로 일이 자기 조직화될 때 회사나 구성원이나 서로를 온전한 주체로 세운다. 목적에 대한 믿음이 존재한다면 종업원은 직책의 문제를 넘어서서 이 목적을 최적으로 실현하기 위해 위계든 수평관계든 최적의 조직을 만들어 협업한다.

애터미에서는 박한길 회장도 직원이 수행하는 프로젝트에 팀원으로 소환되면 온 힘을 다해 참여한다. 목적이라는 자기 조직화의 씨앗이 분명하다면 조직이 수평이든 수직이든, 님으로 부르든 영어 이름으로 부르든 큰 문제가 되지 않는다. 애터미에서 직원들은 자신의 역량을 최대한 발휘할 수 있게 자신의 직급을 선택하고 명함에 새겨 넣을 수 있다. 애터미는 자신의 명함을 회장으로 새겨 넣는 직원이 나올 수 있기를 은근 기대하고 있다. 직급이 회장이라면 열의를 넘어서 회사가 기대하는 자기 조직화의 최고봉에 도달한 상태로 보기 때문이다.

사장급 대리와 대리급 사장[13]

한때 대리급 사장이니 사장급 대리 등등에 관한 이야기가 나돌았다. 대리급 사장은 자신의 몸은 대리지만 머리는 사장님이 생각하는 것을 시뮬레이션해서 자신의 대리 일에 적용할 수 있는 보배 같은 대리다. 대리급 사장은 월급쟁이 사장의 쫀쫀함을 비꼬는 용어다. 진짜 대리급 사장이나 사장급 종업원은 불가능한 것일까?

박한길 회장도 30대 때 자동차 부품을 국산화하는 회사의 대리로 일한 경험이 있다. 국내에는 설비도 없고 원료도 없어서 모두 외국회사를 찾아서 수입해야 했다. 수입과 제조의 일정에 맞추기 위해 24시간 내내 설비 세팅과 제품개발에 매달렸다. 퇴근도 하지 않고 잠은 공장 바닥에 스티로폼을 깔고 잤다. 회사에서 야근하라고 지시한 적이 없었는데도.

한마디로 사장급 대리였다. 회사에서도 회사의 사활이 걸린 과제를 사장급으로 처리하는 박한길 대리가 쓰러지면 안 된다는 생각에 강제휴가를 명할 정도였다.

당시 박한길 대리에게 큰 고민은 직급 차이 문제였다. 대기업이었던 모회사에도 중요한 프로젝트여서 여기서는 차장, 부장, 임원이 일을 진행하는데 오히려 납품사에서는 대리가 일을 진행하고 있었기 때문이다. 불편할 수 있었던 상황이었다. 박한길 대리는

---

13   애터미, *Atomy Way*, 2016, pp. 125-131.

그냥 명함에라도 부장, 차장, 임원이라는 직급을 쓰고 싶었다.

애터미는 자신이 직급을 스스로 설정할 수 있다. 직급이 아니라 일을 완수하는 것이 중요하기 때문에 일에 걸맞은 직급으로 자신을 승진시켜서라도 일에 대한 책무를 완성하라는 뜻이다.

회사는 진짜 주인의식은 직급을 포함해 자기 삶에 대한 대본의 텍스트를 스스로 쓰고 이 쓴 대본대로 자신을 일으켜 세울 수 있을 때 생긴다고 믿는다.

후츠파 실험실

아마존, MS, 디즈니, 애플, 구글, 휴렛팩커드 ^{HP}, 델 ^{Dell}, 나이키 ^{Nike}는 모두 창고에서 시작한 회사들이다. 이들이 성공할 수 있었던 이유는 창고가 무궁무진한 아이디어를 내는 실험실의 역할을 했기 때문이다. 글로벌 공의기업이 긍휼을 통해서 발견한 아픔을 원인의 수준에서 해결할 수 있었던 기반도 바로 이런 실험실에서의 실험정신 때문이다.

초연결 디지털 시대 혁신을 이끄는 구성주의 기업들의 혁신 드라이브는 비즈니스 실험 ^{business experimentation}을 통한 변화개입 ^{change intervention}이다. 하버드대 경영대학원 교수 스테판 톰키 ^{Stenfan Thomke}는 초우량기업의 회사들이 차별적 기업가치를 누리는 이유를 실험에서 찾았다. 일 년에 비즈니스 실험을 1천 회 이상 하는 회사의 기업가치는 비교기업들보다 3배가 높았다.[14] 아마존, 엣시[ETSY], 페이스북, 구글, 넷플릭스, 프라이스라인 등 클라우드 기반의 디지털 선도기업의 경영기반도 실험이다. 실험은 지금까지 알려진 혁신의 방법이나 기업을 위협하거나 기회가 될 수 있는 요인을 추출해서 미래를 대비할 답안을 만드는 가장 확실하고 과학적이고 실용적이고 경제적인 방법이다.

성공적 실험의 핵심은 고정관념이 인과관계 추론에 개입되지 못하게 만드는 것이다. 기업이 실험에서 성공하지 못하는 이유는 실험 프로토타입을 만들 때 위계에서 생긴 고정관념을 벗어나지 못하기 때문이다. 세계의 다양한 높은 장소에서 과학자들이 개방형 협업을 통해 블랙홀을 찾아냈던 것처럼, 회사의 위계와 관행에서 오는 고정관념을 해체할 발상의 전환을 만들어야 실험에 성공하고 완벽한 답에 도달할 수 있다.

애터미에서도 '후츠파 실험실'이라는 개방형 혁신을 위한 실험실이 활발하게 가동되고 있다. 후츠파 실험실의 목적은 실험을 통해 편견, 위계, 고정관념에서 벗어난 사내 사업가를 육성하는 것이다. 후츠파 실험실은 박한길 회장이 통신병 시절 유선전신주 타기 경연을 준비할 때 다양하게 시도했던 실험에서 나온 것으로, 절대 목표를 찾아내고 달성하는 정신과도 연결되어 있다.[15]

유선 가설병은 전쟁 시 신속하게 전화선을 가설하기 위해 전신

---

14   Stefan H. Thomke, *Experimentation Works: The Surprising Power of Business Experiments*, *Harvard Business Review Press*, 2020.

15   애터미 주식회사, 『애터미 DNA』, 중앙books, 2021, pp. 143-154.

주에 빨리 올라가기 훈련을 반복한다. 전신주 타기 종목은 각 부대를 대표하는 통신대의 명예가 걸린 경기다. 부대에는 박한길 회장을 따라올 사람이 없었지만 다른 부대의 사정을 모르니 안심할 수 없었다. 고심 끝에 박 회장은 방법을 발견한다. 세워져 있는 전신주를 내려놓고 땅에서 왕복 질주할 때 주파할 수 있는 시간을 절대목표로 삼기로 한 것이다. 실제 달려보니 3초대가 걸렸다. 3초대를 목표로 대안이 될 수 있는 모든 방법을 열거하고 느린 방법을 제거하는 실험을 거듭했다. 마침내 절대목표보다 0.2초 더 걸리는 방법을 찾아내서 우승하게 되었다.

애터미의 후츠파 실험실의 실험정신은 헤모힘과 주력 화장품의 절대품질 절대가격을 만들어내는 작업에 적용되었다. 또한 애터미의 절대품질 절대가격을 만들어내는 각종 실험에 적용될 예정이다. 후츠파 실험실은 최적의 절대품질 절대가격 솔루션을 찾아내기 위해 회사 안에 다양한 형태의 회의실 형태로 구현되고 있다. 그네형 의자들을 모아서 만든 '그네 회의실', 캠핑을 온 듯 캠핑 의자에 앉아 회의할 수 있는 '캠핑 회의실', 변기 모양의 의자로 구성해서 만든 '씽킹룸'을 비롯해 숨어서 생각할 수 있는 개별 공간도 있다.

후츠파chutzpah란 이스라엘에서 랍비가 제자를 교육할 때 사용하는 방법으로 히브리어로 뻔뻔함, 담대함, 저돌성, 무례함 등을 뜻한다. 제자는 충분히 이해가 될 때까지 스승에게 질문한다. 참여자들이 무례함을 무릅쓰고라도 고정관념에 갇힌 사고를 벗어나는 것을 목적으로 한다. 어려서부터 형식과 권위에 얽매이지 않고 용기 있게 도전해서 자기 주장의 타당성을 확인해가는 문화로, 한마디로 난장을 벌여 고정관념의 덫에서 벗어난 솔루션을 만들어내는 방식이다. 회사가 고정관념에서 벗어나지 못한다면 새롭게 확장되는 지평에 맞춰서 경계를 옮기거나 확장하지 못하고 구멍을 파고 살다가 변화의 파동에 싱크홀로 무너진다.

애터미에서는 고정관념을 몸에 박힌 결석에 비유한다. 신장, 담도, 요로 등 몸에 결석이 생기면 신진대사를 방해해 성장이 정체된다. 조직도 마찬가지다. 정보가 필요한 곳으로 물 흐르듯 흘러야 함에도 조직에 결석이 생기면 주변에 통증을 일으키며 조직기능을 마비시킨다. 조직에 결석이 생기면 아픔 때문에 주변 직원까지 일에서 손을 놓는다. 결석이 조직 여기저기에 구멍을 만드는 것이다.

결석은 모든 살아 있는 생명체가 생장을 위해서 해결해야 할 성장통의 원인이다. 결석이 생기면 영양분이 더 필요한 곳으로 이동하지 못해 결핍의 상태가 발생한다. 공의기업은 이런 결핍이 결국 결석에서 생겼다는 것을 이해하고 원인의 수준에서 혁신적으로 해결하려고 노력한다. 일반적인 회사는 고객을 고통스럽게 하는 결석은 보지 못한 채 결핍만 읽고 그것을 해결할 수 있는 반창고나 진통제 수준의 제품을 판다. 고통을 자신의 문제로 받아들여 같이 고통스러워하는 긍휼함이 없는 것이다.

애터미의 다양한 부서에서는 결석을 제거하는 다양한 형태의 후츠파 실험을 진행하고 있다. 일단 필요한 부서에서 먼저 집행하고 나중에 결재를 받는 선집행 후결재 방식, 직급을 스스로 결정해서 신고하는 직급 신고제, 급여를 매월 1일에 선지급하는 방식, 일 년에 두 달 치 월급을 연금으로 적립하는 방법, 애터미 퍼스널 플랫폼 비즈니스^{atomy personal platform business}, GSGS 글로벌 유통전략, 고정비 제로로 만들기 등이 후츠파 실험실의 산물이다. 다른 기업에서 상상하지 못하는 애터미만의 기상천외한 발상과 관행은 대부분 후츠파 실험 결과물이다.

11

ESG 경영

우리는 지구 가족입니다

글로벌 공의기업은 누구와 같이 살 것인가라는 철학적 질문을 스스로 던지고 있다. 신자유주의가 풍미하던 시대에서는 당연히, 같이 살 가족 리스트에 주주와 경영진만 포함되어 있었고 나머지 대다수는 모두 가족을 벗어나 있었다. 고객은 말로만 가족이라고 광고할 뿐, 돈을 벌기 위한 수단이지 진짜 가족은 아니었다.

ESG 운동은 기업의 지속가능성을 위해서는, 지금까지 가족에서 소외시켰던 지구(E), 사회 공동체(S), 종업원(G)도 가족의 구성원으로 포함해야 한다는 주장이다. 지구상에 살아서 존재하는 모든 것은 기업생태계의 공진화에 영향을 미치기 때문에 이들이 살아남지 못하면 기업의 생존과 번성도 불가능하다는 것이다. 지구가 멸망한다면 기업도 살아남을 방법이 없고, 고객이 사는 사회 공동체가 멸망한다면 기업도 살아남을 수 없으며, 종업원들이 소멸한다면 경영진과 주주만 살아남을 수 있는 것도 아니라는 것이다. 지금까지 의도적으로 소외되었던 지구, 공동체, 종업원을 기업생태계의 중요한 가족으로 포함해 공진화를 통한 지속가능성을 모색하든지 아니면 모두의 공멸을 택하든지 이제는 선택해야 할 시점에 도달했다는 주장이다.

"누구와 같이 가족으로 살 것인가"라는 질문을 가장 맹렬하게 던지는 사람은 요즈음 뜨겁게 뜨고 있는 자산운용사 블랙록의 대표인 래리 핑크다.

블랙록은 뱅가드, SSGA와 더불어 글로벌 3대 자산운용사 중 하나로 이들 중 규모로 따지면 가장 크다. 블랙록이 자신의 지분으로 표결에 참여한 한국기업의 숫자가 2019년 12개사에서 2020년 27개사로 늘었다. 공시대상인 5% 이상 지분을 보유한 한국기업 숫자도 11개다.[1]

블랙록이 누구와 같이 살 것인가를 질문하고 여기에 특히 중요한 가족 구성원으로 반드시 포함하도록 강제하는 대상은 지구다. 지구가 사라진다면 기업도 사라진다는 우려 때문이다. 블랙록은 지구를 살리기 위해 탄소절감, 재생에너지 사용, 지구 온난화 방지를 경

---

1   NC소프트, KB금융, 신한주주, 포스코, 카카오, HLB, 삼성전자, KT&G, 삼성앤지니어링, 삼성SDA, 현대건설기계

영지표에 포함하도록 강제하고 있다. 포함하지 않아 문제가 생기면 경영진에게 책임을 묻겠다고 나섰다. 경영진 신상변동은 기업의 가장 큰 리스크다. 한국기업들이 호들갑을 떠는 이유다.

한때 한 회사가 유행시킨 '우리 아빠는 지구를 구해요'라는 광고 문구가 있었다. 광고가 아니라 실제 글로벌 투자를 통해서 지구를 구하는 전사를 자청해 행동으로 나선 금융투자 회사가 블랙록이다.

이 책의 주제인 공의기업은 블랙록이 주도하는 ESG 운동이 가시화되기 훨씬 전에도 공진화하는 생태계라는 관점으로 기업을 경영해왔다. 공의기업의 경영자에게 누구와 같이 살 것인지의 질문을 던지면 그 답은 이미 오래전에, 전후방을 구성하는 모두를 포함했다. 후방을 구성하는 자연과는 소유하고 착취하는 관계에서 공존하는 파트너로, 주변을 구성하는 경쟁사를 포함한 사회와는 경쟁하는 관계에서 공생하는 파트너로, 후방을 구성하는 외부고객이나 내부고객과는 생존을 넘어 공영하는 파트너로 동행하는 것을 경영의 목적으로 삼았다.

공의기업은 자신의 생태계를 구성하는 지구, 고객, 공동체를 포함한 살아 있는 모든 유기체가 성장 과정에서 필연적으로 겪게 되는 아픔에 긍휼함으로 관심을 보여왔고 아픔을 원인의 수준에서 혁신적으로 치료하기 위해 행동해왔다. 공의기업의 CEO가 비즈니스를 하는 방식은 절대적 혁신을 통해서다. 자신의 생태계를 구성하는 파트너들과 함께 지금보다 더 높은 곳에 공존, 공생, 공영을 위한 더 평평한 공의의 운동장을 만드는 혁신이 절대적 혁신이다. 공의기업이 더 높은 장소에 더 평평한 운동장을 세우는 혁신을 포기하지 못하는 이유는 이들의 아픔에 대한 긍휼함 때문이다.

공진화하는 생태계의 관점에서 이미 오래전부터 ESG 경영을 하고 있었던 공의기업의 관점에서 블랙록의 래리 핑크의 등장은 천군만마인 셈이다. ESG 투자를 무기로 공의기업의 숫자를 늘려보겠다는 거대한 야심을 표명한 것이기 때문이다.

주주 서한

블랙록의 대표이사인 핑크는 매년 초 회사의 투자 방향을 담은 주주서한^{shareholder letter}을 자신들이 투자한 회사에 발송한다. 주주서한의 내용은 거대주주의 투자의향서이자 이사회 구성을 좌지우지할 수 있어서 ESG의 준비가 안 되어 있거나 겉으로만 ESG를 따르는 기업의 경영자에게는 염라대왕의 편지로 읽힌다.

컨설팅사인 글로브스캔^{Globescan}에서 2012년부터 발송되기 시작했던 주주서한 내용을 분석했다.[2]

가장 많은 빈도수로 언급했을 뿐 아니라 의미분석에서 중심단어로 떠오르는 단어는 '장기적' '거버넌스' '이해관계자' '목적'이다.

---

2   GlobScan, "Analysis of Larry Fink's Annual Letter to CEOs", 2021. https://globescan.com

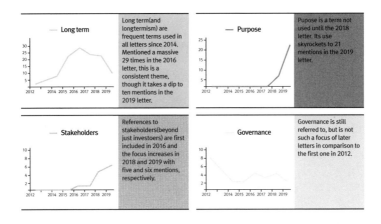

주주서한 내용분석(2012~2019)

래리 핑크가 비교적 최근에 높은 관심을 보이고 있는 주제는 이해관계자 자본주의와 기업경영에서 존재목적의 중요성인 것으로 보인다. 특히 기업의 존재목적의 중요성은 가장 최근에 가장 심각하게 각성한 것으로 보인다. 2018년 주주 서한의 제목이 '목적의식 sense of purpose'이었고 2019년 서신에서는 경영에서 '목적과 이윤은 떼려야 뗄 수 없는 관계 the inextricable link between purpose and profits'로 규정하고 목적을 실현함으로 이윤을 낼 수 있는 회사만 제대로 사회적으로 이바지하는 회사라고 규정한다. 목적과 이윤에 대한 래리 핑크의 주장은 2019년 주주서한을 발행한 지 8개월이 지난 2019년 8월 19일 미국의 전경련인 라운드테이블 선언에서도 그대로 복제되어 선언되었다.

거버넌스에 대한 관심도는 떨어지고 있는 것으로 보여지는데 거버넌스를 이사회 구조의 거버넌스에 한정하는 시각을 벗어나지 못했기 때문에 생긴 현상으로 보인다. 거버넌스는 대주주, 이사회,

경영진의 문제를 넘어서 종업원들이 경영진과 같이 기업의 운명을 결정하는 의사결정에 참여하는 거버넌스의 민주화로 옮겨가고 있다. 거버넌스의 민주화는 종업원을 심리적 주인으로 포함하는지의 문제이기 때문에 ESG를 진정성 있게 실현하기 위한 필요충분조건이다.

무늬만 ESG

ESG 경영의 방점은 기업의 지속가능성을 평가하는 데 기존의 재무적 측면을 넘어 환경, 사회, 지배구조라는 비재무적 측면을 고려하겠다는 것이다. 선한 의도가 실현되는 모습을 보인다면 ESG 열풍은 지속될 개연성이 높다. 하지만 이런 선한 의도와는 상관없이 이를 수치로 입증해야 하는 경영자 관점에서 ESG를 바라보는 시각은 다를 수 있다. 이들은 경쟁사의 ESG 점수를 비교할 것이고 점수가 낮다면 압박을 느낄 수밖에 없다. 정부도 UN이나 국가 간 기후협약의 지침에 따라 기후와 탄소 문제 등에서 ESG 기준에 못 미칠 때 국민연금 등을 동원한 불이익을 경고할 것이다. 학회, 다양한 글로벌 평가기관들(GRI, UN SDG, CDP, IIRC, CDSB, SASB, TCFD, MSCI), 행동주의 투자자 연합회의 규범적 압력도 만만치 않다. 불이익을 당하지 않으려면 생존을 위해서라도 이런 기관들의 기준에 맞춰야 한다.

경쟁사 때문에, UN과 정부의 규제 때문에, 투자자의 요구 때문에, 평가기관이나 국민연금 등 투자 연합체의 규범적 압력 때문에 ESG의 점수를 맞춘다고 기업의 지속가능성이 살아나는 것은 아니다. ESG 보고서를 법무법인이나 회계법인이 주도하는 문제도 같은 맥락으로 해석할 수 있다. 회사의 목적에 따라 ESG를 고려할 진정한 이유를 찾지 못하고 있는데 경쟁에 불이익을 당하지 않기 위해서 맞추게 된다면 ESG 경영은 산으로 갈 수 있다. 여기에 KPI까지 설정되면 결국 원래의 의도와는 상관없이 무늬만 ESG가 될 수 있다. ESG가 탈 동조화되면 결국 회사들은 규제와 규범적 강제를 피하고자 ESG 와싱 Washing에 몰입할 것이다. 엄청난 회사 재원만 낭비하는 꼴이다.

공의기업은 회사가 기업생태계에서 존재해야 하는 사명과 목적을 분명히 하고 ESG를 이것을 실현하기 위한 지렛대로 이용한다. 공의기업에서 ESG는 그 자체로 목적이 될 수 없다. 회사가 고객과 사회에 약속한 사명과 목적을 실현하는 수단일 뿐이다. 안타깝게도 ESG에 열을 올리고 있는 대한민국 기업들을 추적해보면 회사의 사명과 목적이 대부분 홈페이지에만 존재하는 회사들이다. 이런 회사에서 ESG를 한다면 의도와 상관없이 무늬만 하는 척하는 ESG 포장 회사로 전락한다.

공의기업에서 ESG는 기업생태계를 구성하는 이해관계자들을 가족의 구성원이자 주인으로 세워주는 활동이다. 생태계의 주인으로 세워질 때 이들은 기업에 사회적 헌신 social commitment 으로 보답한다. 공의기업에서 다양한 참가자들을 통해 팬덤을 만드는 원리다. ESG가 주주들의 헌신만을 동원하고 다른 이해관계자들의 사회적 헌신을 동원하는 데 실패한다면 결국 주주의 운동으로 끝날 개연성이 높다. 최근 ESG에 대한 평가 추이를 보면 다양한 이해관계자들의 균형을 중시하는 GRI와 UN SDG에서 주주의 이익 중심으로 평가하는 SASB와 TCFD로 평가의 축이 급격하게 이동하고 있다.

사회적 헌신을 동원하기 위해서도, 자신의 회사를 통해 ESG를 실현해야 하는 이유를 정당화시킬 수 있어야 한다. 최근 파타고니아, 바디샵, 러쉬, 닥터브로너스, 벤앤제리스 같은 공의기업이 주목받는 이유도 투자자 중심의 투자 리스크에 초점을 맞추지 않고 목적을 중심으로 사회적 헌신을 동원하는 행동주의 성향 때문이다.

애터미 ESG 경영

공의기업을 지향하고 있는 애터미도 ESG 경영이 나오기 전에 이미 ESG 경영을 시도한 몇 안 되는 한국기업이다. 애터미에서의 E는 블루마린 운동을 통해, S는 협력사와의 동반관계를 중심으로 아동과 여성을 일으켜 세우는 운동을 통해, G는 의사결정과정의 투명성과 구성원의 자발적 참여를 통해 가시화되고 있다. ESG가 탈동조화되지 않도록 마지막으로 조율해주는 최종 거버넌스는 회사의 존재목적과 경영철학이다.

블루마린 프로젝트(E)

애터미의 E(environment, 자연)의 추동력은 블루마린blue marine 운동이다. 애터미는 바다를 생명이 시작한 생태계의 모태로 생각한다.

바다를 오염에서 벗어나게 할 수 있을 때 생명의 경이로움이 지켜지고 경이로움을 토대로 건강한 지구의 생명도 복원할 수 있다고 믿는다. 바다는 생명이 시작된 곳이기도 하지만 지구 생명의 마지막 보루이기도 하다. 지구의 오염이 강을 통해 해양오염으로 이어지기 때문에 바다의 죽음은 지구의 죽음을 의미한다. 다양한 생명이 숨 쉬며 생태계를 형성하고 있는 바다는 공의기업 애터미가 꿈꾸는 가장 넓고 평평한 세상을 상징한다.

생명의 기원에 대한 철학적 이념을 기반으로 전개되는 애터미 블루마린 운동은 애터미 제품에서 나온 병을 버릴 때 내용물에 의해 지구가 오염되는 것을 막기 위해 씻어서 재활용하는 작은 캠페인에서 시작해 제품 박스를 친환경으로 유지하는 것까지 생태계의 다양한 고리를 따라 실천되고 있다.

플라스틱이 바다로 흘러가 해양생물들을 죽이는 주범이 되고 있는 상황을 각성하여 플라스틱 제로를 목표로 삼고 도전하고 있다. 택배사 CJ대한통운과 '친환경 스마트 패키징 솔루션'을 구축해서 연간 약 230톤의 플라스틱 감축에 성공했다. 택배 상자에 들어가는 완충재와 상품의 개별 포장재도 100% 재활용 가능한 종이 소재로 바꿨다. 포장에 사용되는 테이프도 종이 소재로 바꿨다.

2중으로 구성된 화장품 용기를 단일용기로 변경하는 것부터 과대포장 금지, 박스 비닐코팅 제거, 박스 손잡이를 조립형으로 바꾸는 작업을 병행하고 있다. 친환경에 관심 있는 회원들과 함께하는 블루마린 서포터즈와 애터미 제품의 플라스틱을 수거하면 업사이클링 제품으로 보상하는 공병수거 캠페인도 벌인다.

시민과의 개방형 협업도 시도하고 있다. 친환경 제품에 대한 기획이나 제품 구상, 기존 제품을 친환경 제품으로 개선, 바다 살리기 공동기획 및 공동 프로젝트를 통해 생명에 관심 있는 사람들의 창의적이고 기발한 아이디어를 지속해서 제품과 회사경영에 반영해왔다.

애터미는 출시되는 제품에 들어간 재료가 인체에 유해한지를 검사하는 생동성 시험에 사활을 걸고 있다. 애터미 제품 때문에 고객이 조금이라도 불편을 느끼고 고통을 받는다면 애터미의 '믿고 사는 제품을 파는 회사'라는 존재이유에 대한 약속을 어기는 것이라는 철학 때문이다. 고객을 담당하고 있는 경영진은 판매할 제품을 선정할 때 엄마와 아내의 마음으로 선정한다고 고백한다. 괜찮은 제품을 발견하면 내 가족에게 먹여도 되겠는가라는 관점에서 1년을 먹어도 괜찮다는 생각이 들면 그때야 제조사를 불러 충분히 상담한다고 고백한다. 애터미에 제품을 납품하는 협력업체들이 가장 곤혹스러워하는 부분이 품질검사 기준이다. 이런 철학 때문에 실제 애터미 제품의 매출액 대비 반품액 비율은 유통업계 최저 수준인 0.1% 미만이고 반품하면 100% 환급 처리된다.[3] 이런 노력이 성과를 거두어서 CCM 한국소비자원이 평가하고, 공정거래위원회가 인증하는 '소비자 중심 경영 consumer centered management'에 2019년 인증에 이어서 2021년에 재인증을 받았다.[4]

---

3   공정거래위원회 2020년 자료.
4   애터미의 CCM 인증은 존슨앤드존슨(Johnson & Johnson)사의 타이레놀 사건을 상기시킨다. 1982년 존슨앤드존슨에서 정신병자가 자사 진통제인 타이레놀에 독극물을 투여해서 사람들이 죽어나가는 사건이 있었다. 문제가 수습된 후 경영진과 직원들은 타이레놀의 브랜드를 없앨 것을 건의했다. 그 당시 회장이었던 짐 버크 회장은 다른 생각을 했다. "타이레놀의 지위를 되찾는 것은 소

애터미가 관심을 가지는 공동체의 주인공은 아이, 일하는 여성, 협력업체다. 아이는 미래의 고객이고 여성은 애터미의 가장 중요한 사업자들이다. 여성과 아이는 100년 기업을 꿈꾸는 애터미가 가장 긍휼함을 가지고 돌봐야 할 미래다.

지난해 10월 애터미는 컴패션 Compassion 에 120억 원을 일시금으로 기부했다. 컴패션 70년 역사상 가장 큰 기부금이다.

컴패션은 미국인 목사 에버렛 스완슨이 꿈을 잃은 어린이들을 그리스도의 사랑으로 일으켜 세우는 것을 사명으로 설립한 자선기관이다. 스완슨 목사는 1952년 참전 군인들에게 설교하기 위해 한국을 방문해서 수많은 전쟁고아와 만났다. 어느 새벽 인부들이 굶주림과 추위로 얼어 죽은 전쟁고아들의 시체를 트럭에 거두는 장면을 목격하고 충격을 받은 그는 미국에 돌아가서 한국의 전쟁고아들을 위한 기금 모으기 운동을 시작했다. 1993년까지 10만 명 이상의 한국 어린이들을 후원했고, 지금까지 받은 사랑을 세계 어린이에게 베풀기 위해 2003년 한국지사가 설립되었다. 지금은 세계 25개국에서 약 200만 명의 어린이를 후원하고 있다. 한국에서 모금한 컴패션 기부금은 가난과 질병과 전쟁으로 고통받는 세상의 어린이들을 양육하기 위해 사용된다. 애터미가 이번에 기부한 기부금은 아이티 지진

비자와의 윤리적 약속을 지키기 위해서도 꼭 필요한 것이다"라는 주장으로 그는 직원들을 설득했다. 결과적으로 타이레놀은 현재까지 미국 시장에서 소비자가 가장 신뢰하는 해열진통제로 살아남았고 세계적으로 연간 15억 달러의 매출을 올리는 효자상품이 됐다. 애터미에서도 다단계나 네트워크 마케팅이라는 말을 사용하지 말자는 주장도 있었으나 다단계로 실추된 명예는 다단계로 풀어야 한다는 박한길 회장의 결기가 있었다.

피해를 입은 1만 2천여 명의 어린이 가정에 임시거처와 임시 교실을 마련하는 사업을 비롯해 코로나 19 긴급양육 보완사업, 아시아 지역 청소년 양육개발 프로그램에 사용될 예정이다.

애터미가 컴패션에 관심을 가지는 이유는 일시적 기부가 아니라 아이를 성장할 때까지 돌보는 양육의 개념으로 어린이들을 일으켜 세우기 때문이다. 미국 샌프란시스코 대학교 위딕 교수와 컴패션이 2008년부터 2010년까지 공동으로 진행한 연구에 따르면, 컴패션을 통해 양육 후원을 받은 어린이가 그렇지 않은 어린이에 비해서 대학 교육을 마친 비율이 50~80%, 선생님이 되는 비율이 63%, 리더로 성장하는 비율이 30~75% 더 높았다.[5]

애터미는 2019년 100억 원을 사랑의 열매에 '생소맘―생명을 소중히 여기는 맘MOM'이라는 사업명으로 지정 기부했다. 이 기부금은 미혼모 지원 사업에 대한 다양한 경험과 네트워크, 정부 및 지자체와의 유기적인 관계를 바탕으로 미혼 한부모 가정의 경제적 자립 등을 위해 사용된다. 박한길 회장은 전달식에서 "미혼모는 소중한 생명을 선택했다는 이유로 청년기를 희생하는 커다란 대가를 치르고 있다"며 "애터미의 '생소맘' 기금은 생명을 선택한 그들에 대한 지지"라고 전했다. 전달식에서 회사는 "미혼모들이 꿈과 목표를 가지고 사회 일원으로 일어서는 데 애터미의 기부가 실질적인 도움이 되길 바란다"는 심경을 전했다.

---

5   김설아 기자, "[그들은 왜 나누는가] 미혼모에 100억, 어린이에 1000만 달러… 애터미의 나눔 DNA", 이코노미스트, 2021년 10월 22일. https://economist.co.kr/2021/10/22/industry/ceo/20211022092616416.html

서울 구로동에는 여성들로 구성된 애터미 '고객행복센터'가 있다. CS 센터로 스트레스를 많이 받는 직종이지만 이들이 먼저 행복해야 고객도 행복할 수 있다는 생각으로 행복이란 단어를 넣어 고객센터를 구성했다. 행복센터에 근무하는 여성들은 대표적 취약계층이다. 애터미는 감정노동을 하는 이들을 회사에서 행복 노동자로 세우려고 노력한다. 이들이 주인으로 설 수 있도록 회사는 이들에게 반품, 교환에 관해서는 고객을 위해 마음대로 결정할 수 있는 백지수표를 발행했다. 수표 내용을 마음대로 써넣을 수 있는 권한을 부여한 것이다. 근무하는 여성들은 '리디자인 데이'라는 이름으로 '격주 4일 근무제'를 하고 있다. 상담 직원들은 센터 매니저가 직접 기획한 자기계발 계획에 따라 교육을 받으며 업무를 돌아볼 수 있다. 가족과 함께 쉴 수 있는 '리프레시 데이'를 도입해 '주 4일 근무제'로 정착시킬 계획이다. 일반 회사 콜센터 직원들은 정서소진 문제 때문에 월 이직률이 10%가 넘지만 애터미 고객행복센터의 이직률은 1% 미만이다. 10년 넘게 근무하는 장기근속자도 많다.

센터를 운영하는 애터미 경영진은 매년 고객행복센터 직원 자녀들에게 사비로 장학금을 지급한다. 장학금을 지급하면서 "너희 부모님이 우리 회사에 이렇게 많이 크게 기여했기 때문에 주는 거야"라는 말을 잊지 않는다.

애터미는 2019년부터 영업이익의 10%에 해당하는 금액을 다양한 어린이와 취약계층 여성들의 자활을 위해 기부하고 있다. 이미 600억 원 이상을 안과병원, 사랑의 열매, 세이브더칠드런, 공공어린

이재활병원을 통해 사회에 환원하고 있다.[6]

애터미가 어린이, 여성들과 더불어 긍휼함을 가지고 파트너십을 형성하고 있는 또 다른 주체는 애터미에 물건을 납품하는 협력사들이다. 애터미는 이들을 협력사라고 부르지 않고 합력성선에 착상해 합력사라고 부른다. 합력성선은 협업을 통해서 공동의 목적을 달성한다는 뜻이다. 대중명품을 만들어낸다는 회사의 경영철학에 있어 사업자나 종업원의 협업이 결정적이기 때문이다. 애터미는 애터미 생태계에서 이들을 이용해 돈을 번다고 생각하지 않고 애터미가 깔아놓은 유통 플랫폼에서 협력사들이 주인으로 일어서는 것을 돕는다고 생각한다.

애터미는 한 품목을 두고 여러 업체를 경쟁시키는 전략이 아닌 한 품목당 한 업체를 선정하는 1품 1사 원칙으로 업체를 주인으로 성장시키는 전략을 사용한다. 업체가 선정되면 이들과 협업으로 절대품질 절대가격을 위해 공정을 혁신하는 작업을 돕는다. 비상상황이 발생해도 이들이 회복할 때까지 기다리고 지원한다. 이들이 원활하게 절대품질 절대가격을 만들어낼 수 있도록 납품 후 일주일 이내 100% 현금으로 결제하고 혁신을 위해 들어가는 금융비용을 지급한다. 농수산물의 경우엔 1년 일찍 원자재 값을 선지급하기도 한다.

오로지 고객을 위해 고통을 이겨내고 대중명품을 만들어내는

6 　애터미는 회사 설립 해인 2009년도부터 2021년까지 총 573억 원을 사회에 환원했다. 2019년부터는 영업이익 대비 10%를 사회공헌으로 환원하는 목표를 설정했다. 실제 이런 목표에 따라 2019년 매출의 10%인 139억 원을 환원했고, 2020년에는 7%에 해당하는 83억 원을 기부했으나 2021년에는 18%인 235억 원을 기부해 평균 10%를 맞춰나가고 있다.

합력사와의 협업 이야기는 대중명품을 구성하는 세 요소인 가격, 품질, 체험 중 체험에 스토리로 내재화된다. 콜마 B&H와의 협업 이야기는 헤모힘과 스킨케어 6종에 반영되어 있고, 디오텍코리아의 협업 이야기는 칫솔에, 바다마을의 협업 이야기는 간고등어에 그대로 반영되어 있다. 어떤 경쟁사가 절대품질, 절대가격을 따라온다 해도 고객의 마음을 울리는 애터미와 합력사 간의 영웅적 이야기는 베낄 수 없을 것이다.

일터의 민주화(G)

애터미는 오랫동안 직원을 관리 감독하지 않았다. 시켜서 타의로 일하기보다는 자신을 스스로 일으켜 세워 일의 주인이 되어 일하도록 돕는다. 스스로 결정해서 자신이 일인칭 주인이 되어서 하는 일만 진짜 책무로 규정한다. 명함의 직급도 자신의 역량에 맞춰 자유롭게 새겨서 활용하고 있고, 전 직원이 법인카드를 가지고 있다. 이런 일이 가능한 것은 구성원도 회사의 목적에 대한 믿음을 가지고 있고 이 목적에 따라 성인으로서 현명하고 적절하게 판단을 내리기 때문이다. 관리자가 지켜보지 않아도 회사의 목적과 가치가 자신을 지켜보고 행동과 판단을 규제해준다. 마음속에 스스로 임명한 목적이라는 관리자가 있는 셈이다. 감시하지 않아도 회사는 목적과 가치에 따라 투명하게 돌아간다.

애터미의 HR은 네트워크 회사의 본질을 살려 자신들의 책무도 연결이라고 규정한다. 회사를 수평적 블록체인으로 생각하고 구성원을 개별 블록이라고 생각한다. HR의 주요책무는 이들 개별 블록을 정보의 공유와 협업을 통해 연결하는 작업이다. HR은 자신들을 파이어 와처 Fire Watcher 라고 부른다. 온전하게 자신을 일으켜 세우려는 열정이 꺼진 곳에 가서 다시 불꽃을 살려내겠다는 의도에서다. 불씨가 꺼진 블록을 찾아내 불씨를 나눠줌으로 회사 전체에 들불을 일으키는 것을 책무라고 생각한다.

최근 애터미의 HR 그룹에서는 직무기술서를 역할시나리오 중심의 '책무기술서 accountability description'로 대체해 '일터의 민주화' 프로젝트를 진행했다. HR에서 정의한 책무 accountability 란 어떤 일의 결과에 책임을 따지는 것이 아니라 회사의 목적을 실현하는 일에 일인칭 주인으로서 무슨 역할을 하는지를 직접 설명하는 것이다. 역할시나리오 작성 프로젝트는 책무를 분명하게 인지하고 이에 대해서 자신이 작가가 되어보는 작업이다.[7] 구성원이 주인공이 되려는 의지가 있어도 실제로 뛰어들지 못하는 상황을 극복하기 위해 일인칭 역할을 직접 작성하고 기술하는 작업이다.

역할시나리오 작성에 참여하는 직원들은 일인칭 역할을 작성하기 위해 몇 차례의 상상적 실험실을 운영한다.

첫째, 회사의 업무를 수행하는 중에 결석이 생기면 가장 아플수 있는 부분을 상상하는 과정에서 직원과 고객, 직원과 경영진, 직원과 직원을 연결하는 회로에 가상적 결석의 문제를 찾아냈다. 직원

---

7   댄 폰테프랙트, 『목적의 힘』, 2016, KMAC, 7장 역할의 목적 만들기 참조; Amy Wrzesniewski & Jane E. Dutton, "Crafting a job: Revisioning employees as active crafters of their work", *Academy of Management Review 26*, 2001, pp. 179-201; Stephen Denning, *The Leader's Guide to Storytelling*, Jossey-Bass, 2011; Babara Czarniawska, *Narrating the Organization: Dramas of Institutional Identity*, Chicago University Press, 1977.

은 고객의 아픔을 서비스와 제품으로 해결해주어야 함에도 고객의 아픔을 보지 못하고 자신을 위해 일하는 경우를 결석으로 생각했다. 실제 회사도 직원들에게 회사의 이익을 위해 고객과 싸우지 말고 고객의 이익을 위해 회사와 싸우라고 주문한다. 직원이 회사의 목적과는 무관하게 일하고 있다면 경영진과의 연결고리에 결석이 생긴 것으로 평가했다. 동료와의 협업이 원만히 진행되지 못하면 동료와의 연결고리에 결석이 생긴 것으로 생각했다. 둘째로, 구성원은 이 결석이 제기하는 고통을 긍휼감을 가지고 혁신적으로 해결하는 것을 자신의 책무로 규정하고 스스로가 일인칭 주인공이 되어 할 수 있는 역할들에 대해서 초안을 작성하도록 했다. 역할이 존재목적에 어떤 가치를 주는지를 작성자가 직접 설명하도록 했다. 초안의 프로토타입이 작성되면 동료와 같이 협의해서 더 나은 프로토타입으로 발전시켰다. 셋째로 발상의 전환을 통해 자신이 책무로 정한 일을 고객, 경영진, 동료가 지켜보고 평가해 내일도 본인이 계속 고용을 유지할지 아니면 해고를 단행할지를 상상적으로 평가해보도록 주선했다. 해고당할 것이라고 결론을 내리면 문제를 어떻게 개선해 고용을 유지할 수 있을지를 반영해서 '책무기술서'를 다시 작성했다.

역할시나리오 기반의 책무기술서는 직원들이 자신이 주인공이 되고 대본의 작가가 되어 역할을 일인칭으로 기술해봄으로써 일터를 민주화하는 최고 수준의 거버넌스를 만들기 위함이다. 주인의식에 관한 생각과 의지는 넘쳐도 이를 수행할 수 있는 대본을 직접 작가가 되어 쓰지 못하면 실제 자신을 주인으로 세우는 온전한 일터의 민주화는 가능하지 않다는 생각이 이 프로젝트를 추동했다.

애터미 생태계에 참여하는 사람들은 책무기술서를 쓰든지 인생 시나리오를 작성하든지 다양한 방법을 이용해서 자신이 처해 있는 장면에서 주인으로 나서는 작업에 심혈을 기울인다.

일인칭 삶 대 삼인칭 삶

김민기 씨가 〈아침이슬〉을 완성할 수 있었던 계기에 대해서 고백하는 것을 들었다. 〈아침이슬〉을 작곡하다 막히면 그림을 그리고 그림이 막히면 〈아침이슬〉로 돌아가 작업을 계속하는데도 곡을 완성할 수 없었다고 한다. 그러다 자신의 집 주위에 있는 무덤에 떠오르는 태양을 보고 계시를 받듯 가사의 '그'를 '나'로 바꾸었고 그 순간 아침이슬을 완성할 수 있었다는 것이다. 〈아침이슬〉의 '나'는 완성되기 전에는 '그'였던 것이다.

'내' 맘의 설움이 알알이 맺힐 때

아침동산에 올라 작은 미소를 배운다

태양은 묘지 위에 붉게 떠오르고

한낮에 찌는 더위는 '나'의 시련일 지라

'나' 이제 가노라 저 거친 광야에

서러움 모두 버리고 '나' 이제 가노라

우리의 삶에 대한 스토리는 대부분 3인칭 문법인 '그'로 채워져 있다. 심지어 내가 실제로 수행하는 역할들도 따지고 보면 다 3인칭 문법이다. 부모님이 그랬어, 회사에서 본부장이 그러라고 했어, 목사님이 그랬어, 선생님이 말했어, 친구가 그랬어, 어떤 위인전에도 나와 있어, 과학잡지에 나와 있어, 유명한 자기계발서에 나와 있어 등등 내가 수행하는 역할 중 3인칭과 결부되지 않은 것을 찾기가 힘들 정도다. 나는 3인칭인 그가 써놓은 내 역할에 대한 대본을 연기하는 연기자로 사는 것이다. 연기자로서 남의 인생을 대신 사는 것이다.

노장사상을 불교에 접목해 새로운 철학적 경지를 완성했던 임제 선사는 "어디에 가든 1인칭 주인공의 삶을 살면 사는 것 모두가 진리로 실현될 것이다"라고 조언했다. 삶의 문법이 3인칭에서 1인칭으로 전환되지 않는다면 진정성 있는 주체적 삶은 가능하지 않다는 것이다.

예수님이 기독교를 통해 세상을 바꿀 수 있었던 이유도 유대인과 구약의 3인칭 율법주의를 극복했기 때문이다. 예수님은 앉은뱅이, 나병 환자, 고아, 과부의 아픔을 치유하는 기적을 행하며 이들에게 가르친다. "나(예수)를 믿는 3인칭 믿음이 아니라 너 자신에 대한 1인칭 믿음이 너를 일으켜 세웠다."

'그'의 3인칭 스토리를 구현하는 삶과 '나'의 1인칭 스토리를 구현하는 삶 중에 하나를 선택하라면 누구나 나의 스토리를 구현하는 주인공의 삶을 선택한다. 1인칭이 제공하는 에너지와 3인칭이 제공하는 에너지가 천지 차이임에도 종업원은 3인칭 '그'의 역할을 대신해 수행해주는 대신 월급을 받는다고 믿는다. 옛날 기업 비리의 백화점으로 불렸던 한보그룹 전임회장 정태수 씨는 여기에 한술 더 떴다. 법정에서 자기 회사의 임원들을 염두에 두고 "걔들 머슴들이 뭘 알아?"라고 소리치며 자기 회사에서는 누구도 3인칭 삶을 벗어나서는 안 된다고 못을 박은 것이다.

E운동인가? ESG 운동인가?

애터미 생태계의 참여자들은 애터미를 새로운 질서를 창발하는 초유기체complex adaptive system, CAS로 비유한다. 애터미는 ESG를 회사가 지금과 같이 목적을 세우고 이것을 실현할 수 있는 기업이 되기까지 지구와 공동체게 빌린 이자와 원금을 갚는 행위로 규정한다. 애터미는 특히 미래 생명을 위해 보살펴야 함에도 아무 도움도 받지 못하고 파괴되는 지구와 버려진 유아와 어린이들에게 긍휼감을 베푸는 활동에 집중한다. 이들이 애터미가 생각하는 가장 먼 미래의 지속가능성을 대변하기 때문이다.

애터미에서 ESG가 지속가능한 것은 E, S, G가 공동의 목적이라는 공의기업의 의도를 향해서 협업하는 구조 때문이다. 애터미는 E나 S는 자기 조직적 질서의 끌개로 작용하지 못한다는 것을 안다. ESG가 자기 조직적 질서로 작용하기 위해서는 공의기업의 의도를 끌개로 G에 있는 구성원을 먼저 일으켜 세우고, 이들이 다시 공동체를 일으켜 세우고, 자연을 일으켜 세우는 수순을 밟아야 한다는 것을 안다. 환경이 중요하기는 해도 그 자체가 자기 조직력이 있는 것은 아니기 때문이다. ESG 운동이 지금처럼 E 운동으로 전락하면 ESG에 직접적인 책임과 자신의 운명이 달린 경영진들만 움직이다가 경영진이 물러나게 되면 무늬만 ESG로 전락한다. ESG 운동은 E가 아니라 회사의 고유 목적이나 목적이 논의되는 거버넌스를 기반으로 조직될 때만 자기 조직적으로 발전한다.

ESG가 지금처럼 뜨거운 반향을 일으킬 수 있었던 이유는 생태계를 산성화시킨 주범이 기업이었음을 기업이 진정성 있게 고백했기 때문이다. 생태계의 지속가능성에 대한 순수한 의도가 살아나서 새로운 질서를 창발하는 것이 아니라, 생존을 지향하는 경영진의 의도와 결합해서 E 운동으로 전락한다면 ESG는 CSR, CSV와 함께 지속가능성과는 무관한 한때의 유행으로 전락할 것이다.

3부

100년 기업을 향한
애터미의 여정

12

애터미의 계기비행

북경 외곽의 한 시골에서 나비 한 마리가 날개를 파닥이고 있
다. 사람들은 나비의 날갯짓 대부분은 공기에 조그마한 파장을 일으
키고 사라졌다는 것을 기억했다. 하지만 어느 순간에 반전이 일어나
기 시작했다. 파장을 일으킨 나비의 날갯짓이 파장으로 끝나지 않았
다. 공기에 충격을 주었던 자그마한 파장이 태평양을 건너는 파도를
일으키고 폭풍이 되어 맨해튼의 건물을 무너뜨렸다.

이와 같은 혼돈이론[1]이 한 세기 전에는 가능하지 않다가 지금
은 새로운 노멀new normal이 생성되는 과정을 설명하는 이론으로 받아
들여진다. 이전과는 달리 세상이 초연결 디지털 플랫폼 세상으로 변

---

1   제임스 글릭, 『카오스』, 박래선 역, 동아시아, 2013.

화해서 모든 존재하는 것들이 촘촘히 연결되고 상호의존성이 극대화되었기 때문이다.

애터미도 익산의 망해가는 오리탕 집에서 17명의 초기 사업자들이 모여서 날갯짓을 시작했다. 이 당시 모인 사업자들은 대부분 신용불량자였다. 초기에 이들의 날갯짓은 대부분 나비의 날갯짓처럼 미미했지만 어느 순간 공기에 파장을 만들기 시작하고 이 파장이 쓰나미를 만들었다. 2021년 말 기준 애터미는 글로벌 포함 매출 2조 2000억 원, 회원 수 1,600만 명, 23개의 국외법인을 거느린 회사로 성장했다.

지금처럼 초연결 시대로 모든 것이 연결되어 있어도 모든 나비의 날갯짓이 태풍을 만들지는 않는다. 초기에 어떤 목적과 의도를 가지고 자기 조직화의 날갯짓을 시작했는지가 승패를 결정한다. 전략의 의도(4장)에서 언급했듯이 전략이란 경영자의 의도를 자기 조직화하는 작업이다. 의도가 없다면 전략도 없다. 미미하게 시작한 일들이 창대한 파도를 만든 역사에 공통으로 흐르는 비밀은 아무도 관심을 쏟지 않던 일에 신성한 의도와 목적을 개입시켜가며 날갯짓을 지속했다는 것이 핵심이다. 이런 선한 의도를 만들어내는 삶의 목적에 대한 자기 조직화가 없다면 창대한 미래는 불가능하다. 초깃값이 지나 사건이 충분히 진행된 시점 중간에 이런 의도를 끼워 넣어 진로를 바꾸는 것도 불가능에 가깝다. 자신의 의도를 제대로 끼워 넣을 수 있는 것은 아무도 관심을 두지 않는 초기 무주공산에 씨앗으로 심을 수 있었기 때문이다.

BTS가 전파시킨 밈은 독립적인 주체성이 사그라지는 젊은이들의 삶에 대한 경각과 깨우침이다. 이미 성공한 사람들이 써놓은 모범생의 삶에 반기를 들게 하고, 자신을 주체적으로 사랑해가며 일인칭으로 사는 삶이라는 초깃값을 디자인했다. 이 초깃값을 이들의 칼군무에 끼워 넣어 전달했다. 한국어로 이야기하는 노랫말도 큰 문제가 되지 않았다. 의도와 의미만 제대로 이해하면 그것으로 충분했다.

예수님이 전파한 기독교도 만일 구약에만 머물고 있었다면 유대인들 종교의 한 분파로 남아 있다가 사라졌을 것이다. 예수님은 자신이 일으킨 나비의 날갯짓에 사랑과 희생이라는 초깃값을 끼워 넣는 데 성공했다. 변방 예루살렘에서 시작한 예수님의 날갯짓은 자신의 유전자를 전파하려는 진화론적 이기심이 뼛속까지 스며들어 있던 로마인들을 강타하고 자본주의를 일궈내는 원동력으로 작용해 결국 지금에 이르렀다.[2]

애터미가 지금까지 경험한 성공은 초기에서부터 회사의 존재 목적에 따라 회사를 디자인하고 이것을 나비의 날갯짓으로 자기 조직화했기 때문이다. 초깃값에 개입하여 자신의 의도가 반영된 본Fractal을 만들었고, 이것을 우보천리 하는 자세로 직조복제하여 전파하는 날갯짓에 성공했기 때문이다. 지난 과거를 선택할 방법은 없다. 우리는 현재에 서서 미래만 선택할 수 있다. 선택이란 미래를 현재로 가져와서 초깃값으로 자기 조직화하는 주체적 행동이다. 지나간 버스에 습관적으로 손을 드는 사람들은 미래를 현재로 가져와서

---

2   Max Weber, *The Protestant Ethic and the "Spirit" of Capitalism and Other Writings.* Translated by Peter R. Baehr; Gordon C. Wells, Penguin, 2002.

선택하게 하는 초깃값의 비밀을 모른다. 미래의 목적지에 대한 믿음을 잃지 않고 미래를 가져와 현재를 통해 조금씩 경계를 확장해가다 보면 어느 순간 더 높은 곳에 평평하고 기울어지지 않은 공의의 운동장이 건설된 장면을 목격하게 된다.

파레토가 80/20의 원칙이 통용되는 인간 세상을 예측할 수 있었던 것도 초깃값을 기반으로 질서가 자기 조직화하는 것을 이해했기 때문이다. 실제 역사는 선택이 가능한 초깃값을 장악한 20%의 사람들이 자신에게 유리한 80%의 창대한 미래를 자기 조직화한 것이다. 미래는 목적을 향해 공진화하고 있음을 읽고 자신의 선한 의도를 초깃값으로 삼아 현재 상황에 개입시켜 자연스러운 동기화^{syn-cronization}를 들어내는 사람만 미래의 주인공이 된다.

애터미가 존경받는 100년 공의기업으로 거듭날 수 있는지는 파레토의 예측대로 미래의 목적을 애터미 현재의 사업에 끼워서 자기 조직화를 만들어낼 수 있는지에 달려 있다. 박한길 회장과 애터미 경영자들도 시간을 물리적으로 재는 시간과 구별해가며 과거와 미래를 연결해서 현재로 가져오는 '타임 엔지니어링'을 통한 시간 혁신을 강조하고 있다. 경영자는 물리적 시간에 의해서 끌려다니는 삶에서 벗어나 시간을 존재목적에 맞춰 의도적이고 전략적으로 재구성해야 함을 강조해왔다.[3]

지금까지 애터미호가 이륙해서 안전고도에 도달한 것은 박한길 회장이라는 뛰어난 조종사의 개인역량에 많이 의존해왔다.

---

3   애터미 주식회사, 『애터미 DNA』, 중앙books, pp. 191-194; 애터미, *Atomy Way*, pp. 108-116.

100년 기업 애터미의 과제는 박한길 회장이 조종석에 없어도 애터미호에 승선한 동행들이 계기판에 의존해 시계가 확보되지 않은 100년 기업으로 향하는 시간여행을 완수하는 것이다.

이번 장에서는 애터미를 포함한 기업들이 100년 공의기업으로 공진화하는 과정에 놓치지 말아야 할 시간여행의 핵심전략을 '시간여행 전략보트' 모형으로 짚어보았다.

공의기업의 시간여행

시간여행 전략보트는 애터미가 100년 공의기업으로의 약속을 지키기 위해 시간을 어떻게 경영해야 하는지를 보트 그림으로 설명한다. 전략보트는 과거, 현재, 미래를 온전하게 연결해서 끊어짐 없이 100년 기업으로의 여정을 스스로 자기 조직화하는 과정을 설명한다.

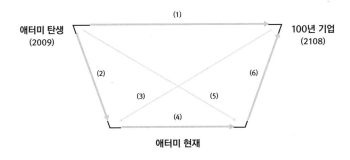

애터미의 시간여행 전략보트

스티브 잡스도 유명한 스탠퍼드 대학교 졸업축사에서 애플이 성공할 수 있었던 것이 애플에 주어진 과거, 현재, 미래라는 시간의 점을 의도적으로 연결하는connecting the dots 시간여행에 성공했기 때문이라고 설명한다. 영국 버진항공의 창업자 리처드 브랜슨 경Sir Richard Branson은 경영을 A-B-C-Dalways be connecting the dots 라고 묘사한다. 점이 연결되는 방식에 따라 현실을 보는 관점이 달라지고 결정도 달라진다. 시간의 점들이 연결되는 시간여행의 계기판을 가진 회사들은 시계가 확보되지 않아도 계기판을 통해 현재 직면한 시간여행의 문제를, 파악해가야 할 미래와 과거를 다시 연결해connecting the dots 길을 찾는다.

100년 기업을 향한 항로에서 경영의 시간을 잃어버리는 것은 경영자가 경험하는 최대의 참사다. 과거나 미래와 단절되는 현상은 현재가 채워지지 않은 채로 보내져서 생긴다. 현실을 충실하게 사는 사람들만 시간의 단절을 느끼지 않는다. 그림에 보이는 시간여행 전략보트는 미래와 과거를 현재와 접속시켜서 현재를 충실하게 채우는 토대를 마련하는 전략이다. 한마디로 과거와 미래의 현재화 작업이다.

과거와 미래를 현재와 접속시켜 현재를 통해 과거와 미래를 살려내는 것이 100년 기업 여정의 핵심이다. 이런 미래와 과거의 현재화 작업이 가능한 이유는 인간이 동물과 달리 현재를 살면서도 과거, 미래로의 시간여행이 가능하기 때문이다. 인간만이 현재를 살면서 과거를 회상할 수도 미래를 마음껏 상상할 수도 있다. 중요한 것은 과거를 살고 미래를 상상하는 것이 아니라 발을 현재에 걸쳐놓고 과거와 미래를 현재와 접속시켜 살려내는 것이다. 시간 여행자임에 도 과거에 고착되어 빠져나오지 못하거나 현재를 포기하고 미래만 을 쫓아다닐 때 현재라는 시간은 소실된다. 뛰어난 성공자들은 과거 와 미래를 현재로 접속시켜 현재의 시간을 충분히 확보하고 그 시간 을 충실하게 채우는 사람들이다.

물리적 시간 단위로 측정된 현재란 순간적으로 미래가 과거로 전환되는 시간이어서 실재하는 시간이 아니다. 오직 체험을 통해서 만 현재는 실재한다. 어떤 프로젝트가 시작되고 마무리되기까지 의 미 있는 체험이 지속duration되고 있다면 여전히 현재를 살고 있는 것 이다.[4] 시간이 빈 채로 흘러갔다면 현재를 체험할 방법이 없다. 현재 진행되고 있는 프로젝트의 시작과 끝이 물리적 시간으로 일 년으로 설정되어 있어도 일 년 내내 프로젝트에 대한 체험이 연결되어 채워 지고 있다면 장장 일 년간 현재를 체험한 것이다. 미래와 과거를 성 공적으로 현재화시켜 현재를 확장하는 작업이 100년 기업 전략보트 의 핵심이다.

(1) 100년 공의기업 책무에 대한 각성

공의기업 전략보트에서는 과거에서 미래를 100년 단위로 끊어 서 분석한다. 이 기간에 기업은 생존의 문제도 해결해야 하지만 번

---

4   역사적으로 의미 있는 현재는 물리적 시간으로 측정한 오늘을 의미하지 않는다. 프랑스 철학자 앙 리 베르그송의 지속(duration)의 개념에 따라 의미 있는 창조적 프로젝트가 시작되어서 진행되고 있다면 아직은 현재. (Henri Bergson, *Matter and Memory*, translated by N.M. Paul and W.S. Palmer, Mineola: Dover Books, 2004.); 윤정구, 『황금수도꼭지: 목적경영이 이끈 기적』, 쌤앤파 커스, 2018; 윤정구, 『100년 기업의 변화경영』, 지식노마드, 2012.

성을 구가하여 미래의 세대에게 다음 100년을 위한 유산을 남기는 과제를 안고 있다.

100년은 인간의 최장수명을 연상케 한다. 인간과 달리 기업이 100년을 넘어서 생존했다는 것은 기업이 주창한 목적을 오랜 시간 공진화시키는 데 성공했음을 의미한다. 초기 몇 사람에 의해서 진실로 제창했던 기업의 목적이 시간의 검증을 통과해서 보편적 진리로 받아들여졌음을 의미한다.

인간이나 조직이나 목적을 실현한 사람들은 가장 먼 미래를 통해 역으로 가까운 미래, 현재, 과거가 연결되었음을 보는 비전이 있다. 살아 있는 인간이 상상할 수 있는 가장 먼 미래는 죽는 순간이다. 비전이 있는 사람들은 죽는 순간 남겨야 할 목적에 대해 각성의 눈으로 과거, 현재, 미래가 연결되어 자신만의 기승전결을 갖춘 서사로 전개되고 있는 것을 본다. 죽는 순간에 목적을 실현한 이야기가 결말이라면, 미래는 전이고, 현재는 승이고, 여행을 처음 시작했던 과거는 기이다.

인간에 비유하면 기업이 100년이 되는 순간이 인간으로 죽음을 맞이하고 다시 태어나는 순간이다. 목적으로 일관되게 이어지는 기승전결의 이야기를 완성한 기업이나 사람들만 후세가 자신의 삶 속에서 이들을 날줄로 부활시켜 자기 삶을 씨줄로 직조복제한다. 100년 기업을 통해 만들어진 유산의 직조복제가 후세에 의해 성공적으로 완성되는 순간이 100년 기업의 바통을 후세에게 넘겨주는 일에 성공한 것이다. 이런 방식으로 인간이나 기업은 영구히 이어지는 미래를 만든다. 100년 기업의 책무란 시간의 바통을 떨어뜨리지 않고 과거-현재-미래를 연결하는 릴레이 경주를 완주하는 것이다.

애터미는 2009년 회사를 설립해 13년이 흘렀다. 과거와 미래의 연결은 자연적으로 시간이 흐르면 달성되는 것이 아니다. 100년 기업은 과거, 미래와 연결된 현재의 개입을 통해서 생존의 문제와 번성의 문제를 동시에 해결할 때 달성된다. 애터미의 과거와 100년 기업으로 성장한 미래는 최소한 선구적 20~30% 이상의 동행이 애터미의 현재에 적극적이고 자발적으로 개입하지 않는다면 이어질 수 없다. 실수로 현재 애터미 구성원들이 선배로부터 전달받은 바통을 떨어뜨리면 (1)의 시간은 축적되지 못하고 연결이 끊어진다. 과거와 미래를 현재를 통해 연결해 후세에게 애터미 유산을 바통으로 넘길 수 있는지는 애터미가 100세가 되는 2108년에 세상이 평가할 것이다. 과거로부터 받은 바통을 떨어뜨리지 않고 제대로 미래의 유산으로 전달하는 것은 지금 경영진과 구성원들이 공동으로 책임져야 하는 역사적 책무다.

애터미는 이런 책무가 경영진들만의 문제를 넘어서 애터미 생태계에 참여하는 모든 구성원이 같이 책임져야 할 공동책무임을 독려해왔다. 파레토 철칙에 따르면 최소 20~30% 이상의 선구자들만 필요하겠지만 약속을 100% 이행하기 위해 애터미 생태계에 참여하는 모든 주체가 자신을 일으켜 세워 이 역사적 책무에 공동의 주인공으로 참여할 수 있도록 격려해야 한다.

(2) 오래된 새 길 만들기: 과거의 부활

과거와 미래를 부활시켜 현재와 접속시킴으로 현재의 시간을 충분히 확보하는 첫 작업은 과거를 현재로 불러오는 과거의 현재화 작업을 통해서 달성된다.

애터미는 설립 13년 만에 매출 2조 원이 넘은 글로벌 기업으로 성장했다. 토종 국내 네트워크 마케팅 기업으로는 7년간 수위를 놓치지 않고 있다. 최근에는 소비자원과 공정거래위원회가 주관하는 소비자중심경영 인증인 CCM을 재인증받았다. 네트워크 마케팅 기업의 역사를 다시 쓴 셈이다. 하지만 지금까지의 성공에도 불구하고 향후 급격하게 변화하는 유통산업의 지형변화 경향을 고려했을 때 현재의 성공을 넘어 미래 유통의 표준을 선도할 수 있을지, 연관된 유통의 영역을 개척해서 후세들에게 더 높은 곳에 더 평평하게 만들어진 유통의 운동장을 넘겨줄 수 있을지는 또 다른 문제다.

애터미가 지금까지 성공했다는 것은 과거의 성공한 사건들뿐 아니라 과거에 실패한 사건들도 현재의 시대적 맥락에 맞추어서 부활시켜 미래로 향하는 오래된 새 길로 연결했다는 것을 뜻한다. 앞으로도 이런 과거를 부활시켜 현재화하는 작업의 중요성을 놓치면 과거와 현재의 연결은 끊어진다. 연결이 끊어지면 과거를 살든지 현재를 살든지 둘 중 하나만을 선택해야 한다. 시간 여행자의 지위를 포기하는 것이다.

불확실성은 미래를 현재화하지 못해서도 발생하지만, 과거와의 끈이 끊어졌을 때 과거로부터도 이입된다. 과거를 잘못 다뤄서 생긴 불확실성은 가장 현실적이고 위험한 불확실성이다. 사람들은 본능적으로 과거의 성공은 기억하고 실패와 잘못은 잊으려고 시도한다. 억지로 잊힌 과거의 실패는 학습으로 연결되지 못해 같은 실수를 반복하게 만든다. 3M이 혁신기업의 대명사로 칭송받는 것은 과거의 실패를 찾아내서 현재의 프로젝트에 반영하고 오래된 새 길을 만들어 과거를 잊지 않기 때문이다.

애터미가 앞으로도 성공을 지속할지는 애터미가 실수의 누적으로 길을 잃었을 때 애터미의 초심인 창업이념(생존, 속도, 균형)에 담긴 목적을 통해 실수를 현재로 살려내는지에 달려 있다. 애터미의 창업이념도 박한길 회장이 설립했다 파산해 가족, 직원, 고객에게 큰 상처를 남겼던 아이엠코리아닷컴에서의 실패를 현재로 부활시킨 것이다. 실수는 초심으로 복원되지 못하면 의도적으로 과거로 묻힌다. 의도적으로 잊힌 실수는 현재와 과거를 단절시킨다.[5] 애터미도 창업이념을 잊고 실패를 부활시키지 못하고 과거로 묻어버린다면 같은 실패를 반복하다 무너질 것이다. 애터미는 새로운 제도를 만드는 것만큼 과거에 실패한 사건들이나 프로젝트들을 경영철학과 창업이념에 따라서 오래된 새 길로 부활시키기 위해서 무엇을 어떻게 해야 할지 고민해야 한다. 축적된 실패도 현재를 위해 부활시킬 수 있다면 학습을 위한 엄청난 자원을 만들어낸다.

(3) 미래의 미분: 미래를 현재로 가져오기

현재의 시간을 충분히 확보하기 위해서는 과거를 현재화하는 작업과 더불어 미래를 현재화하는 작업인 미래의 미분을 완수해야

---

5   MS에서 나델라가 실시한 히트 리프레시도 실수해서 길을 잃었을 때 초심을 기반으로 실수를 극복하는 전략이다.

한다. 다른 사람보다 먼저 가서 현재로 체험한 것이 미래다. 구글이나 아마존, 넷플릿스 등 미래의 표준을 정하는 기업은 모두 미래에 먼저 가서 미래를 현재로 가져온 회사들이다. 미래는 기다리면 오는 것이 아니라 남보다 먼저 가서 현재에 통용될 수 있는 새로운 솔루션으로 만들어낼 때 구현된다. 시간을 따라가서는 미래를 만나지 못한다.

미래를 현재로 가져와서 현재와 접속시키는 방식은 미래의 미분화를 통해서다. 미래의 미분화는 창발적 자기 조직화의 시작이다. 창발적 자기 조직화는 미래에 실현된 어떤 결과를 상상해보고 그 결과를 가져오게 될 원인을 찾아서 미래에 대한 솔루션을 만들어내는 것에서 시작된다. 미래에 얻을 결과가 특정 과일이라면 이 과일의 씨앗을 찾아내는 것을 미래의 미분화라고 한다. 스티브 잡스도 처음 스마트폰을 만들 때 지금 우리가 사용하고 있는 핸드폰을 가상적으로 생각하고 이것을 개념의 씨앗으로 삼아 핸드폰으로 만들어낼 수 있는 사람들에게 팔고 이들의 협업으로 지금의 스마트폰을 만들었다.

미래를 자기 조직화하는 씨앗은 기술과 가치의 직조를 통해 만들어진다. 미래를 직조하는 혁신에 성공한 회사들은 기술적 아이디어를 넘어서 가치혁신을 담은 개념적 솔루션을 씨앗으로 만들어낸다. 코닥은 필름 카메라 시절 최고의 기업이었고 이들은 다른 기업보다 먼저 디지털카메라를 개발해내었으나 실패했다. 소니는 누구보다 전자제품을 작게 만드는 기술을 많이 가지고 있었으나 결국은 이 기술에 집착하는 동안 디지털 시대의 요구를 놓쳤다. 노키아 역시 피처폰 시절 애플보다 먼저 스마트폰을 개발해놓고 있었던 회사다. 미래의 먹거리 기술을 가지고 있었어도 이것을 현재로 가져와 서비스나 제품에 가치혁신을 일으키지 못한다면 미래를 현재로 가져온 것은 아니다.

애터미가 지금까지 미래를 현재화하는 데 성공한 원인도 따지고 보면 '생각을 경영한다'는 가치로 미래의 현재화 작업에 몰입할 수 있었기 때문이다. 박한길 회장이 유통의 미래를 읽고 여기서 얻어질 수 있는 결실들을 미분화해 현재의 개념적 씨앗으로 가져오는 능력 때문에 애터미의 현재를 얻을 수 있었다.

애터미가 100년 공의기업으로 성장했을 때 한국과 글로벌에 어떤 과일을 제공하게 될지 상상하고 이 과실의 씨앗을 찾아내 현재로 가져와 실험한다면 미래를 성공적으로 미분하는 것이다. 100년 기업이 되었을 때의 애터미 모습을 상상적으로 체험하고 이 체험을 통해 찾아낸 씨앗을 애터미 비즈니스, 서비스, 현재 제품에 새 솔루션으로 제공하는 것이 미분화다.

(4) 배태: 현재의 공간

배태는 과거를 부활시켜 현재에서 오래된 새 길을 만들어내고, 먼저 가서 가져온 미래를 현재와 접속해 확보한 현재의 공간을 실험실로 이용해 미래에 대한 실제 프로토타입이라는 묘목을 만들어내고 이 묘목으로 회사 안에 과수원을 만들어내는 작업이다. 지금까지 인류에 존재한 모든 혁신적 미래는 누군가의 상상적 체험 속에서 개념적 솔루션, 즉 묘목으로 먼저 태어났다. 이 가설적 솔루션을 실험해서 검증하고 검증이 끝난 솔루션을 협업을 통해 실물로 만드는 과정에서 실제 제품이나 서비스 혁신이 이어진 것이다.

80/20의 파레토 법칙에 따르면 애터미가 거두게 될 성공의 80%는 애터미가 배태를 위해 공들인 20%의 노력에 의해서라고 할 수 있을 만큼 배태는 결정적이다. 배태에 들인 노력과 희생이 미래 성공을 위한 임계점을 만들어내기 때문이다.

배태^{embedding}는 미래를 미분해 만들어낸 씨앗을 과거를 부활해 만들어낸 토양에 길러보고 더 좋은 솔루션이 될 수 있는지를 실험하고 검증하는 작업이다. 미분화해서 가져온 미래를 씨줄로, 과거를 부활해 만들어낸 업을 날줄로 고유한 문화적 태피스트리를 만들어내는 직조복제의 실험이 배태다. 미래를 지금의 제품과 서비스에 씨앗으로 심어 제품과 서비스의 새 프로토타입을 실험하는 작업이다. 배태는 미분화한 미래를 현재 진행하고 있는 일이나 과제에 심어서 실제 과일나무의 묘목으로 길러보는 실험작업이다.[6] 기업은 배태를 통해 씨앗을 묘목으로 길러내 새로운 혁신적 솔루션의 가능성을 타

---

6 경영에서 배태는 개념적 씨앗으로 프로토타입을 만들고 이 씨앗을 지금 하고 있는 일과 과제와 업이라는 토양에 심어서 묘목으로 길러내는 작업을 총칭한다. 토양을 세분화해서 제품(product), 사람(people), 과정(process), 성과(performance), 포지션(position) 등 5P로 구분하기도 한다. Sebastian Leape & Jinchen Zou, "More than a mission statement: How the 5Ps embed purpose to deliver value", *Mckinsey Quarterly November*, 2020; M. Tina Dacin, Brent D. Beal, & Marc J. Ventresca, "The embeddedness of organizations: Dialogue and directions", *Journal of Management 25*, 1999, pp. 317-356; Brian Uzzi, "The sources and consequences of embeddedness for the economic performance of organizations: the network effect", *American Sociological Review 61*, 1996, pp. 674-698; Peter Moran, "Stuctural vs. relational embeddedness: Social capital and managerial performance", *Strategic Management Journal 26*, 2005, pp. 1129-1151; Granovetter MS., "Economic action and socialstructure: the problem of embeddedness", *American Journal of Sociology 91(3)*, 1995, pp. 481-510.

진한다. 사실 지금 세상을 이끄는 대부분의 ICT 기업은 창고에서 배태 작업에 성공해 지금에 이르렀다.[7] 이들에게 창고는 배태를 위한 실험실 공간이다. 이 실험공간에서 심리적 안정감을 가지고 프로토타입을 완성해서 지금의 기업을 만든 것이다.

대다수 글로벌 공의기업에서는 사업 초기뿐 아니라 사업이 성숙한 시기에도 이런 묘목을 만들어내는 실험을 전략사업으로 규정하고 있다. 2017년 한 해 동안 인튜이트Intuit에서는 1,300회, P&G에서 7,000~10,000회, 구글에서 7,000회, 아마존에서 1,976회, 넷플릭스에서는 1,000회의 특정한 솔루션을 씨앗으로 만들어내고 이것에 대한 프로토타입을 진화시켜가며 실제 혁신으로 이어질 가능성을 점검하는 실험을 진행했다.[8]

애터미에서도 후츠파 실험실이 이런 배태 작업을 위한 묘목을 길러내는 산실 역할을 하고 있다. 애터미 전체가 실험실처럼 가동되지만 후츠파 실험실이 활성화되면 애터미에서도 미래를 현재로 가져와서 묘목을 길러내는 전략적 작업에 가속도가 붙을 것이다. 전략적 작업에 성공한다면 애터미가 만든 묘목을 기반으로 과수원이 만들어진다. 배태 작업의 완성은 묘목을 실험해 자기 것임을 주장할 수 있는 과수원을 만들어내는 것이다.

---

[7] 구글, HP, 나이키, 디즈니, 로터스, MS, 마텔, 아마존, 애플, 할리데이비슨 등 지금 시대에 선두를 달리고 있는 모든 기업들은 창고에서 시작했고 회사가 커졌어도 이 창고의 개념을 심리적 안정을 누려가며 마음껏 진행할 수 있는 실험실의 개념으로 진화시켰다.

[8] https://www.fastcompany.com/3063846/why-these-tech-companies-keep-running-thousands-of-failed

(5) 비전의 창출: 과거, 현재, 미래의 연결

애터미의 미래가 배태라는 직조복제를 통해 새 솔루션을 찾아 냈다면 이 솔루션이 없었던 전의 모습과 완전히 실현된 모습의 차이를 생생하게 그림으로 그려내는 작업이 비전의 창출이다. 성공적으로 실험한 묘목을 전체에 전파하여 과수원으로 만드는 작업이다. 새로운 솔루션이 자리잡기 위해서는 어떤 특정한 한 영역을 넘어 회사 여기저기에 구현되었을 때 회사가 어떻게 바뀔 수 있는지에 대한 상상적 체험을 생생한 비전으로 제시해야 한다. 비전이란 미래만을 보여주는 것이 아니라 과거와 달라진 미래를 같이 보여주는 것이다. 비전은 100년 기업의 책무가 완성된 모습을 통해 구성원에게 생생한 과거와 미래가 대비되는 상상적 체험을 제공해준다.

비전은 신자유주의자들이 주장하듯이 미래의 큰 목표에 멋진 옷을 입히는 것을 넘어서 미래의 끝에 거주하는, 목적에 대한 믿음의 안경으로 보지 못하던 세상을 볼 수 있는 것이다. 비전은 미래도 더 생생하게 보게 하지만 잊고 있던 과거도 더 잘 이해하게 하고 지금 있는 기회와 위험도 더 잘 이해하게 한다. 제대로 된 비전은 100년 기업이 완성된 모습에 대한 시각으로 회사의 과거, 현재, 미래가 한 끈으로 연결된 모습always be connecting the dots을 보여주는 것이다.

애터미에서의 비전은 100년 기업의 시점에 실현할 목적에 대한 약속과 이 약속에 대한 믿음을 현재로 가져와서 생생하게 그림으로 보여주는 시간 여행자 작업이다.

(6) 미래를 향한 근원적 변화

미래를 위한 자기 조직화의 마지막 과정인 근원적 변화는 회사가 내부혁신을 통해 직조해낸 새로운 시스템과 태피스트리를 애터미 생태계 내, 외부참여자들에게 날줄로 제공하여 참여자들이 애터미에 자신의 씨줄을 직조해 자신들을 일으켜 세우게 하고 애터미의 지평도 더 높은 곳으로 옮기는 작업이다. 애터미를 통해 공진화의 생태계를 숙성시키는 작업이다. 모든 참여자에게 직조복제를 위한 플랫폼을 제공함으로 참여자들이 근원적 변화의 주체로 일어서게 하는 작업이다.

배태는 프로젝트가 단위가 되어 회사의 실험실 안에서 과거의 텍스트와 미래의 텍스트를 씨줄과 날줄로 결합해 새로운 프로토타입과 맥락이라는 최초의 태피스트리를 직조하는 것이다. 또한 근원적 변화는 이렇게 만들어낸 회사의 태피스트리를 생태계의 다른 참여자들에게 제공해서 이들의 삶을 동기화시키고 궁극적으로는 이들을 통해 회사가 제공한 목적을 공진화시키는 고차원의 직조복제 과정이다.

회사 실험실에서 새로운 태피스트리나 프로토타입이 만들어졌다면 이에 대한 근원적 변화에 대한 시도는 종업원과의 동기화^{syncronization}에서 시작된다. 회사가 태피스트리나 프로토타입에 대한 큰 그림과 골격을 정하는 대목의 역할을 했다면 종업원들에게도 최소한 소목의 역할을 할 수 있게 지원해야 직조복제를 통한 변화가 가능해진다. 회사는 집의 골격을 만들었다면 종업원을 방도 예쁘게 꾸미고 화단도 꾸며 집을 자신이 살 수 있는 집으로 완성하는 작업에 주체로 참여시켜야 한다.

수원화성을 세운 정조도 화성을 완성한 후 여기에 참여한 디자이너들의 이름을 남기도록 했다. 스티브 잡스는 아이폰 개발에 참여한 디자이너의 이름을 핸드폰 안에 프린트하도록 했다. 이건희 회장은 신경영의 역사를 만들 때 삼성전자의 임원들을 프랑크푸르트에 불러서 신경영의 스토리를 같이 쓰도록 삼성전자의 빈 노트를 넘겨주었고 이런 역사 같이 쓰기가 현재의 삼성전자를 만드는 맥락이 되었다. 구성원을 스토리의 주인공으로 참여시켜 변화의 맥락을 만드는 작업이 성공할 수 있을 때 실질적으로 변화가 찾아온다.

구성원은 자신이 성장의 아픔을 가진 사람이라는 것을 깨닫고 이를 해결하기 위해 자신을 주인공으로 일으켜 세우는 프로젝트를 통해서 주인의식을 느낀다. 돈으로 주인의식을 살 방법은 없다. 금전적 보상은 역사적 성과에 소유권을 주장하지 말라는 묵시적 경고일 뿐이다. 이렇게 경고해놓고 돈을 많이 줬으니 주인의식을 가지라고 주장하는 것만큼 역설적인 이율배반도 없다. 돈을 아무리 많이 받는 핵심인재라 하더라도 자신의 성장통을 해결하기 위한 직조복제를 허락하지 않는다면 심리적으로는 비정규직을 벗어나지 못한다. 일터의 민주화는 구성원에게 직조복제를 허락할 때만 가능해진다.

애터미가 현재의 성공을 구가한 것은 종업원을 포함해서 생태계에 참가하는 모든 사람에게 회사의 시스템에 자신의 삶이나 자신만의 일하는 방식을 끼워 넣어 자신의 무늬가 담긴 태피스트리로 동

기화할 수 있도록 독려하는 노력이 성과를 본 것이다.[9]

　근원적 변화는 목적의 동기화와 공진화를 통해 애터미 생태계 참여자 모두를 성공의 주인공으로 세우는 민주화 작업을 통해 완성된다. 애터미 생태계의 구성원들이 다른 회사와 비교할 수 없을 수준의 주인의식이 넘치는 이유도 자신만의 태피스트리를 만들 수 있도록 회사가 높고 평평한 장소를 찾아 운동장을 제공해주기 때문이다. 애터미 경영진은 종업원이나 사업자들에게 애터미를 위해 일하지 말고 애터미를 통해 성공해보라고 주문한다.

　사마천의 『사기』에 도이불언 하자성혜 桃李不言 下自成蹊라는 성구가 나온다. 배나무와 복숭아나무는 스스로 말하지 않아도 아름다운 꽃과 열매가 있어 사람들을 모이게 하므로 그 밑에 저절로 길이 생긴다는 뜻이다. 시간여행에서 배태의 작업이 이런 과수원을 만드는 작업이라면 근원적 변화의 작업은 이 과수원을 찾아올 수 있는 길을 만들게 돕는 작업이다. 배나무와 복숭아나무 과수원에 대한 소문으로 멀리 있는 사람들의 마음을 흔들어 과수원으로 발길을 돌리게 하는 작업이다. 애터미가 만든 배와 복숭아 열매에 대한 향기와 달콤함이 사실이라면 애터미가 하는 일에 다양한 참여자들이 자원을 자발적으로 동원해가며 응원해 근원적 변화를 완성할 것이다. 근원적 변화를 완성하면 어떤 기업이든 미래를 선도하는 100년 기업으로

9　동서양을 막론하고 최고의 리더는 리더가 만들어놓은 이런 맥락이 아주 자연스럽게 공유되어 구성원들이 이 맥락에 맞추어 자신을 스스로 변화시키고 그 결과로 성과를 거두고 자신들에게 "아 우리가 정말 열심히 해서 이런 성과가 나왔다"고 외치게 할 수 있는 리더다. 리더의 물리적 존재감을 굳이 드러내지 않고 구성원들도 리더의 물리적 존재감을 느끼지 못하는 상태에서 리더의 의도가 구성원의 마음을 장악한 상태인 심리적 존재감을 느낀다면 최고의 존재감의 상태에 도달한 것이다.

자연스럽게 탄생할 것이다. 네트워크 마케팅 생태계라는 골리앗에 도전장을 내밀었던 다윗이 역사를 다시 쓴 것이다. 지금은 애터미가 내민 골리앗에 대한 도전장을 모두가 주시하는 단계이지 애터미가 골리앗을 무너뜨린 단계는 아니다. 경주를 시작한 애터미가 바통을 떨어뜨리지 않기를 많은 사람이 응원하고 있는 단계다.

근원적 변화는 목적에 대한 각성으로 시작했던 나비의 날갯짓이 다양한 직조복제를 통해 임계점을 만들고 이 임계점을 통과한 바람이 태평양에 거대한 태풍을 만들고 맨해튼의 건물을 쓰러뜨리는 쓰나미를 만드는 자기 조직화 과정의 완성이다.

애터미의 계기비행

애터미 1호 최고 사업자로 등극한 P 임페리얼이 회사 설립 초기에 너무 잘나가는 모습에 불안해서 회사를 정말 믿고 사업에 몰입해도 되는지를 물었다. 이 질문에 박한길 회장은 '계기비행'이라는 비유를 통해 애터미라는 항공기를 운전하는 조종사가 보기에는 전혀 문제가 없다고 답변했다. 사실 비행기는 활주로를 달려서 이륙하고 수평비행을 할 수 있을 정도의 고도에 올라설 때까지 누구도 위험을 예측할 수 없다. 사업이 방금 궤도에 올라섰기 때문에 사업자들은 비행기가 잘 이륙해 충분한 고도에 올라섰는지에 대한 불안감을 표현한 것이다.

지금 애터미의 경영상태는 충분히 평행비행을 할 수 있을 고도에 도달한 것으로 보인다. 2년이 넘는 기간 동안 애터미를 면밀하게 연구해온 경영학자의 시각으로도 지금까지의 애터미는 생존의 문제를 해결한 것으로 보인다. 애터미의 행보는 경이적이어서 애터미를 토대로 경영학 교과서를 다시 써야 할지도 모른다는 생각이 들 정도다.

과제는 설립자인 박한길 회장이라는 조종사가 없는 상황에서도 애터미호가 100년 공의기업을 향한 시간여행을 완수하는 것이다. 아무리 높은 고도에 도달한 비행기라도 지금과 같은 초뷰카 시대에 순항을 장담할 수는 없다. 애터미 비행기에 탑승한 동행들은 난기류가 일상인 글로벌에서 생존을 넘어서 지속가능성을 달성하는 공의기업이 될 수 있을까를 고민할 것이다.

해답은 조종사가 없는 상황에서 계기판에 의존해 비행하는 계기비행술에 달려 있다. 계기비행의 본질은 고도, 속도, 연료, 기압의 상태를 알려주는 계기판이다. 계기판에 하나만 문제가 생겨도 치명적이다. 애터미호가 지금까지 정상비행을 할 수 있었던 것도 계기판이 정상적으로 작동해왔기 때문이다.

어떤 기업이든 난기류를 만나 100년 기업으로의 지속가능성 행보에 의심이 들기 시작했다면 공의기업을 지탱해주는 네 개의 계기판을 주목할 필요가 있다. 존재목적, 긍휼, 혁신, 신뢰잔고의 계기판이다. 이 네 개의 계기판만 균형 잡히게 작동한다면 충분한 고도에 도달한 비행기가 추락하는 일은 없을 것이다.

애터미 계기판

  다음은 이런 계기비행을 꿈꾸는 회사에서 누구나 간단하게 자기 회사의 지속가능성과 공의로 향하는 공진화 상태를 점검해볼 수 있는 질문들이다.

지속가능성:

회사는 더 높은 곳에 더 평평한 운동장을 제공하기 위해 혁신하고 있는가?
제공한 운동장에서 구성원들은 주인공이 되어 충만함과 번성을 체험하는가?

존재목적:

회사는 길을 잃었을 때 사용할 수 있는 나침반이 있는가?

나침반은 스파크를 보내 구성원을 일으켜 세우고 있는가?

긍휼함:

회사는 고객만족/고객감동을 넘어 고객의 아픔을 치유하는 회
사인가?

구성원의 아픔이 제대로 돌봐지고 치유되고 있나?

코즈기반의 혁신:

회사는 고객이 경험하는 고통의 원인을 찾아 밤낮으로 혁신하
고 있는가?

반창고와 진통제를 넘어서는 제품과 서비스를 제공하는가?

신뢰잔고:

회사의 존재 자체를 응원하는 팬덤이 형성되고 있는가?

외부 구성원에게도 팬덤이 확산하는 추세인가?

포항제철의 각성사건[10]

각성사건은 진성 리더들에게만 일어나는 사건이 아니다. 많은 진성조직이나 심지어 국가도 각성사건을 경험한다. 포항제철 건립의 종잣돈이 된 1억 불의 돈은 대일청구권 자금이었다. 즉 우리나라를 36년간 식민지배한 일본에게서 사죄금으로 받아온 돈이다. 한마디로 일제에 의해서 죽임을 당한 치욕스러운 나라의 사망에 대해서 더는 왈가왈부하지 않겠다고 각서를 쓰고 받아낸 국가의 목숨값이었다. 포항제철 건설의 프로젝트를 맡았던 고 박태준 회장은 이 돈의 신성한 의미를 잘 알고 있었다. 따라서 이 돈을 사용해서 만들어낼 기업의 존재이유를 '제철보국'으로 정했다. 제철산업을 꼭 성공시켜 국가의 은혜를 갚겠다는 뜻이었다. 국가의 목숨값을 받아서 완성해야 하는 사업이니만큼 실패할 경우는 모두가 우향우해서 영일만에 빠져 죽을 각오로 필사적으로 몰입했다. 소위 '우향우 정신'이다. 포항제철 건설은 국가의 사명을 세우는 목적 지향적 프로젝트였다.

돈을 마련했어도 기술이 문제였다. 박태준은 일본의 3대 철강회사 사장과 소유주를 따라다니며 막무가내로 기술이전을 요구했

10   조형래 기자, "[철강王 박태준 별세] 선조의 피값(대일 청구권 자금)으로 짓는 제철소, 실패하면 영일만에 빠져 죽자", 조선일보, 2011년 12월 14일; 조형래 기자, "[철강王 박태준 별세] 박태준, 3선 개헌 지지 거부하자 朴 대통령 '원래 그런 친구야'", 조선일보, 2011년 12월 14일; 이영환 기자, "[철강王 박태준 별세] 포스코, 40년 만에 세계 1위 철강사로" 조선일보, 2011년 12월 14일.

다. 철강회사 소유주들은 박태준이 일본을 방문하는 일정에 맞추어서 휴가를 잡아 피해 다녔으나 박태준은 휴가지까지 찾아내 집요하게 따라다녔다. 이때 일본에서는 한국에 제철소가 생겨도 수십 년 내 일본 수준을 절대로 따라잡지 못할 것이고 인접국에 철강 산업이 일어날 경우 긍정적 효과도 있을 것이라는 여론이 일어났다. 천우신조였다. 박태준은 마침내 뜻을 이루었다. 기둥 하나가 잘못 세워질 때마다 가차없이 폭파하는 그의 완벽주의 속에 제철소는 서서히 모습을 드러내기 시작했다. 그리고 1973년 6월 9일, 그들의 구호는 모두 현실이 됐다. 마침내 제1고로에서 쇳물이 쏟아져 나온 것이다.

그사이 박정희는 3선 개헌을 밀어붙였고 박태준에게도 동참하라는 메시지를 보냈다. 박태준은 이 요청을 거부했다. 중앙정보부장 김형욱이 포항으로 사람을 보내서 재차 요청했으나 제철소 하나만으로도 바쁘다는 핑계로 거절했다. 보고를 전해들은 박정희도 박태준은 원래 그런 친구이니 건드리지 말고 놔두라고 지시한다. 정치를 잊고 제철소 건설에만 신경써오던 1992년 연간 2,100만 톤 양산체제 구축에 성공한다. 박태준은 기념식 다음 날인 10월 3일 개천절에 국립묘지 박정희의 묘역을 찾는다. 이 자리에서 박태준은 한지에 붓글씨로 쓴 보고문을 낭독했다. "불초 박태준, 각하의 명을 받은 지 25년 만에 포항제철 건설의 대역사를 성공적으로 완수하고 삼가 각하의 영전에 보고를 드립니다. 혼령이라도 계신다면 불초 박태준이 나태하거나 흔들리지 않고 25년 전의 그 마음으로 돌아가 잘사는 나라 건설을 위해 매진할 수 있도록 굳게 붙들어주시옵소서."

　국가의 목숨값으로 기틀을 마련해서 전달한 바통을 포항제철
의 후임 경영자들이 떨어뜨리는 역사를 경험한다. 박태준이라는
든든한 울타리가 무너진 틈을 타고 MB의 자원외교를 등에 업은
MB의 형과 그 낙하산 회장들이 포항제철의 바통을 떨어뜨렸다.
포항제철이 역사의 바통을 떨어뜨렸다는 소문이 퍼지자 힘깨나
쓰는 권력자들이 달려들어 국민기업이라는 명목으로 삽시간에 다
같이 뜯어 먹어 형체도 알아볼 수 없는 형국까지 도달했다.

　시대의 급류에 휘말려 길을 잃고 헤매던 포항제철이 우여곡절
끝에 포스코로 부활했다. 회사를 정치의 조공물로 바쳐온 조직 정
치가들에 대항해 포항제철의 존재이유를 살려내는 일에 경영진,
협력사, 구성원들이 온 힘을 합친 결과다. 이들은 '제철보국'이라
는 초심을 시대에 맞춰 새 기업이념으로 살려냈다. 새 기업이념을
실현하기 위한 울타리와 운동장을 만들어 포스코를 더 높고 평평
한 곳에 소생시켰다. 최근 포스코는 '기업시민'이라는 튼튼한 울
타리를 두르고 포스코를 공의기업으로 만드는 100년 기업의 역사
를 착수했다. 포스코도 100년 공의기업을 향한 계기비행을 시작
한 셈이다.

　포스코는 세계적인 철강 전문 분석기관 WSD의 평가에서 '세계
에서 가장 경쟁력 있는 철강사' 1위 자리를 놓치지 않고 있다. 고
박태준 회장이 무덤에서 지금의 포스코를 지켜보고 있다면 자신
이 물려준 유산을 혼신으로 살려낸 후세들의 노력에 감사하며 웃
는 얼굴로 다시 눈을 감을 것으로 보인다.

13
되어감

사르트르는 오래전에 사람과 사물이 다른 점은 사물은 태어날 때부터 어떤 목적이 정해져서 태어나지만, 사람은 목적이 정해지지 않고 그냥 존재로 세상에 던져져 자신의 목적을 주체적으로 찾아서 정하고 이를 구현해가는 점이 다르다고 규정했다.[1] 즉 의자는 세상에 태어날 때 의자로서의 목적이 먼저 정해지고 태어나지만, 사람은 이름 석 자만 주어지고 이 사람이 어떤 사람이 될지를 예측해줄 이가 아무도 없다. 사람들은 자신의 존재이유를 스스로 발견해서 존재이유를 자기 조직화하여 실현하지 못한다면 사물과 다름없는 삶을 사는 것이다.

---

[1] 세바스찬 가드너, 『사르트르의 『존재와 무』 입문』, 서광사, 2019.

기업도 마찬가지다. 파나소닉을 설립한 마쓰시타 회장은 돈을 버는 것을 넘어 자신이 왜 회사를 설립했는지 회사 설립 후 14년이 되는 어느 날 깨닫는다. 사업을 1917년에 시작했지만 회사가 태어난 이유를 각성한 것은 14년이 흐른 1932년 5월 5일이다. 마쓰시타는 회사의 사명을 깨달은 이날을 회사 창업기념일로 정했다.[2] 창업기념일은 파나소닉이 자기 조직화를 통해 삶을 새롭게 시작한 날이다. 그는 자기 회사 마쓰시타가 세상에 존재해야 하는 이유를 다음과 같이 설명한다.

"마쓰시타는 사람을 만드는 회사다. 그리고 동시에 가전도 만들고 있다."

"마쓰시타라는 회사가 있어서 종업원들은 안정적 생계를 유지할 수 있고, 일을 통해서 전문가로 성장할 수 있고, 또한 자신의 약점을 극복해가며 성숙한 인간으로 성장해 사람들로부터 존경받을 수 있다. 좋은 가전제품을 만드는 것은 이런 목적이 제대로 실현될 때 자연스럽게 따라올 것이다."

그는 자서전 『청춘론』에서 세 가지 성공비결을 기록하고 있다. '첫째, 나는 가난 속에서 태어났기 때문에 어릴 때부터 구두닦이, 신문팔이 등 많은 세상 경험을 쌓을 수 있었고 둘째, 약하게 태어났기 때문에 건강의 소중함을 일찍 깨달아 몸을 아끼고 건강에 힘썼기에

---

2   존 코터, 『운명』, 이주만 옮김, 다산북스. 2017.

늘어서도 건강할 수 있었고 셋째, 초등학교 4학년 때 중퇴했기 때문에 항상 이 세상 모든 사람을 나의 스승으로 받들어 배우기에 노력하여 다양한 지식과 상식을 얻을 수 있었다. 이렇듯 불행한 환경은 나를 이만큼 성장시키기 위해 하늘이 준 시련이라 생각하고 감사하고 있다.'

그는 나중에 회사의 이름을 마쓰시타 전기에서 파나소닉으로 바꿨다. 사명을 그 자신과 같이 보잘것없는 사람들도 파나소닉을 만나 더 성숙한 인간으로 성장해가는 것을 지켜보는 것이라고 규정했다. 파나소닉은 그 이후에도 지속적인 재탄생으로 회사의 사명을 공진화시켜서 100년 기업에 진입했다. 마쓰시타는 목적에 대한 깨달음을 일반인에게도 나눠주기 위해 리더 육성기관인 '정경숙'을 설립했다.

n번의 탄생과 되어감

기업, 인간, 자연 등 모든 생명체가 살아 있다는 것을 증명하는 것은 죽음에 이르는 순간까지 n번의 재탄생을 통해 삶의 목적을 공진화시키고 결국은 목적에 대한 약속을 완성해 유산으로 남기는 것이다.

인류 역사를 새롭게 쓴 사람들의 삶은 공통의 플롯을 가지고 있다. 역사가 가장 높이 평가하는 삶의 플롯은 초반에는 미천하고 죄인으로 살았다 하더라도 삶의 마지막 국면에서 성숙한 인간이 되어

죄 많은 자신을 구원해낸 『레 미제라블』에 나오는 장발장 같은 삶이다. 기업가로서 이런 삶의 플롯을 남긴 사람은 카네기와 록펠러를 들 수 있다. 이들은 젊었을 때 아주 악명 높은 악덕 기업주였다. 하지만 지금 누구도 록펠러와 카네기를 악덕 기업주로 기억하지 않는다. 자신의 삶이 미숙했고 실수로 점철되었다는 점을 먼저 자복하고 과거를 넘어서는 삶을 만들었기 때문이다. 마찬가지로 김구 선생님도 젊었을 때는 살인을 했고, 간디도 젊었을 때는 헛바람이 든 변호사였다. 하지만 이들은 삶의 한 국면에서 자신이 세상에 온 이유를 각성해 목적을 깨달았다. 목적에 대한 깨달음으로 이전 삶의 미숙에 대해 자복했다. 목적에 대한 약속을 실현해 자신에 대한 유산을 남겼다.

평생을 남아공의 인종차별과 맞서 싸웠던 만델라는 진정한 성인군자는 '학습하는 죄인'이라고 설명했다. 사람들이 자신의 잘못을 끊임없이 반성해가며 자신을 찾아가는 과정에서 n번의 탄생을 경험하고 이를 통해 성숙한 사람으로 학습된다고 보았다. 학습하는 죄인의 겸손함을 놓친다면 아무리 노력해도 성인이 될 수 없다는 점을 지적한 것이다. 겸손한 마음으로 죄와 실수를 자복하고 목적을 향해 정렬시켜 학습하는 사람들만 자기 조직화의 근력을 갖게 된다.

인간이 성인군자로 완성되었는지는 죽는 순간에 남긴 유산을 보고 후세가 판별할 수 있다. 죽는 순간까지는 결국 되어감becoming만이 존재한다. 되어감이 멈춘 순간 존재이유가 훼손되기 시작한다. 남들과의 비교가 시작되고 시샘이 시작된다. 자신만의 이야기를 창출해가며 자신의 플롯을 만들어가며 좀 더 매력적인 다른 사람과 성공을 공유해서 확장되어가는 자신을 체험하는 것이 되어감이다. 자신의 존재를 확인하는 순간이다. 순간마다 "그래 바로 그게 너답게 사는 거야"라고 즐거움의 '유레카'를 외칠 수 있는 사람들만이 존재 이유를 증명한 것이다.

『중용』23장을 보면 이런 되어감을 치곡致曲으로 묘사하고 있다.[3] 치곡의 致는 도달함을 뜻하고 曲은 굽었다는 것이다. 일반 사람들이 세상을 보는 방식은 직선을 이어 만든 선형적 시각이다. 하지만 자신의 숨겨진 내면과 연결해보면 모든 것은 직선이 아니라 곡선이다. 인간사의 모든 진실은 외면만 생각하고 행동하는 이 선형적 시각 아래 내면의 마음속 곡선으로 이어져 있다. 자신의 이득만을 생각하는 사람들의 눈에는 곡선이 보이지 않는다. 곡선으로 굽혀져 있는 작은 것을 제대로 보고 이것을 펴나가는 작업을 지속할 수 있을 때 진실의 씨앗은 되어감이라는 진실을 만든다.

『중용』23장의 내용을 이렇다.

숨겨진 진실에 진심을 다해야 한다.
진심을 다하면 정성스럽게 된다.
정성스럽게 되면 형태가 만들어지고,
형태가 만들어지면 겉으로 드러나고,
겉으로 드러나면 명백해지고,
명백해지면 남을 감동시킨다.

---

3 김용옥, 『중용 인간의 맛』, 통나무, 2011.

남을 감동시키면 변하게 되고,

변하면 되어진다.

그러니 오직 세상에서 지극히 정성을 다하는 사람만이

나와 세상을 변하게 할 수 있다.

(其次는 致曲 曲能有誠이니, 誠則形하고, 形則著하고, 著則明하고, 明則動하고, 動則變하고 變則化니, 唯天下至誠이아 爲能化니라.)

자신의 과거를 반성하고 자복하는 과정에서 찾아낸 작은 진실의 씨앗을 길러내는 자기 조직화 과정이 되어감이다. 씨앗이 열매를 맺는 나무로 커가는 과정과도 같다. 숨겨진 진실에 마음을 다하여 정성이 가해지면 형태가 만들어지고 이 과정은 씨앗이 죽어서 뿌리로 만들어지는 과정이다. 뿌리에서 묘목이 나오는 것이 겉으로 드러나는 과정이고, 충분히 자라나 꽃이 피는 과정이 명백해지는 과정이다. 꽃이 피고 열매가 맺고 이 열매를 직접 맛보게 되면 맛에 감동한다. 감동한 사람은 같은 씨앗을 얻어서 같은 과일나무를 만들어내는 과정에 동참한다. 변화를 만든다. 이런 변화의 과정을 반복해가며 공진화시키는 자기 조직화 과정이 되어감이다. 꽃이 피고 열매가 맺는 것은 허위의 가면에 숨겨졌던 작은 진실이 씨앗으로 심어져 실현되는 것을 의미한다. 이 진실은 생명력을 가지고 되어감을 만들어 공진화하는 생태계를 만든다.

삶에서 자기 조직화가 실현되는 과정은 직선이 아니라 곡선이다. 되어감을 구성하기 위해서는 다양한 임계점과 변곡점을 거쳐야 한다. 씨앗에서 시작해서 발아하는 변곡을, 발아에서 묘목으로 성장하는 변곡, 묘목에서 다시 발화하는 변곡, 발화에서 결실에 이르는 모든 과정은 임계점까지의 축적과 변곡의 반복이다. 혼돈이론에서는 이런 모든 과정을 형태(fractal)가 형성되고 이 형태가 다양한 직조 복제 과정을 통해 임계점과 변곡점을 지나 창발되는 과정으로 묘사할 것이다.

진실의 씨앗(曲)은 세상에 대한 이득과 계산의 직선형의 관점을 벗어나 사람들 마음속에 숨겨진 아픔을 긍휼함으로 들여다볼 수 있는 사람만 찾을 수 있다. 이 아픔을 씨앗으로 품고 이것을 발아시키는 사람들만 제대로 된 진실과 조우한다.

되어감과 행복

아리스토텔레스는 행복을 가장 심도 있게 분석한 철학자다. 그는 행복을 유데모니아eudaimonia라고 칭했다. 유데모니아는 자신을 존재의 수준에서 차별화시키는 삶의 목적을 각성하고 이 목적을 실현하기 위해 목적의 씨앗을 현재 자신의 삶과 일로 자기 조직화하는 과정에서 느끼는 성장체험을 의미한다. 유데모니아는 현재 자신의 삶에서 목적이 조금씩 실현되어 자신이 성장하고 성숙해지고 결과적으로 '번성'을 자기 조직화하는 체험을 의미한다. 아리스토텔레스는 우리가 행복을 위해 추구하는 수월성arete('아레테'로 통용되는 이 단어는 영어의 excellence에 해당됨)란 말도 어떤 달성된 상태를 가리키는 것은 아니라고 주장한다. 어제보다 오늘 목적에 더 가까워지고 오늘보다 내일 더 가까워져서 조금씩 더 성숙해지고 온전한 자기로 나아가는 자기 조직화의 과정을 가리킨다는 것이다. 자기 조직화는 되어감의 상태다. 자기 조직화의 씨앗인 목적을 상실해 삶이 계속 쪼그라드는 데 행복을 느낄 수 있는 사람은 없다.

우리가 행복의 원천이라고 오해하는 소확행은 유데모니아가 전제되어야 행복을 가져다준다.[4] 한때 '열심히 일한 당신 떠나라'라는 광고 카피가 유행한 적이 있었다. 떠나서 여행을 즐기는 삶은 소확행이고 열심히 일해서 한층 성숙한 자신이 되어가는 부분은 유데모니아다. 열심히 일하면서도 성장체험을 느끼지 못하는 상태에서 매일 여행만 다닌다는 것은 차라리 지루한 고역에 가깝다. 불금이 기다려지고 즐거운 이유는 주중에 유데모니아의 삶을 살았기 때문이다. 주요리를 먹지 않고 디저트만 먹게 되는 상황을 상상해보라. 디저트가 달콤하다고 주요리를 건너뛰고 디저트만 계속 먹는 것은 결과적으로 고역이다. 자신이 재력과 시간 여유가 있어서 유데모니아 없는 소확행을 무한정으로 즐길 수 있다 하더라도 이 소확행은 마치 햇빛과 같다는 것을 이해해야 한다. 매일 매일 해가 쨍쨍 뜨는 삶에 항시 노출되면 삶은 사막화되어 금방 황폐해진다. 사람들이 유데모니아가 없는 소확행에 빠져 살다가 결국 삶이 사막화되면 무언가 더 자극적인 것에 자신을 중독시킨다. 소확행은 자기 조직화와

---

4   아리스토텔레스는 본질적 유데모니아 행복과 차별되는 순간적 쾌락을 가져다주는 소확행의 행복을 헤도니아(hedonia)라고 보았다; "Aristotle's Eudemian Ethics": Books I, II, and VIII, M.J. Woods (trans.), Second edition, Oxford: Clarendon Press; Aristotle, "The Nichomachean Ethics", translated by Martin Ostwald, New York: The Bobs-Merrill Company, 1962; Janello, Martin, (2013), "Philosophy of Happiness", Palioxis Publishing.

거꾸로 가는 길이다. 소확행을 쫓는 것은 영원히 잡을 수 없는 파랑새를 따라다니는 것과 같다.

사람들은 자신이 원했던 것을 갖지 못해도 불행해지지 않는다는 것을 깨닫는 데 반평생을 보낸다. 행복은 밖에서 오는 것이 아니라 내면에 숨어서 발견되기를 기다린다는 것을 깨닫는 데도 많은 시간을 쏟는다. 자신을 존재의 수준에서 차별화시킬 수 있는 목적을 각성하고 이 목적을 실현하기 위한 자신만의 일인칭 프로젝트를 통해 자신에게 성장과 번성의 체험을 제공하여 목적에서 약속한 상태로 되어감이 행복의 본질이다.

공의기업은 자신들이 목적으로 약속한 상태를 임계점을 넘어 실현하는 방식으로 자기 조직화해 왜곡과 편견이 작용하지 않는 더 높은 곳에 평평한 운동장을 세운다. 애터미 생태계에 참여하는 사람이나 애터미가 주창하는 경영철학에 공감하는 사람들은 공의의 운동장을 만드는 작업이 공정성과 정의를 넘어서 자기 조직화로 발현되는 과정이 행복의 기원임을 믿는 사람들이다. 우리가 찾을 수 있는 최고의 행복은 목적으로 자신을 일으켜 세우고 목적에 대한 약속을 실현해 다른 사람을 일으켜 세우는 유산을 남기는 것이고, 그렇게 언제든지 훌훌 털고 세상과 하직할 수 있는 것이 자기 조직적 리더가 느끼는 자유의 체험이다. 목적을 자기 조직화해 세상을 빌려 쓴 대가로 유산을 남겼다는 사실은 지속가능성을 지향하는 생태계에 대한 책무를 모두 이행했다는 것을 의미한다.

애터미에서 최고 성공은 임페리얼 직급에 오르거나 임원으로 승진하는 것을 넘어 직급과 직책을 통해 목적에 대한 약속을 실현하는 것이다. 직급과 직책은 수단일 뿐이고 이를 통해 얻어내는 더 온전한 인간으로의 자기 조직적 성장체험이 애터미가 창출하는 행복의 원천이다. 죽는 순간까지 목적에 대한 약속을 실현해가며 온전한 인간으로 성장하는 자기 조직적 체험을 자신에게 제공한다면 삶에서 최고 수준의 수월성을 보인 삶을 산 것이다. 목적을 통해 삶을 자기 조직하는 일에서 최고 수준의 수월성을 보인 사람들만 후세에게 자신의 삶을 유산으로 남긴다. 공의의 플랫폼이 작동해 여기에 참여한 사람들 모두가 유산을 남긴다면 온전한 평등과 정의가 실현되었음을 선포할 수 있다.

공의기업이란 더 높은 곳에 기울어지지 않은 운동장을 통해 각각이 정한 사업영역에서 참여자가 주인이 되는 민주화 체험을 제공한 회사다. 애터미가 더 높은 곳에 평평한 운동장을 만들어 시도한 것은 성공의 민주화다. 유전자복권을 타고난 사람들만 누릴 수 있는 성공 체험을 스스로 만들어 복권에 당첨되지 못한 사람들에게도 나눠주는 온전한 평등을 실험한 것이다.

어떤 리더든 기업이든 신이 아닌 이상 실험과 실수를 통해서 성장과 번성을 경험한다. 100년 공의기업을 향한 향후 여정에서 애터미도 많은 실수와 실패를 경험할 것이다. 그럴 때마다 애터미의 경영이념인 '겸손히 섬긴다'는 원칙에 따라 실수와 실패를 겸허하게 인정하고 다시 목적으로 정렬시키는 '학습하는 죄인의 자세'를 지킬 수만 있다면 애터미는 계속해서 자기 조직화를 수행하리라고 본다. 애터미의 공의를 향한 행보에서 예견할 수 있는 가장 큰 적은 유전자복권 당첨자들처럼 세속적 성공의 오만함에 취해 자기 조직화를 통해 전개되는 공의의 여정을 멈추는 것이다. 애터미에서 진정한 성공은 세속적 성공을 넘어서 참여자 모두가 목적에 대한 약속을 실현하는 것이다.

에필로그

애터미 설립자 박한길 회장은 고등학교에 다니는 아들의 선생님과의 면담에서 자신이 네트워크 마케팅 사업에 종사하는 것을 당당하게 이야기하지 못하고 도망치듯 나온 것을 각성 사건으로 가지고 있다고 고백했다. 네트워크 마케팅의 역사를 다시 써서 손주가 학교에 입학할 즈음에는 당당하게 네트워크 마케팅 사업을 한다고 이야기할 수 있는 상태를 만들겠다고 자신에게 약속했다.

이 약속은 지켜졌을까?

그렇다고 대답할 수 있을 것이다.

애터미 사업자들과 구성원들은 어떨까? 이들은 네트워크 마케팅 사업에 종사한다는 사실을 부끄러워하면서 동시에 애터미에서 일한다는 자부심이 충돌하는 이중몰입dual commitment을 극복했을까?

지금까지 애터미를 연구한 결론을 종합하면 초기보다는 점점 많은 수가 극복한 쪽으로 넘어오는 것으로 보인다. 애터미가 실험하고 있는 공의기업이 성과를 얻어 네트워크 마케팅의 부정적 외재성을 충분히 극복하면 대세는 기울 것으로 예견된다.

문제는 기득권이 장악하고 있는 사회다. 유전자복권을 타서 세속적 성공을 얻어낸 골리앗 기득권 세력들은 공주라는 시골 마을에서 온 다윗을 자청하는 애터미의 도전과 성공을 받아들이고 싶지 않을 것이다. 이들은 애터미가 쏘아 올린 공을 난쟁이가 쏘아 올린 공이라고 깎아내릴 것이다. 이들 골리앗 세력은 유전자복권당첨 횟수를 기반으로 자신들을 진골 성골로 분류하여 전열을 가다듬을 것이다. 외집단에는 당첨 사실 자체를 부인해가며 이들을 은수저, 흙수저 등으로 분류해 공의를 실현한 성공자들을 자신들에게 종속시키려는 음모를 진행할 것이다. 이들의 저항으로 공의를 향한 시간은 더디게 흘러갈 수 있겠지만 파렴치함과 오만함도 어느 순간 시대의 떠오르는 지평의 무게를 견디지 못하고 싱크홀로 무너져 내릴 것이다.

시대의 변화를 각성한 엘리트들이 자신들을 변호해왔던 무지의 장막Curtain of Ignorance을 스스로 걷어버리고 애터미가 용기를 내 싸우는 노력에 아픔을 느끼며 자신들의 가면을 벗은 채 애터미와 같은 회사를 지지한다면 다윗의 행렬이 지배하는 세상이 올 것이다. 이런 세상이 더 당겨진다면 애터미와 같은 열망을 가진 회사가 공의를 향한 질서를 자기 조직화하는 책무를 실현하기 위해 다시 합류할 것이다

글로벌에서의 대세는 이미 공의기업 쪽으로 기울었다. 한국에서도 21세기를 사는 동시대 사람이라면 공의를 향해 열리는 새 지평

을 인정하지 않을 수 없을 것이다. 인공지능이나 로봇은 이미 유전자복권 당첨자만 가질 수 있었던 지능과 재능을 필요에 따라 누구나 값싸고 쉽게 이용할 수 있도록 민주화했다. 직업관도 재능을 발휘할 수 있는 것, 좋아하는 것, 의미 있는 것이 겹치는 영역이 아니라 좋아하는 것과 의미 있는 것, 두 영역이 만나는 곳으로 이동하고 있다. AI나 로봇에 의해 진행되는 디지털 혁명은 이미 더 높은 더 평평한 운동장을 만들어냈다. 계단의 시대가 엘리베이터의 시대로 바뀌었다. 계단 시대에는 유전자복권이라는 근력을 물려받아야 올라 즐길 수 있던 옥상정원을 AI와 로봇이 제공한 엘리베이터를 타고 어린이와 장애인을 비롯해 누구나 쉽게 올라 즐길 수 있게 되었다. 재능과 지능이 유전자복권으로 지배되는 세상에서 사람들을 해방해 존재 목적 실현을 갈망하는 사람들에게도 기회가 공평하게 제공되는 세상이 찾아올 것이다. 이런 공의 세상의 도래를 읽지 못한다면 모든 사람이 엘리베이터를 타고 오르는데 혼자 계단을 걸어서 옥상정원에 가겠다고 주장하는 형국이 된다. 경기가 성립하지 않을 것이다.

애터미의 기여는 이런 시대의 흐름에 앞서 유전자복권에 당첨되지 못한 사람들에게도 엘리베이터를 제공해 성공에 대한 체험을 나눠준 것이다. 애터미는 성공에 대한 체험을 민주화한 회사이다.

애터미 이야기는 당분간, 돈을 버는 것이 목적인 기업이나 유전자복권을 내세워 세속적으로 성공한 기득권 세력에게 아픈 가시가 될 것이다.

IBM https://www.ibm.com

IBM^{international business machine}은 토머스 왓슨이 1911년 6월 16일에 창립한 회사다. IBM은 말 그대로 ICT 기술의 역사다. 컴퓨터가 산업에 도입되는 역할을 한 메인프레임 컴퓨터를 기반으로 일반인이 사용할 수 있는 퍼스널 컴퓨터^{Personal Computer}를 만들었다. PC를 개인에게 보급해서 컴퓨터의 민주화를 실현했다. 컴퓨터가 민주화되자 컴퓨터 산업생태계는 컴퓨터 모듈을 분화시켜 운영체계는 윈도우를 제공하는 MS, 메모리칩은 인텔, 하드웨어는 컴팩과 델이 주도하는 산업으로 분화되었다. 하드웨어와 소프트웨어, 컨설팅 서비스를 같이 묶어서 판매하는 토털 솔루션이라는 비즈니스 모델을 탄생시켰다. 지금은 양자 컴퓨터 분야의 뉴노멀을 만들고 있다.

IBM의 존재목적은 ICT 기술의 선도자로 네트워크를 구축하고 삶을 개선할 수 있는 솔루션을 만들어내는 것이다. 핵심가치는 다양성, 포용, 변화 및 혁신, 진정성이다. 최근에는 진정한 변화와 번성을 위해 회사의 존재목적과 정렬할 수 있는 온전한 자신을 일터로 가져오는 bring their full self HR 정책을 강조하고 있다. ICT 산업에 최고급 인재를 육성해 지속적으로 공급해온 인재사관학교의 운동장을 세웠다.

#PC의_민주화 #토털_솔루션 #인재사관학교

유니레버 www.unilever.com.mx

1929년 비누를 제조하는 영국의 레버 브라더스와 마가린을 생산하는 네덜란드의 마가린 유니가 합병하며 설립되었다. 자회사로는 립톤, 벤앤제리, 도브, 선실크 등이 있다. 400개 이상의 가정용품과 관련한 유명한 브랜드를 가지고 있고, 전 세계적으로 190여 개 국가에 진출해서 82조 원의 매출을 올린다. 매출의 반 이상이 새롭게 개척한 신흥시장에서 일어난다. 2,500만 개의 소매업체가 참여하는 플랫폼에서 평균 25억 명의 사람들이 매일 한 가지라도 유니레버 제품을 소비한다. 위생을 통해 지속가능성을 높이기 위해 비누를 만들기 시작했던 것처럼 유니레버는 지속가능성의 글로벌 대명사다. 모든 제품은 100% 친환경적이고 농산물 원료의 67%가 유기농이다.

유니레버의 존재목적은 '청결, 영양, 치료를 통해 삶의 지속가능성을 높인다'이다. 일상에 생명을 불어넣어 지속가능한 삶이 상식이 되는 세상을 만들기 위해서 비즈니스를 한다. 모든 브랜드는 한 가지 공동의 목적을 가지고 생산된다. 삶의 지속가능성을 높이는 것이다. 유니레버는 100년 전 회사 설립 당시부터 지속가능성의 운동장을 세워 지속가능성을 생활 속에서 민주화한 회사다.

#지속가능성 #목적_브랜드 #지속가능성의_일상화 #친환경

사우스웨스트 항공 https://www.southwest.com

변호사 출신 허브 켈러허가 1967년 텍사스주의 댈러스, 휴스턴, 샌안토니오 3개 도시를 직항으로 연결하는 대형 여객기를 운항하는 저가 항공사로 설립했지만 다른 항공사들과의 분쟁으로 실제 운항을 시작한 것은 1971년 6월 18일이다. 매년 수십 개의 저가 항공사가 생기고 도산하기를 일삼는 복불복 시장에서 47년 연속 흑자행진 기록을 가지고 있다. 911사태가 발생해 모든 사람이 비행기 타기를 꺼릴 때도 흑자행진을 이어갔다. 설립 초부터 3개 지역을 적은 수의 비행기로 쉬지 않고 운행해야 했던 문제를 협업문화로 해결했다. 사우스웨스트 항공의 전략은 운송이라는 본질만 남기고 모든 불필요한 비용을 줄이는 동시에 박리다매라는 평가를 받지 않도록 여행 체험에 재미의 요소를 더하는 것이었다. 켈러허 회장은 제품과 기술, 재무 자원 등 눈에 보이는 것은 따라잡을 수 있지만 애사심으로 무장된 직원은 어떤 회사도 카피할 수 없다고 말해왔다.

사우스웨스트 항공의 존재이유는 여행의 자유를 실현하는 것이다. 가장 중시하는 가치는 '가족, 사랑, 헌신'이다. 누구나 제약 없이 여행을 통해 가족의 사랑을 체험하게 하는 존재목적을 실현하고 있다. 저가 항공의 표준을 설정해 항공여행을 민주화했다. 기업문화의 새 지평을 열었다.

#여행의_자유 #여행의_민주화 #사랑 #가족 #저가항공

링크드인 https://www.linkedin.com

링크드인은 2002년 리드 호프먼^{Reid Hoffman}이 사람 6명만 모으면 전 세계 사람들과 간접적으로 알게 된다는 가설을 근거로 링크드인을 만들었다. 2016년 MS의 자회사로 편입되었고 제프 와이너^{Jeff Weiner}가 회장을 라이언 로슬란스키^{Ryan Roslansky}가 대표를 맡고 있다. 전문직업인 인맥^{professional network} 서비스 회사로 구직/이직자 중개는 물론 자기계발, 네트워킹, 콘텐츠 교환, 퍼스널 브랜딩 등의 서비스를 제공하고 있다. 평생 고용이 사라진 세상에 직간접적 인맥이 없던 전문가들에게 서비스를 제공한다. 지금은 6억 명 이상의 개인과 3,000만 개 이상의 회사가 이용하고 있다. 링크드인의 수익구조는 구직자와 구인자를 연결해주는 '프리미엄' 서비스에 있다. 프리미엄 요금제를 사용하는 구직자는 채용담당자에게 메시지를 보낼 수 있고, 연봉 등 회사정보도 열람할 수 있다. 게다가 자신의 프로필을 열람한 사람이 누구인지도 알 수 있다. 회사는 이들에게 맞춤형 뉴스에 해당하는 콘텐츠를 공급하고 있다.

링크드인의 존재목적은 세상에 흩어져 있는 전문가들을 연결해주어서 이들이 더 의미 있고, 생산적이고, 목적 지향적인 삶을 살 수 있도록 도와주는 것이다. 링크드인은 이 목적을 실현하기 위해 단순하고, 전체적이고, 공동생태계를 지향하는 플랫폼이 되고자 한다. 링크드인은 전문가들이 더 나은 일을 찾는다는 명확한 목표를 더 높은 목적으로 연결해 전문가를 기반으로 한 사회적 목적을 향한 운동을 만들어내는 '공공호혜 회사^{public enefit corporation}'를 지향한다. 자신들의 사명을 통해 더 열리고, 공정하고, 사람들이 살 만한 세상으로 만들 수 있는 서사와 담론을 만들고 있다.

#전문가_노동시장의_자유화 #사회적_목적 #서사와_담론

레고 그룹 https://www.lego.com

레고 그룹은 덴마크 빌룬의 목수였던 올레 키르크 크리스티안센 ^{Ole Kirk Christiansen}(1891~1958년)의 워크숍에서 시작되었다. 그는 1932년 나무 장난감들을 만들기 시작했고 1935년 회사 이름을 레고^{Lego}라고 지었다. '레고'의 뜻은 '재밌게 놀자'이다. 1947년 레고는 플라스틱 장난감 제작으로 영역을 확대했고 어느덧 블록을 끼워서 만드는 장난감 기업들의 표준이 되었다.

레고의 존재목적은 미래를 만드는 빌더^{builder}를 개발하고 육성하는 것이다. 시작은 레고 놀이를 통해 어린이들의 창의적이고 체계적 사고를 살려내는 것이었지만 대상은 어린이에게 국한되지 않는다. 미래를 만든다는 사명을 실현하기 위해 전통적 사고나 고정관념을 벗어나야 하는 어른들도 레고의 팬으로 만든다. 최근에는 성인들의 레고 동호회 숫자도 급증하고 있다. 기업에는 전문가의 놀이터를 설계해준다. 추구하는 가치는 '창의성, 상상력, 재미, 학습, 돌봄'이다. 레고는 다른 장난감 회사가 레고의 플랫폼을 사용해서 자신들만의 장난감을 만들 수 있게 제공했다. 장난감을 동사화해서 어린이들의 놀이를 넘어 미래를 열망하는 사람들의 미래를 만드는 도구로 만든 회사이다.

#빌더 #장난감의_동사화 #창의성

컨테이너스토어 https://www.containerstore.com

1978년 텍사스 달라스에서 존 멀린^{John W. Mullen}, 개릿 분^{Garrett Boone}, 킵 틴델^{Kip Tindell}에 의해서 보관과 정리를 위한 도구를 파는 카테고리 킬러 회사로 설립했다. 지금은 1만 개가 넘는 보관과 정리 도구를 판매하고 있다. 2020년 현재 미국에만 90여 개의 매장을 운영하고 있다. 성장을 위한 자금을 위해 투자자를 공모하기 시작한 2007년, 설립자들은 회사가 키워온 문화를 지킨다고 약속하지 않는다면 투자에 응하지 않겠다는 선언을 해서 문화를 중시하는 회사로 유명해졌다. 17년이 넘는 기간 동안 《포춘》지의 일하기 좋은 100대 기업에 연속으로 선정되는 기록을 가지고 있다.

회사의 존재목적은 바쁘고 무질서가 증가하는 세상에 질서를 만들어 고객의 삶의 질을 높이는 것이다. 창의적이고, 다목적이고, 크기가 다양한 보관 도구 솔루션을 판매하고 있다. 한 명의 좋은 종업원을 유치하고 계발시키면 그 종업원 때문에 적어도 3명의 좋은 사람들이 더 생기고 이런 원리에 따라 좋은 고객, 납품업체, 공동체를 향한 회사의 선한 영향력이 자연스럽게 증가할 수 있다는 철학을 가지고 있다. 선한 영향력을 행사할 수 있는 영혼, 몸, 지식이 충만한 종업원을 육성해내기 위해 종업원체험 중심의 뛰어난 경력개발 프로그램을 운영하고 있다. 대부분의 종업원은 입사하면 오랫동안 회사와 운명을 같이한다.

파타고니아 http://www.patagonia.com

아웃도어를 생산 판매하는 미국 기업으로, 1973년 이본 쉬나드가 캘리포니아 벤투라에 설립했다. 이본 쉬나드는 1960년대 초 주한미군으로 한국에서 근무한 경험이 있다. 이때 한국 친구들과 인수봉 등반로를 개척했는데, 인수봉에는 쉬나드 등반코스라는 이름이 붙은 곳이 있다. 로고는 남아메리카의 파타고니아 지방의 피츠로이산 형상을 따서 만들었다. 파타고니아는 쓸데없이 우리 옷 사지 말라고 광고하고 있음에도 많은 돈을 벌고 있다. 월가 증권종사자들이 자신들이 추한 돈을 버는 사람이라는 정체성을 세탁하기 위해 파타고니아 옷을 많이 입고 다녔기 때문이다.

파타고니아의 존재목적은 지구를 살려내는 사업이다. 환경에 침해를 주지 않는 원료로 생산한 옷과 제품만 판매한다. 지구환경 보호 운동의 리더 기업이다. 파타고니아에 직원으로 들어오던 사람들은 원래 환경주의로 무장한 서퍼이거나 등산가들이었다. 회사 설립 초부터 이들이 파타고니아에 들어와 일해서 돈을 벌면 등산을 하거나 서핑 가거나 환경운동을 하러 떠났다. 처음부터 회사가 이들이 추구하는 삶의 플랫폼이고 각자의 영역에서 성공을 구가하기 위한 도구였다. 해변에 회사가 있어서 지금도 직원들은 일하다가도 파도가 높다는 전갈을 들으면 서핑하러 몰려나간다. 파타고니아에서는 워라밸이 전혀 의미가 없다. 직원들에게는 원래부터 일하는 것과 여가와 삶이 구분되어 있지 않기 때문이다.

캠벨 https://www.campbells.com

조셉 캠벨이 1869년에 미국 뉴저지의 브릿지톤에 설립한 회사로 통조림 토마토, 통조림 야채, 젤리, 수프, 양념, 절임고기 등을 제조 판매한다. 산하에 페퍼리지 팜 Pepperidge Farm, 페이스 푸드 Face Foods, 스완선 Swanson, 프레고 Prego, 스나이더스랜스 Snyder's-Lance로 대표되는 브랜드를 운용하고 있다.

회사는 믿고 먹을 수 있고 소중한 기억에 남아 있는 따뜻한 음식을 통해 사람들을 연결해준다는 존재목적을 가지고 있다. 누구나 삶에서 중요하고 의미 있는 음식에 대한 기억이 있다. 이 소중한 음식에 대한 기억을 살려내 여기에 관련된 사람들을 사랑으로 연결한다. 최근에는 제대로 된 영양으로부터 소외된 사람들의 건강문제를 해결하기 위해 농장에서 가정에 이르기까지 지속가능한 음식이 제공되는 환경이 구현되도록 노력하고 있다. 미국인들은 수 세대에 걸쳐 캠벨이 독창적이고 맛있고 손쉽게 먹을 수 있는 음식과 음료를 제공하는 회사라는 믿음을 가지고 있다. 수프의 가장 기본적인 재료인 토마토 재배에서 그린가스 배출감소와 물 절약에 총력을 기울이고 있다.

펩시 https://www.pepsiworld.com

1898년 8월 28일, 약사인 캘러브 브래덤 ^{Caleb D. Bradham}에 의해 펩시 제조법을 개발해 탄산음료 제조회사로 설립되었다. 1903년 제조방법을 특허 등록했다. 1960년대 다이어트 펩시와 마운틴 듀를 추가했다. 생산하는 브랜드는 펩시콜라, 펩시넥스, 게토레이, 마운틴 듀, 미린다, 트로피카나와 생수, 스낵류다.

인도 출신 여성 CEO 인드라 누이 ^{Indra Nooyi}의 리더십으로 탄산음료 시장에서 '코카콜라'를 앞질러 100년 만에 1위 자리에 올랐다. 2006년 CEO가 된 인드라 누이는 재임 12년 기간 동안 목적경영전략의 진수를 보였다. 누이는 펩시는 설탕물을 파는 회사가 아니라 목적경영을 통해 지속가능한 성과를 내는 회사로 탈바꿈할 것이라는 약속을 실현했다. "우리 제품을 먹고 음미하고 마실 때마다 사람들의 웃음이 늘어나는 세상을 만든다. 고객에게는 맛있고 건강하고 펩시에서만 맛볼 수 있는 음료와 과자를 통해 하루 10억 번의 웃음을 만들고, 파트너들에게는 성장기회를 통해, 커뮤니티에는 새로운 기회 창출을 통해, 세상에는 어린이들에게 더 건강한 지구를 물려줌으로 웃음이 번지는 세상을 만든다." 펩시는 고객들이 비만이나 당뇨를 걱정하지 않고 행복하게 스낵과 음료를 즐길 수 있는 세상을 만드는 것을 회사의 책무로 정하고 있다.

3M https://www.3m.com

3M은 1902년에 미네소타에서 헨리 S. 브라이언Henry S. Bryan을 비롯한 5명이 미네소타 광산제조회사Minnesota Mining and Manufacturing Co라는 이름으로 공동 창립한 회사다. 광산이 실패하자 업종을 바꿔서 광산에서 나온 돌가루로 연마제와 인조 사포를 생산했다. 1930년대에는 스카치테이프, 마스킹 테이프를 만들기 시작했다. 지금은 접착제, 방화용품, 의료용품, 치과 재료, 자동차용품, 우주용품, 방탄 헬멧, 주방용품 등의 분야에서 5만 가지가 넘는 제품을 만들어낸다. 대부분 제품은 평면기술과 접착 기술을 응용해서 만들어냈다. 스카치테이프와 포스트잇은 거의 전 세계적인 보통명사로 쓰이게 됐다.

혁신의 대명사 3M은 혁신으로 삶의 질을 높여가는 기업으로 자신을 규정한다. 자신들이 수십 년간 혁신을 통해 전 세계 수억 명의 일상생활을 개선했다고 선언한다. 고객들은 3M의 제품 때문에 밤 운전이 더 쉬워졌고, 건물은 더 안전해졌으며, 가전제품은 더 가벼워졌고, 에너지를 전보다 덜 소비했고, 달에 인간을 보내는 일도 가능했다고 믿는다. 3M은 매년 새롭게 출시되는 1천여 개의 신제품을 선정하는 기준으로 CO_2 배출을 얼마나 혁신적으로 줄였는지, 얼마나 에너지를 절약했는지, 또한 일반인들의 교통과 편의를 얼마나 획기적으로 개선시켰는지 등을 설정하고 있다. 3M에서 나오는 제품들로 세상을 가득 채울수록 세상은 더 편리하고 혁신적이고 자연친화적인 세상이 된다는 것을 앞세운다.

메리케이 https://www.marykay.com

메리케이는 창립자인 메리 케이 애시 Mary Kay Ash가 1963년 자신이 다니던 직장 상사로부터 너무 여성스럽다는 이유로 승진에서 누락되자 "여성으로도 성공할 수 있다"라는 것을 증명해 보이겠다고 설립한 화장품 회사다. 당시 애시는 혼자 아이를 키워가며 간신히 생계를 이어가고 있었다. 자본이 없었던 그녀는 네트워크 마케팅 사업을 비즈니스 모형으로 자신과 같은 처지의 여성들을 규합해서 자신이 만든 화장품을 팔기 시작했다. 현재 세계에서 6번째로 큰 네트워크 마케팅 판매회사로, 제품에 대한 지속적인 혁신 노력으로 1,500개가 넘는 특허를 가지고 있다. 매출의 75%는 미국에서 25%는 글로벌에서 발생한다.

메리케이는 여성의 삶을 임파워먼트하고 풍성하게 만드는 것이 존재목적이다. 이 회사는 에스티 로더 같은 고가 브랜드의 화장품보다는 집 안에 틀어박혀 사회활동을 하지 않는 여성들을 위한 저가의 고품질 화장품에 집중했다. 여성들이 화장을 통해 자신감을 얻고 이 자신감으로 사회생활에 도전하여 여성성이 성공에 장애가 되지 않는다는 것을 증명하는 체험을 제공하는 것에 집중해서 결국은 글로벌 초우량기업이 되었다. 이 기업이 중요시하는 가치는 첫째는 조건을 붙이지 않고 도와주는 것, 둘째는 남들에게 대우받고 싶은 대로 남들을 대우해주는 것, 셋째는 상대를 가장 중요한 사람으로 존경해주는 것, 마지막으로 의사결정에서 가족, 경력, 신앙 간의 균형을 바로잡는 것이다. 최근 메리케이 회사의 목적선언문에 이런 문장이 부가되어 있다. "여성과 가족의 삶을 풍성하게 만드는 우리의 사명은 달라지지 않았습니다. 다만 사회가 공진화하는 상황에 맞춰 목적을 진화시켜야 합니다. 공진화 원리를 따라야 하는 이유는 한 사람의 기여는 큰 차이를 만들 수 없지만 함께 기여하면 세상을 변화시킬 수 있기 때문입니다."

다논 http://www.danone.com

프랑스 파리에 본사를 둔 다국적 식음료 기업 다논은 1919년 그리스 출신 이삭 카라소 Isaac Carasso가 스페인의 바르셀로나에 요구르트를 생산하는 작은 공장으로 시작했다가 1929년 프랑스에 공장을 설립해서 기반을 프랑스로 옮겼다. 1937년 과일 요구르트를 세계 최초로 생산했고, 1967년에는 프랑스의 치즈업체인 제르베를 인수해서 지금에 이르렀다. 현재 세계 최대의 낙농제품 생산업체로 볼빅 Volvic, 에비앙 Evian, 바두와 Badoit 등의 생수 브랜드도 소유하고 있다.

다논의 지속가능한 음식에 대한 집착은 설립이념에도 반영되어 있다. 회사를 설립한 이유가 소화에 문제가 있는 어린이들에게 요구르트를 만들어 제공하는 것에서 시작된 만큼, 존재목적은 삶에 건강한 영양을 공급하는 것이다. 건강이 기반이 되지 못한다면 삶을 윤택하게 만들고 다른 사람과 삶의 즐거움을 누리는 것도 불가능하다는 철학을 가지고 있다. 지구의 건강과 인류의 건강은 한 생태계로 연결되어 있어서, 평소 먹고 마시는 것에 대한 선택은 건강한 사회와 건강한 지구에 대한 선택이라는 생태계의 관점에서 건강 운동을 벌이고 있다. 다논은 건강을 통해 건강한 지구와 건강한 공동체를 재건하는 다양한 사회적 운동에 참여하고 있다.

홀푸드마켓 https://www.wholefoodsmarket.com

존 매키가 2010년 유기농 식품을 전문적으로 판매하는 슈퍼마켓으로 설립했다. 2017년 아마존에 인수되었고 2021년 현재 북아메리카와 영국에 479개의 점포를 운영하고 있다. 비 GMO 유기농 제품만을 판매하고 있다.

홀푸드마켓의 사명은 '온전한 식품whole foods, 온전한 직원whole people, 온전한 지구whole planet'이다. 사명에서 짐작할 수 있듯이 홀푸드마켓은 직원들이 전적으로whole 자신의 역할에 대한 스크립트를 쓰고 그들에게 스스로 정의한 임무를 수행할 수 있도록 최대한의 자율성을 부여한다. 심지어 팀원을 채용하는 것도 직원들의 몫이다. 이 회사가 빠르게 성장하게 된 바탕에는 바로 사명에 따라 자신의 역할을 자신이 만드는 주인 문화가 자리하고 있다. 주인의식을 연기하도록 강조하는 회사가 아니라 종업원이 스스로 자신의 주인역할을 설계하고 쓰도록 하는 회사다. 홀푸드마켓을 인수한 아마존의 제프 베조스는 홀푸드마켓의 자율문화를 배우고 싶었다고 인수배경을 설명했다. 설립자 매키는 CEO 자리에서 물러난 후 '의식이 있는 자본주의' 운동을 이끌고 있다.

그림은 애터미 최고 직급인 임페리얼마스터들의 글과 강연을 통해서 이들이 주로 사용하는 주요개념의 의미망을 네트워크 분석해 정신모형의 지도를 그려본 결과다. 정신모형의 가장 중심에는 이들의 중심 정체성이 담겨 있는데 스스로를 '애터미 사업을 시작해서 지금은 성공했고 성공을 통해서 인생이 바뀐 사람'이라고 규정하고 있다. 이런 정체성을 가능하게 해주었던 가치로 파트너, 가족, 사랑, 균형, 꿈, 끈기를 중요하게 생각하고 있다. 이들은 이것들을 중심으로 감사, 공헌, 가치, 기대, 희망, 인정 등을 실현하는 윤리적 주체로 거듭나려고 시도하고 있다.

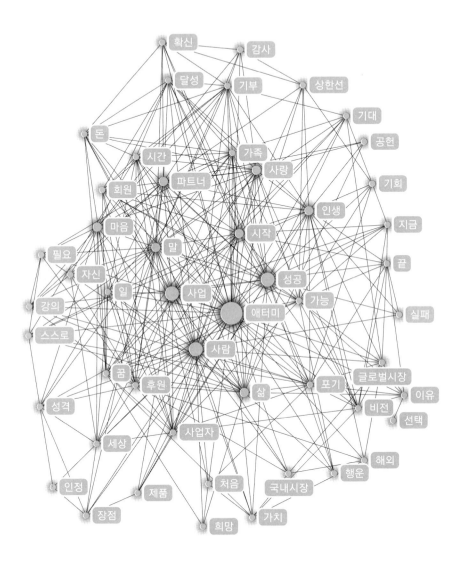

KI신서 10210

초뷰카 시대 지속가능성의 실험실

1판 1쇄 발행 2022년 5월 18일
1판 9쇄 발행 2024년 3월 19일

지은이 윤정구
펴낸이 김영곤
펴낸곳 (주)북이십일 21세기북스

TF팀 이사 신승철
TF팀 이종배
출판마케팅영업본부장 한충희
마케팅1팀 남정한 한경화 김신우 강효원
출판영업팀 최명열 김다운 권채영 김도연
제작팀 이영민 권경민
진행·디자인 다함미디어 | 함성주 유예지

출판등록 2000년 5월 6일 제406-2003-061호
주소 (10881) 경기도 파주시 회동길 201(문발동)
대표전화 031-955-2100 **팩스** 031-955-2151 **이메일** book21@book21.co.kr

© 윤정구, 2022
ISBN 978-89-509-0055-7 03320

(주)북이십일 경계를 허무는 콘텐츠 리더

21세기북스 채널에서 도서 정보와 다양한 영상자료, 이벤트를 만나세요!
페이스북 facebook.com/jiinpill21 포스트 post.naver.com/21c_editors
인스타그램 instagram.com/jiinpill21 홈페이지 www.book21.com
유튜브 youtube.com/book21pub